大/学/公/共/课/系/列/教/材

山东省普通高等教育一流教材

齐文化精神

QILU WENHUA

JINGSHEN

主编　常翠鸣　高尚举　傅永聚

副主编　宣兆琦

主审

编者　王雁　刘洁　陈东　张杰　张友臣

齐金江　邱文山　宋立林　姜淑红　田蕾

北京师范大学出版集团
BEIJING NORMAL UNIVERSITY PUBLISHING GROUP

北京师范大学出版社

图书在版编目（CIP）数据

齐鲁文化精神 / 常翠鸣主编. —北京：北京师范大学
出版社，2019.9（2025.1重印）

ISBN 978-7-303-25099-8

Ⅰ. ①齐… Ⅱ. ①常… Ⅲ. ①文化史－研究－山东
Ⅳ. ①K295.2

中国版本图书馆 CIP 数据核字（2019）第 181136 号

QILU WENHUA JINGSHEN

出版发行：北京师范大学出版社 https://www.bnupg.com
　　　　　北京市西城区新街口外大街 12-3 号
　　　　　邮政编码：100088
印　　刷：三河市兴达印务有限公司
经　　销：全国新华书店
开　　本：787 mm × 1092 mm　1/16
印　　张：15.5
字　　数：270 千字
版　　次：2019 年 9 月第 1 版
印　　次：2025 年 1 月第 8 次印刷
定　　价：39.80 元

策划编辑：周劲含　张丽娟　李　飞　　责任编辑：冯　倩
美术编辑：李向昕　　　　　　　　　　　装帧设计：李向昕
责任校对：赵媛媛　　　　　　　　　　　责任印制：马　洁

版权所有　侵权必究

读者服务电话：010-58806806
如发现印装质量问题，影响阅读，请联系印制管理部：010-58806364

序

党的二十大报告明确指出："中华优秀传统文化源远流长、博大精深，是中华文明的智慧结晶，……是中国人民在长期生产生活中积累的宇宙观、天下观、社会观、道德观的重要体现，同科学社会主义价值观主张具有高度契合性。"中国传统文化在秦汉以前呈现出多元一体的文化格局，在秦汉以后又呈现出一体多元的文化结构。所谓多元，就是说每一种地域文化都有其自身相对的独立发展性；所谓一体，就是说每种地域文化之间都有其有机的关联性和统一性。多元聚为一体，一体容纳多元；一体离不开多元，多元也离不开一体。在这多元一体与一体多元的文化结构中，齐鲁文化无疑是其多元中最重要的一元，是其一体中的主体。

人们之所以把今天的山东称为齐鲁大地、齐鲁之邦或齐鲁礼仪之邦，是因为两周（西周与东周）时期，在山东这块古老、广袤、肥沃而又神奇的大地上存在两个大的诸侯封国，一个是齐国，另一个是鲁国。

齐国的第一位君主是太公姜尚，鲁国的第一位君主本来是周公姬旦，但因周成王年幼亟待辅佐，周公旦之子伯禽代父赴鲁受封。太公姜尚和周公姬旦都是我国历史上赫赫有名的大人物。

齐国的都城在今淄博市的临淄，鲁国的都城在今济宁市的曲阜。临淄和曲阜都是国家级历史文化名城。

齐、鲁两国作为西周王室的第一批封国，同时建立于公元前11世纪。公元前221年，齐国灭于秦；公元前249年，鲁国亡于楚，鲁亡国早于齐28年。齐、鲁两国享国约800年。

文化就是人化。文化是人创造的物质文明与精神文明的总和，狭义上主要指精神文化。在千百年的历史进程中，以齐都临淄和鲁都曲阜为中心，逐渐形成了两支博大精深而又独具特色的文化，这就是人们常说的齐文化和鲁文化。齐鲁文化，各有特色。常常有人认为，齐文化倾向于创新，鲁文化倾向于继承。这当然是倾向性上的差异。比如，季羡林先生曾经表示，齐文化和鲁文化也不一样。"孝悌忠信"是鲁文化，"礼义廉耻"是齐文化。这就是说，鲁文化重内心、内在；齐文化重外在，约束人的地方比较多。"孝悌忠信"是个人的伦理修养；礼义廉耻，就必须由法律来规定，用法律来约束了。季老进一步分析原因：鲁国农业发达，鲁国人就是很本分地在务农。齐国商业化氛围较重，因为它靠海，所以姜太公到齐国就是以商业来治国。具体的例子，如"刻舟求剑"，这种提法就是沿海文化的特征。而"日出而作，日落而息"，恐怕就代表鲁文化了。但需要指出的是，我们不能仅从地域文化的差异性，或者仅凭此去划分两种文化的优劣。例如，孔子游学齐国，"在齐闻韶，三月不知肉味"，却又说"齐一变，至于鲁；鲁一变，至于道"。鲁国继承了周的治国方针，甚至"周礼尽在鲁矣"，但又一直国力薄弱，从未实现过富国强兵，更不用说创造齐桓首霸的气象。创新立国的姜齐竟被田齐所取代，经历了诸位国君被弑的政治动荡。战国后期由于田齐与秦国竞争天下战略的失误，失去了由齐来完成中国大一统的机遇。所以从根本上来说，文化的发展，既需要传承，又需要创新，二者缺一不可。文化的发展必须首先有继承，然后才可能有革新。有革新无继承的文化是无底蕴的浮萍文化；而只有继承没有革新的文化则是无生气的文化。齐鲁文化既是中国传统文化的主要源头之一，又是中国传统文化的重要组成部分。它久而不衰，包容开放，与时偕行，与日俱进，不断注入新元素、新内容，故能成其大；它"出新"而不废"推陈"，一以贯之的精神始终承传，故能成其久。先秦时期，齐鲁文化双峰并峙；秦汉之际，齐鲁文化珠联璧合；汉武帝推行"罢黜百家，独尊儒术"的文化政策以后，融入了齐文化要素的儒学跃居官学的地位，齐鲁文化随之成为中国传统文化的主干。所以季老一语点睛：齐鲁文化互补，是中国传统文化的重要组成部分。我们今天仍要以文化传统的源头活水不断泽被精神家园，正如习近平总书记在文艺工作座谈会上的讲话所言，"求木之长者，必固其根本；欲流之远者，必浚其泉源"。党的二十大报告也指出："坚持和发展马克思主义，必须同中华优秀传统文化相结合。只有植根本国、本民族历史文化沃土，马克思主义真理之树才能根深叶茂。"本书即力求以齐鲁文化互补的大视野，实事求是地总结其优秀精神，教给学子，以求创新发展。

齐鲁文化孕育、发生、成熟于山东。因而，在研究、开发与应用齐鲁文化方面，山东既有得天独厚的条件，又有义不容辞的责任和义务，更应走在全国的前面，做出积极的贡献，以满足日益增长的深入研究中国优秀传统文化并服务于中华民族伟大复兴的需要。齐鲁理工学院既以"齐鲁"冠名，在弘扬齐鲁文化精神方面，就自觉地率先担当了这一历史使命。从 2012 年起，学校在总结以往文化育人工作的基础上，提出了培养"齐鲁文化孕育下的理工生"的育人理念，充分发掘优秀的齐鲁文化资源，自觉担负起以德立人、以文化人的使命，积极开展齐鲁文化融入高校育人全过程的研究与实践，实施了"九个一"育人工程。所谓"九个一"是指"一理念""一课堂""一学堂""一讲堂""一机构""一模式""一教育""一联盟"和"一环境"。通过这一系统性的文化工程建设，创造性地把齐鲁文化资源转化为育人教学成果、教研成果、科研成果、管理成果和校园文化多种成果，从而建构了一个主题鲜明、内涵丰富、系统完善、特色突出、操作性强的文化育人体系。而《齐鲁文化精神》就是其中的一项成果。

齐鲁文化博大精深，源远流长。在它的长期发展过程中，逐渐形成了一系列优秀的文化传统。这些优秀的文化传统的相互凝聚和整合，便构成了齐鲁文化的基本精神。换言之，齐鲁文化传统实质上是齐鲁文化基本精神的具体表现。

那么，怎样理解文化精神和齐鲁文化精神呢？这是一个很重要的问题。通读二十大报告，不难发现，"精神"是报告中出现频率最高的词汇之一。据不完全统计，共出现 40 余次，而且内涵丰富，表述多样。比如"奋发有为的精神""担当精神""实干精神""奋斗精神""自觉和主动精神""创造精神""法治精神""斗争精神""以整风精神推进政治整训""以钉钉子精神纠治四风""弘扬伟大建党精神""弘扬企业家精神""弘扬科学家精神""弘扬劳动精神、奋斗精神、奉献精神、创造精神、勤俭节约精神，培育时代新风新貌"等。这些用法和提法无不告诉我们：文化精神指的是文化传统的主流，是一个国家的或民族的文化精粹部分。正如二十大报告中所列举的"天下为公、民为邦本、为政以德、革故鼎新、任人唯贤、天人合一、自强不息、厚德载物、讲信修睦、亲仁善邻"等，无疑是中华民族和中华优秀传统文化的精神，自然也是齐鲁文化的主要精神。在诸多的文化精神中，齐鲁文化精神的实质和核心是一以贯之、亘古不变的，那就是大一统的爱国主义精神。让我们用"一书一碑"为例来加以说明。

作为齐鲁文化重要文献之一的《春秋公羊传》，在中国经学史和政治思想史上都具有很高的地位，并且产生了深远的历史影响。"大一统"的思想便是该书的精华所在。齐鲁先民不仅最早提出了"大一统"的思想，而且积极地把这一思想贯彻到实际行动中去。公元前 770 年周平王迁都洛邑之后，王室式微，礼崩乐坏，诸侯坐大，四夷交侵。"普天之下莫非王土，率土之滨莫非王臣"的西周大一统局面被破坏了。在这种形势下，齐文化的代表人物管仲积极地行动起来，为维护国家的统一而斗争。管仲的表现是创立"霸业"。对管仲创立春秋首霸大业的作用和意义，《论语·宪问》说："管仲相桓公，霸诸侯，一匡天下，民到于今受其赐。微管仲，吾其披发左衽矣。"《战国策·韩策三》说："昔齐桓公九合诸侯，未尝不以周襄王之命。然则虽尊襄王，桓公亦定霸矣。九合之尊桓公也，犹其尊襄王也。"可见，桓、管"尊王攘夷"的霸业实质上是对国家大一统的维护，体现的无疑是爱国主义精神，自然也是最主要的齐鲁文化精神。

孔子故乡曲阜息陬村迄今仍矗立着一块高大的石碑，上刻——孔子作《春秋》处。那是历史上孔子作《春秋》的地方。"世衰道微，邪说暴行有作，臣弑其君者有之，子弑其父者有之。孔子惧，作《春秋》。《春秋》，天子之事也；是故孔子曰：'知我者其惟《春秋》乎！罪我者其惟《春秋》乎！'""孔子成《春秋》而乱臣贼子惧。"（《孟子·滕文公下》）"《春秋》之义行，则天下乱臣贼子惧焉。"（《史记·孔子世家》）"夫《春秋》，上明三王之道，下辨人事之纪，别嫌疑，明是非，定犹豫，善善恶恶，贤贤贱不肖，存亡国，继绝世，补敝起废，王道之大者也……《春秋》采善贬恶，推三代之德，褒周室，非独刺讥而已也。"（《史记·太史公自序》）由此可知，与桓、管"尊王攘夷"的霸业是在维护大一统一样，孔子作《春秋》，"推三代之德，褒周室""使乱臣贼子惧"也是维护大一统的爱国主义的充分体现。

大一统观念彰显了齐鲁文化中爱国、大一统的远见卓识。维护大一统、反对和制止分裂是齐鲁文化留给中华民族的最可宝贵的爱国主义精神财富。有人总把大一统的功劳记在统一六国的秦始皇身上，其实，秦始皇大一统的思想源于齐鲁文化中蕴含着的大一统观念。春秋笔法彰显的独立人格和刚直无私的史学精神，更是中华民族刚直不阿、顶天立地气节养成的命脉源泉。中华民族能生生不息、瓜瓞绵绵，与齐鲁文化精神当初所赋予的那股宏阔坚韧之气息息相关。在我国历史上，爱国主义从来都是动员和鼓舞人民团结奋斗的一面旗帜，是各族人民风雨同舟、自强不息的精神支柱。作为新时代的大学生，未来的国家建设者，我们首先要弘扬的就是齐鲁文化中所蕴含的爱国主义大一统精神。

习总书记武夷山讲话指出：没有五千年文明，哪有中国特色？哪有中国特色社会主义？中华传统文化的主流是儒学，而齐鲁文化是儒学的滥觞。齐鲁文化所表现出来的宏阔丰富的优秀精神资源，融入了中华传统文化的浩浩巨流后，历经历史的荡涤而不朽，不仅以"四维八德"支撑着数千年传统社会的信仰，而且成为今天社会主义核心价值观中对现代公民要求的重要来源。无论是国家层面上的要求：富强、民主、文明、和谐，社会层面上的要求：自由、平等、公正、法治，还是公民个人层面上的要求：爱国、敬业、诚信、友善，大多可以从齐鲁文化精神中溯源。

"仁者爱人""四海之内皆兄弟""己所不欲，勿施于人""己欲立而立人，己欲达而达人""老吾老，以及人之老；幼吾幼，以及人之幼"的仁爱精神；"行之以忠""孝悌也者，其为仁之本"的忠孝精神；"不慕古，不留今，与时变，与俗化"的变革精神;"毋曰不同生,远者不听;毋曰不同乡,远者不行;毋曰不同国,远者不从。如地如天,何私何亲?如月如日,唯君之节""苟日新,日日新,又日新"的开放求新精神;"君子义以为上""见义不为,无勇也""见得思义""见利思义""不义而富且贵,于我如浮云"的尚义精神;"法者,天下之程式也,万事之仪表也"和"道之以政,齐之以刑,民免而无耻;道之以德,齐之以礼,有耻且格"的依法治国与以德治国相结合的精神;"厚德载物""有容乃大"的包容精神;"民惟邦本,本固邦宁""民为贵,社稷次之,君为轻"的民本精神;"诚者,天之道也,思诚者,人之道也""人而无信,不知其可也""人无信不立"的诚信精神;"天人合一""贵和尚中"的和谐精神;"因其俗,简其礼,通商工之业,便鱼盐之利""知之为知之,不知为不知,是知也"的求实精神;"中者天下之正道,庸者天下之定理"以及"无过无不及"的中庸精神;"兵者,诡道也""不战而屈人之兵""上兵伐谋"的尚智精神;"制礼作乐""不学礼,无以立""克己复礼为仁""礼者,人道之极也"的崇礼精神;"和无寡,安无倾""天时不如地利,地利不如人和""君子和而不同,小人同而不和""天下同归而殊途,一致而百虑"的和合精神等,这些精神都是齐鲁文化的精华所在。只有抓住了齐鲁文化的基本精神,才能抓住齐鲁文化的实质和精华。

文化可以"化人",不能用于教化的就是死文化。综合分析齐鲁文化中的诸多元素,不难发现上述蕴含其中的基本文化精神无不具有深远的历史意义和重大的当代应用价值,理应用于培养齐鲁新人。然而至今,令人遗憾的是,我们对齐鲁文化精神的系统提炼还很不够,应用于大学生的育人体系建设更是几乎空白,这是《齐鲁文化精神》一书编撰的原因之一。

另外,齐鲁文化是一个完整、独立的思想文化体系,有自身的发展历史,在几千年的兴衰变迁中形成了自身的基本内容、独特精神和鲜明特点,其中蕴含着丰富的滋润当代高等教育的养分,有着独特的修身化人作用。如果这些内核、精神和特点与现代社会不能很好地交融相通,解决不好古为今用的问题,那么,齐鲁文化就会被历史淘汰,被时代抛弃,黯然退出历史舞台。这就要求我们对齐鲁文化必须下一番创新发展的功夫,不能局限于传统的认识和结论,一定要有所创新、有所突破、有所发展。我们希望通过《齐鲁文化精神》一书对齐鲁文化资源完成一次创造性的转化,从而得到充实和提升,实现创新性的发展。这是《齐鲁文化精神》一书编撰的又一原因。

同时,随着时代的发展和进步,高校育人体系同样需要创新性发展。在网络文化的冲击下,很多大学生习惯于追逐娱乐化、碎片化的知识内容,对中华优秀传统文化了解甚少,对什么是民族精神、民族责任,什么是精神世界的富足,什么是道德与智慧等问题鲜有思考。同时,很多大学生对文化育人的教育形式也产生了更高的要求。传统的教育方式往往过于"生硬"和"直接",学生的接受度和认可度不高。有的文化教育活动缺乏充分的设计和论证,没有内涵,流于形式,不符合学生的期待,育人效果差。尤其是对理工科大学生的培养,在强调技能培养的同时,如何提升其人文素养是高校面临的重要课题。我们希望通过齐鲁文化融入当代高校育人体系的探索与实践,通过创造性的转化,使当代高校育人体系吸取齐鲁文化的滋养,从而使育人理念和思想乃至育人内容和方法都得到一次洗礼、增益和升华。这是我们编著《齐鲁文化精神》一书的主要目的。

本书使用后,得到了广大师生的一致好评。我们欣喜地看到:齐鲁文化精神在走进齐鲁理工学院以及同类院校的理工科大学生心灵的过程中,在助力他们成为有信仰、有精神、有涵养、有道德、有追求的社会主义事业接班人的化育过程中,正在发挥着春风拂煦的作用。

是为序。

傅永聚　宣兆琦

目 录

第一编　齐文化的精神

第一章 齐文化的爱国精神

爱国主义是一个崇高而神圣的字眼，是世界各国永恒的主题，是文明社会不变的价值追求。

爱国主义是指个人或集体对自身所属国家的深厚情感和忠贞行为。

爱国主义是我们民族精神的核心，是实现中华民族伟大复兴永不枯竭的精神动力。一个民族、一个国家，如果没有自己的精神支柱，就等于没有灵魂，就会失去凝聚力和生命力。

爱国主义在不同时代有不同的内涵，是一个历史范畴。列宁说过，爱国主义是"千百年来巩固起来的对自己的祖国的一种最深厚的感情"。我们所讲的爱国主义，作为一种体现人民群众对自己祖国深厚感情的崇高精神，是同促进历史发展密切联系在一起的，是同维护国家独立和广大人民的根本利益密切联系在一起的。

在齐文化的诸多精神中，爱国主义是其中最主要的精神之一。这一精神像一道永不消逝的光芒，照耀着中国历史的长空，在今天依然发着光和热。

第一节 狐援哭国：齐人对国家的浓厚感情

热爱祖国是对自己故土家园、民族和文化有认同感和归属感，是对祖国的苦苦依恋，体现为对祖国的深厚感情。这种对家乡故土、对祖国山河、对同胞和人民的家国情怀，是一个民族赖以生存和独立的凝聚力，是一个民族永恒而无价的精神财富，更是爱国精神喷薄生发、茁壮成长的坚实基础。在我国的历史上，有许多志士仁人正是在对祖国生死相依的浓厚感情中，展现出伟大的爱国精神的。

春秋晚期的楚国有一位很有名的人物，名叫申包胥。"申包胥哭秦廷"的故事催人泪下，影响深远。殊不知，战国时期，在东方的齐国也发生过类似的故事，故事的主人公为救自己的祖国哭干了眼泪，哭到生命的终结，其感人的程度甚至比申包胥还要深很多。那就是"狐援哭国"！

据《吕氏春秋·贵直论》记载：齐湣王统治后期独断专行，穷兵黩武，却又刚愎自用，以暴拒谏。齐国到了亡国的边缘，群臣却敢怒不敢言。这时，大臣狐援冒死劝说齐湣王说："殷的大鼎陈列在周的朝廷上，殷朝祭祀的神社被周朝的人在上面建造房屋做屏障，殷朝的宫廷音乐在周朝人们耳边回荡。已经灭亡了的国家的音乐不可以在宗庙里弹奏；已经灭亡了的国家的神社不可以让它重见天日；而将已经灭亡了的国家的器皿陈列在朝廷之上，是用来作为当朝的警诫。大王一定要注意！千万不要让齐国的大钟陈列在别国的朝廷之上，不要让齐太公的神社被人盖上屏障，不要使齐国的音乐在别国的百姓之中以供娱乐。"狐援晓之以理、动之以情的劝说并未打动齐湣王。昏聩的齐湣王断然拒绝了狐援的谏言，令人把他逐出宫门。狐援愤慨昏君误国，哀叹民生多艰。他大哭三天三夜，血泪俱下，慷慨悲歌。他唱道：

> 先出也，衣絺纻。
> 后出也，满囹圄。
> 吾今见民之洋洋然，
> 东走而不知所处。
>
> 有人自南方来，
> 鲋入而鲵居，
> 使人之朝为草而国为墟。
> 殷有比干，
> 吴有子胥，
> 齐有狐援。
> 已不用若言
> 又斩之东闾。
> 每斩者以吾参夫二子者乎！①

译作白话文如下。

> 先出走啊，
> 还能穿着细葛麻。
> 后出走啊，只能为亡国奴被关满监狱。
> 在本土充斥监狱。
> 如今，我目睹人民恓恓惶惶，
> 无所归属，
> 纷纷扰扰，

---

① 陈奇猷：《吕氏春秋新校释》，1542 页，上海，上海古籍出版社，2002。

向东逃亡，

茫然不知投奔何处。

有人来自遥远的南方，

像羸弱的鲫鱼归附齐国，

又像凶悍的雄鲸傲居朝纲。

他让别国的朝廷化作草莽，

他让别人的国家变成废墟。

殷商有比干苦谏致死，

吴国有伍子胥直言身亡，

齐国有我狐援敢于冒死犯上。

齐王已不采纳我如此忠直的劝谏，

还要将我杀害在东城门广场。

哦，我是该杀呀，

因为我与比干子胥的肝胆一样！

这首歌，后人名之曰《狐援辞》。狐援的悲歌能惊天地，能泣鬼神，却感动不了齐湣王。丧心病狂的齐湣王反而要杀害忠臣义士。齐湣王问执法官："对于哀悼国家灭亡的人，法令是怎样规定的？"执法官说："对于哀悼国家灭亡的人是要斩首的。"齐湣王说："那就依法斩首吧！"于是，执法官就把斧头架在了临淄城的东门外，准备行刑。然而执法官感动于狐援的一片忠心，不忍心杀死狐援，反而想放他逃走。狐援听说之后非但没有逃走，反而抱着殉国的决心，急忙跑去见那位执法官。执法官说："对于哀悼国家灭亡的人是要按法令规定斩首的。先生您是老糊涂了，还是神经错乱了呢？"狐援说："什么叫神经错乱了呢？"狐援深情而悲壮地说："我忠告齐王，是为了让齐王改正错误，挽救社稷和百姓于水火之中。既然齐王不听从我的劝告，齐国将面临灭亡了，我活着还有什么意义呢？！"说罢，他欣然赴死！

狐援死了，死在了两千多年前的齐湣王时期。他是在齐国出现危机的时刻，为拯救自己的祖国和人民而死的！他的死重于泰山！他的爱国主义精神必将永远激励着后人前进！

第二节　"恐社稷之不血食"：齐人浓烈的忧国爱民意识

党的二十大报告明确指出："江山就是人民，人民就是江山。中国共产党领导人民打江山、守江山，守的是人民的心。治国有常，利民为本。为民造福是立党为公、执政为民的本质要求。必须坚持在发展中保障和改善民生，鼓励共同奋斗创造美好生活，不断实现人民对美好生活的向往。"这就告诉我们，爱民忧国是爱国主义的主要表现。在齐文化中，爱国主义精神还突出地表现为一种深深的爱民忧国意识。

公元前698年，姜齐的第十三代国君齐僖公逝世，他的长子诸儿即位，是为齐襄公。按照常理，齐襄公应该奋庄公、僖公二世之余烈，继往开来，再创辉煌。若此，齐国首霸春秋之大业可以提前几十年，我国春秋的历史也会部分地被改写。

然而，齐襄公有庄、僖称霸的雄心，却无庄、僖治国平天下的才能。起初，他借助庄、僖余威，穷兵黩武，大动干戈，企图建立自己的霸主地位。殊不知，这种狂妄而愚蠢的举动，完全背离了庄、僖两位国君卫王室、宁诸侯、御戎狄的初衷，在当时的背景下是完全行不通的。因而他发动的一系列对外战争，不但无助于齐国霸主地位的确立，相反，却使齐国的百姓饱受战争的创伤和疾苦。

齐襄公对外穷兵黩武，对内横征暴敛，滥杀无辜；不顾廉耻，淫乱文姜；致使朝纲失常，政局混乱；最后祸起萧墙，被杀而死。

公元前685年，齐襄公的弟弟小白登上了君主宝座，即为大名鼎鼎的齐桓公。照理讲齐桓公应该感到高兴才对，然而恰恰相反，直面齐襄公留下来的一片残山剩水，齐桓公产生了深深的忧患意识。对此，《管子·小匡》记载了齐桓公对管仲说的一段话。他说："从前我们齐国的先君襄公，筑高台，修广池，耽乐饮酒，田猎捕射，不理国政，鄙视圣贤，侮慢士人，只知沉迷女色，九妃六嫔，姬姜有数千之多。他们食必粱肉，衣必文绣，而战士却挨饿受冻。战马的补充要等待游车用完的老马，战士的给养要等待侍妾食用的剩余。歌舞、杂技的艺人在前，而贤大夫在后。所以国家不能日新月异地发展。我真怕宗庙无人打扫，社稷无人祭祀啊！"在这里，齐桓公发出了"吾恐宗庙之不扫除，社稷之不血食"的慨叹！这种慨叹所包含的忧患意识，不正是浓厚的爱国情感的自然而深切的流露吗？

这种忧患意识后来又悄悄爬上了管仲的心头。原来，在齐桓公的身边，围绕着四个佞臣——易牙、竖刁、开方和堂巫。易牙长于烹饪，为讨齐桓公的欢心，竟然杀死年幼的儿子，蒸了让齐桓公吃。竖刁是齐桓公的内侍，知道齐桓公好色，多内宠，竟然自宫净身，为齐桓公主持后宫之事。开方本是卫国的公子，离卫至齐服侍齐桓公。尽管齐、卫相距并不太远，但他居齐十五年未曾回国探亲，父亲去世时都没有送葬。堂巫通巫术、懂医学，受宠于齐桓公的卫共姬。这四人都得宠于齐桓公。然而，在管仲看来，他们都是随时准备咬人的疯狗。管仲料定，四个佞臣迟早会祸乱齐国，因此，管仲生前的一个主要愿望就是除掉他们。

晚年的管仲病了，而且病得很严重，眼看就要不久于人世了。齐桓公带着沉重的心情来到管仲的病床前，问管仲有什么重要的话要说，有什么重要的事情要交代。不料管仲说出这样一番话来。他说："东城有一只狗，动唇露齿，一天到晚准备咬人，是我用木枷锁住而没有使之得逞。现在的易牙，连自己的儿子都不爱，怎么能爱君？您一定要除掉他。"齐桓公说："好。"管仲说："北城有一只狗，动唇露齿,一天到晚准备咬人,是我用木枷锁住而没有使之得逞。现在的竖刁,连自己的身体都不爱,怎么能爱君?您一定要除掉他。"齐桓公说:"好。"管仲说:"西城有一只狗,动唇露齿,一天到晚准备咬人,是我用木枷锁住而没有使之得逞。现在卫公子开方,弃掉千乘之国的太子之位来臣事于您,这说明他想从您身上得到的,将远远超过一个千乘的国家。您一定要除掉他。"齐桓公说:"好。"

齐桓公真的能除掉四个佞臣吗?齐国大政将由谁来接掌?四佞不除,必有后患,病危的管仲显得异常焦虑和无奈。他最终在焦虑中,带着深切的忧患意识,无奈地闭上了眼睛。这种焦虑,这种无奈,这种忧患,不正是管仲热爱齐国的一种特殊的感情吗?

其实,"忧国爱民"这四个字,较早的文献记载见于《战国策》一书,出于齐宣王之口。

据《战国策·齐策》记载,齐人王斗欲见齐宣王,宣王吩咐侍者迎接。王斗说:"我赶上前去见大王是趋炎附势,而大王主动来见我,则是求贤礼士,不知大王意思怎样?"侍者回报。宣王赶紧说:"先生慢行,寡人亲自来迎接!"于是快步前去迎接王斗入宫。宣王说:"寡人不才,有幸得以侍奉先生宗庙,管理社稷,我平时听说先生进谏不避讳而说真话。"王斗回答说:"大王听错了,我生于乱世,侍奉昏君,怎么能直话直说?"宣王极为不快,不禁愤然作色。过了一会儿,王斗说:"先主桓公,有五样爱好,后来九合诸侯,匡扶周室,周天子赐予其封地,承认他为诸侯领袖。现在大王有四种爱好与先主相同。"宣王高兴地说:"寡人才疏识浅,治国安邦还担心力有不及,又怎能有先主的四样爱好?"王斗说:"当然有。先主喜欢马,大王也喜欢马;先主喜欢狗,大王也喜欢狗;先主喜欢喝酒,大王也喜欢喝酒;先主好色,大王也好色;先主喜欢有才能的人,而大王却不喜欢有才能的人。"宣王说:"当今世上没有优秀的人才,寡人如何喜爱他们?"王斗说:"当世没有骐骥这样的骏马,卢氏那样的良犬,大王的马匹、猎狗已经够多的了;当世没有毛嫱、西施一类的美女,可大王的后宫都已充足。大王只是不喜欢贤士而已,哪里是因为当世无贤士?"宣王说:"寡人忧国爱民,心底里就盼望聘得贤士共治齐国。"王斗进一步说:"臣以为大王忧国爱民远不如爱惜一尺绉纱。"宣王问道:"此话怎讲?"回答说:"大王做帽子,不用身边的人而请工匠制作,为什么?是因为他们会做帽子。可是现在大王治理齐国,不问才德,非亲不用,所以我私下认为在大王心中,国家社稷不过一尺绉纱。"宣王顿悟,谢罪道:"寡人于国有罪。"王斗在这时推举五位贤士任职,齐国因此大治。

正是这种忧患意识,才使齐人理性地关切现实社会的生存发展,才使齐人焕发了富国强兵的极大热情。齐人的忧患思想,构筑和奠定了中国社会的内在运行机制,培育和形成了中国士人"先天下之忧而忧,后天下之乐而乐"的忧国爱民情结。这恰恰是深层次的爱国主义表现。

我们中国是一个多灾的国度,中华民族是一个多难的民族。在祖国处于危难的时候，深深的忧患意识也是中华民族的生存智慧，是促进国家进步、民族振兴的催化剂和动力源泉，因此，所谓忧国，实则是爱国；所谓忧国爱民的忧患意识，实则是爱国爱民的爱国主义，这是一种极富特色的爱国主义传统，是爱国主义精神的深层表现。这就告诉了人们，凡爱国、治国者，是离不开对国家安危与前途命运的忧思的。

第三节　生死利齐：齐人国家至上理念的躬身践行

齐文化的爱国主义精神也表现为死国不死君的主张和生死利齐的人生态度。

据《管子·大匡》记载，姜齐的第十三代君主齐僖公有三个儿子，长子叫诸儿，次子叫纠，幼子叫小白。龙生九子，性情各异。诸儿昏庸无能且荒淫残暴；纠宅心仁厚却性情柔弱；小白性格急躁然而深谋远虑。按照当时的政治制度，待齐僖公百年之后，国君之位将由最不争气的长子诸儿继任。对此，齐僖公陷入深深的焦虑之中。他生怕诸儿加害于纠和小白两个弟弟，手足相残；他生怕齐国宫室内乱，祸起萧墙，使他与庄公开辟的小霸大业毁于一旦。就在他苦于无解的时候，眼睛却突然一亮。僖公不由得把希望的目光投向了被誉为齐国三杰的三个年轻人。这三个年轻人是管仲、召忽与鲍叔牙。于是他便委派管仲与召忽辅佐公子纠，委派鲍叔牙辅佐公子小白。这样的设计和安排方使齐僖公高枕无忧。

谁知，管仲和召忽很愉快地接受了齐僖公的重托，而鲍叔牙却婉拒了齐僖公的委派，因为在鲍叔牙眼中，公子小白在宫中最没地位，在未来最没前途。因此他谎称得了重病，迟迟不就任。

这时，管仲与召忽便以探病为由去劝鲍叔牙出山。鲍叔牙说："先人讲过，知子莫若父，知臣莫若君。现在国君知道我不行，才让我辅佐小白。我是不想干的！"召忽清楚地了解鲍叔牙所处的两难境地，于是劝慰道："我看小白一定当不上君位的继承人。您若是真的不想辅佐他，就不要出来好了。我暂且说您病得快要死了，国君会赦免您的。"然而，管仲却不这样想。他做了如下三点分析。第一，国人都厌恶公子纠的母亲，以致厌恶公子纠本人而可怜没有母亲的小白。第二，诸儿虽然居长，但品质卑贱，前途如何还说不定。看来统治齐国的，除了纠与小白两公子外，别无他人。第三，小白为人，有大志向没有小聪明，性子虽急躁却有远虑，倘若上天不幸降祸于齐国，公子纠虽然得立为君，但可能会一事无成，恐怕君位非小白莫属了。鲍叔牙认为管仲的分析合情合理，于是愉快地接受了管仲的劝告，出任小白的师傅了。

就在这次探望中，管仲与召忽在忠君与爱国方面抒怀言志。召忽说："百年以后，国家将另立新君，如有违犯君命废弃我之所立，夺去纠的君位，就是得了天下，我也不愿活着；何况，参与了我们齐国的政务，接受君令而不改，奉我所立而不废除，这是我义不容辞的任务。"管仲却不这样认为，他说："我作为人君的臣子，是受君命治理国家并且主持宗庙祭祀的，岂能为纠个人而牺牲？国家破，宗庙灭，祭祀绝，只有这样，我才去死。不是这三件事，我就要活着！因为我活着对齐国有利，我死了了对齐国不利！"这就是生死利齐的典故来源。

后来，齐僖公死了，因诸儿最长，立为国君，即齐襄公。齐襄公昏庸无道，立十二年被无知所杀，无知自立为君，此事发生在公元前 686 年。于是，管仲和召忽侍奉公子纠避难于鲁；鲍叔牙侍奉公子小白避难于莒。第二年春天，无知又被渠丘大夫所杀。连锁性的政变使齐国出现了暂时无君的局面。接下来，齐国上演了一出公子纠和公子小白争夺君位的戏剧。结果是鲍叔牙辅佐小白，在高氏、国氏的内应下，不失时机地回国抢位，捷足先登，当上了国君，是为齐桓公。

管仲像

齐桓公由莒返齐当上国君后，想任命鲍叔牙为宰相。然而鲍叔牙却拥功不恃，拱手让贤。他把眼光放得更加深远。他认为自己虽然有才，但才不如管仲；他认为自己虽能治齐，却不能使齐称霸天下；他认为自己虽然有德，然而德无止境；他认为自己虽然有功，然而功绩需要时时增益才好。他为不能增益君主功德而苦恼，他为世有增益君主功德之人而欣慰。这个能够增益君主功德的人就是管仲。

于是，鲍叔牙对齐桓公说："我是您的庸臣。国君要加惠于我，使我不至于挨饿受冻，就算恩赐了。如果一定要治理国家，则非我之所能。"他又对齐桓公说："我有五个方面不如管仲。宽惠爱民，我不如他；治国不失权柄，我不如他；忠信以交好诸侯，我不如他；制定礼仪以示范于四方，我不如他；披甲击鼓，立于军门，使士兵勇气倍增，我不如他。管仲好比人民的父母，想要管理孩子，就不可不用他们的父母啊！"在鲍叔牙的大力推荐下，齐桓公弃一箭之仇，拜管仲为相。鲍叔牙正是以高位让贤的特殊方式表现了他对齐国的热爱。

齐襄公之后，本来最有资格当国君的是公子纠。然而在公子纠与公子小白争夺君位的斗争中，公子纠、管仲和召忽却成了失败的一方。失败了的公子纠被齐桓公假手他人杀害了。召忽悲痛地对管仲说："现在齐国大局已定，公子小白登上君位，公子纠已被杀死。下一步国君让您当齐国的左相，也一定会让我当齐国右相的。但是杀我君而用我身，是对我再一次的侮辱。您做生臣，我做死臣好了。我召忽既已明知将得万乘大国的政务而自死，公子纠可说有死事的忠臣了。您活着称霸诸侯，公子纠可说有生臣了。死者完成德行，生者完成功名。生名和死名不能兼顾，德行也不能虚得。您努力吧，死生在我们两人之间是各尽其分了。"召忽说完便自刎而死，管仲却怀抱不羞小节而耻功名不显于天下的价值观和生死利齐的大节活了下来，做了齐国的宰相，辅佐齐桓公九合诸侯、一匡天下，创造了富国强兵、首霸春秋的一番大业。应该说，管仲和召忽以两种不同的方式各自完满地诠释了爱国的内在价值。当时的人们这样评价说："召忽的死比苟活贤，管仲的生比殉死更贤！"

由上述典故可知管仲"死国不死君"的主张，"生死利齐"的人生态度，正是其伟大爱国主义精神的表现。

第四节　田单复国：齐人保家卫国的英雄壮举

齐文化中的爱国主义精神还表现为保家卫国的英雄壮举。

田齐第六代国君是齐湣王。他没有凭借祖辈和父辈创下的这份号令天下、称雄列国的雄厚基业，书写出更加辉煌灿烂的篇章。相反，执政后期的他，由于刚愎自用、骄横跋扈、穷兵黩武、拒听谏言、任用奸相、不讲策略，致使君臣不和、百姓离心、内外树敌，矛盾日益尖锐。公元前284年，在燕、秦、赵、韩、魏五国联军的讨伐声中，齐湣王国破身亡，这段历史以齐国的失败落下帷幕。

就在这一场战争中发生了两位英雄救国的故事。其中一位是年仅15岁的少年王孙贾，另一位是齐国名将田单。

王孙贾是齐王的宗族，15岁就被召进宫当齐王的侍臣。他母亲很爱他，每当他入朝时，总要再三叮嘱他早些回来。如果他回家晚了，母亲就会焦急地倚在大门框上等他回来。公元前284年，燕军大将乐毅率五国诸侯联军侵齐，齐师大败，秦、赵、魏、韩四路诸侯军罢归，乐毅独率燕军攻进齐都临淄。昔日繁花似锦的海岱名都顿时兵荒马乱，血雨腥风。齐湣王仓皇逃离都城。这天，年仅15岁的王孙贾没有跟在齐王身边。当听说齐王出逃，他急忙前去追寻，却久寻不见，只得浑身带血，踉踉跄跄地踱进破败不堪的家门。年迈的母亲见到尚幼的儿子，没有大敌临前的畏惧，不见生离死别的哀痛，更无恋子苟生的念头。她慷慨陈词："燕兵来了，你为何不保护齐王呢？"王孙贾道："我不知道大王在什么地方。"母亲听后非常生气，责备儿子说："你每天回来晚了，我会倚在家门口等你。你既然是大王的侍臣，竟然不知道他去哪儿了，那你还回家干什么？"王孙贾听后，很惭愧，马上离家再去打听齐王的下落。王孙贾走到街上，振臂高呼道："淖齿在齐国作乱，杀了齐王，要跟我去讨伐淖齿的，就脱下右边的衣袖！"话音刚落，有四百多人拥了上来，都追随王孙贾去讨伐淖齿，最终杀掉了淖齿。

多么伟大的母亲，明大义，识大局；多么勇敢的儿子，振臂一呼，应者云集。刘胡兰也是 15 岁时为了共产主义信念，为了拯救苦难深重的祖国，为了托起明天的太阳，她勇敢地走向了寒光闪闪的铡刀，无所畏惧，大义凛然！这正是自古英雄出少年。

乐毅的大军攻下临淄后并未收兵，而是"留徇齐五岁，下齐七十余城，皆为郡县以属燕，唯独莒、即墨未服"[①]。在此生死存亡之际，齐国名将田单以即墨城为根据地，顽强地抗击燕军，并继而掀起复国运动，从而奏响了一曲爱国主义的高歌。

田单是战国末期齐都临淄人，生卒年代不详，主要活动于齐湣王后期和齐襄王时期。田单是齐国田氏的远房子弟，恐怕早已失去贵族的地位。齐湣王时，田单曾任齐都临淄的市掾，是一位资历浅、名气微的小官吏。如司马迁所说："田单者，齐诸田疏属也。湣王时，单为临淄市掾，不见知。"（《史记·田单列传》）但是，他善于学习，颇爱兵法，对战略战术精心钻研，显露出非凡的军事才能。后来在燕齐战争中大显身手，从而一举成名。

在燕军攻陷临淄之前，田单和他的族人一起退到了安平。田单料到燕军必将进攻安平，便让宗族内的人先把车轴两端伸出的部分锯掉，并包上铁皮。果然，燕军攻下临淄后迅速挥兵进攻安平，并很快将安平攻破。安平人争相逃命，但由于路窄车多，车轴头又长，车与车互相碰撞，轴断轮脱，大都被燕军俘获。只有田单及其家族，因车轴短，又包了铁皮，才幸免于难。这时齐国只有二城未被攻克，一是莒，二是即墨。

即墨[②]是齐国五都之一，是可与临淄媲美的大城邑，城墙坚固，城内粮食与物资储备充足，具有很好的防守条件。燕军进攻即墨时，即墨军民依托坚城，殊死抵抗，燕军一时难以攻破。但在持续的攻守之战中，即墨大夫在一次战斗中不幸战死，一时守军群龙无首，形势一下子变得危急起来。就在这时，田单和族人逃到了即墨城。

即墨城的守军和百姓听闻田单改进车轴，带领族人全身而退的事迹，认为他有才干、懂军事，便拥立他为将军，负责指挥守城。在大敌当前、孤城悬危的严峻形势下，田单没有推辞，慨然应允，勇敢地承担起领导军民抗击燕军、保卫即墨的重任。

足智多谋的田单，并没有因暂时的失利而气馁，他不负众托，决心复国。他细心分析战争发展变化的形势，窥测出战良机。就在这个时候，传来了燕昭王病死、惠王即位的消息。田单抓住天赐良机，使出第一个计谋，"田单闻之，乃纵反间于燕，宣言曰：'齐王已死，城之不拔者二耳。乐毅畏诛而不敢归，以伐齐为

---

① （汉）司马迁撰：《史记》，（南朝宋）裴骃集解，（唐）司马贞索隐，（唐）张守节正义，2429 页，北京，中华书局，1959。

② 即墨：故址在今山东平度古岘大朱毛村。

名，实欲连兵南面而王齐。齐人未附，故且缓攻即墨以待其事。齐人所惧，唯恐他将之来，即墨残矣。'燕王以为然，使骑劫代乐毅"（《史记·田单列传》）。乐毅西降赵，燕军大哗。田单在抗燕复国的道路上迈出了第一步。

继之田单又推出第二个计谋：他下令城中人吃饭前必须在庭院中祭祀列祖列宗，于是引来百鸟翔舞城中，下而啄食。燕人看了很感奇怪。田单宣布说：此乃"神来下教我"。又令城中人说："当有神人为我师。"并找一士卒假冒神师，"每出约束，必称神师"（《史记·田单列传》）。在神权思想还相当浓厚的时代，田单设此计，一定程度地神化自己，抬高自己的地位，瓦解敌人，激励齐军的斗志，不失为一种巧妙而有效的方法。

田单推出的第三个计谋是向燕军传言，说齐军最怕燕军把割了鼻子的齐国降卒置于队前向齐军进攻。若此，即墨城不战自溃。燕人听后，果然照此办理。致使"城中人见齐诸降者尽劓，皆怒，坚守，唯恐见得"（《史记·田单列传》）。

田单推出的第四个计谋是向燕军传言，说齐人最怕燕人掘墓戮尸。若此，齐人心惊胆战，即墨城不战即溃。燕军果然尽掘齐人坟墓，焚烧尸体。"即墨人从城上望见，皆涕泣，俱欲出战，怒自十倍。"（《史记·田单列传》）

田单推出的第五个计谋是派人装作即墨的富翁，偷偷给燕将骑劫送钱物，并谎称城里的粮食已用尽，不几天就会投降。请他攻城时保全自己的家族。骑劫高兴地接受了财物，满口答应。这样一来，燕军光等着即墨人投降，认为不用再打仗了，也越发懈怠。

五计既施，田单见齐军同仇敌忾、义愤填膺、士卒可用，便"身操版插，与士卒分功，妻妾编于行伍之间，尽散饮食飨士"（《史记·田单列传》），然后便组织老弱女子登上城墙，以示降燕；并把大批金银珠宝，让即墨豪富贿赂燕将，说："即墨即降，愿无虏掠吾族家妻妾"，以此麻痹敌人，"燕军由此益懈"（《史记·田单列传》）。

一应准备工作就绪。田单组织甲卒精兵埋伏于城内四周，又把城内千余头牛，双角装上锋利的匕首，身着画有龙纹图案的五彩缯衣，尾巴束上灌足脂油的芦苇，后随精甲壮士五千余人，布下了火牛阵。当夜深人静、燕兵酣睡之时，即墨城头锣鼓齐鸣，火烧牛尾，千头火牛从凿开的十余处城墙洞口窜出，直奔燕营而去；壮士在呐喊声中，随牛冲杀。燕军顿时大乱，落荒而逃。统帅骑劫也被杀死。齐军乘胜追击，直至齐之北界河上，几乎收复齐国所有的失地。对此，司马迁赞叹道："兵以正合，以奇胜。善之者，出奇无穷。奇正还相生，如环之无端。夫始如处女，适人开户；后如脱兔，适不及距；其田单之谓邪！"（《史记·田单列传》）

司马迁认为：用兵作战要一面和敌人正面交锋，一面用奇兵突袭制胜。善于用兵的人，总是能够奇兵迭出而变化无穷的。正面的交锋和背侧的奇袭都要发生作用，这两种战术的相互转化，就如同圆环没有起止一般使人捉摸不定。用兵之初要像处女那样沉静、柔弱，诱使敌人敞开门户，毫不戒备；然后在时机到来之时，就像逃脱的兔子一般快速、敏捷，使敌人来不及防御。田单用兵，正是如此吧。这是对田单火牛阵法的最好评价了！

取得反击燕军的重大胜利后，田单又挥兵西下收复聊城。公元前 276 年，田单又取得了攻狄战役的胜利。最终收复了齐国全境。

田单复国后，把齐襄王从莒城接回临淄，襄王为嘉奖其功，任田单为相国，封于安平邑，号曰安平君。

田单复齐谱写了一曲浴血疆场、荡气回肠的爱国主义壮歌！

第五节　"大一统"：齐人宏伟的家国愿景

党的二十大报告明确指出："解决台湾问题、实现祖国完全统一，是党矢志不渝的历史任务，是全体中华儿女的共同愿望，是实现中华民族伟大复兴的必然要求。坚持贯彻新时代党解决台湾问题的总体方略，牢牢把握两岸关系主导权和主动权，坚定不移推进祖国统一大业。"这就告诉我们，维护主权独立，领土完整，最终完成祖国的统一是爱国主义精神的突出表现和要求。

齐文化的爱国主义精神恰恰表现在对国家统一的追求和维护方面。

"死去元知万事空，但悲不见九州同。王师北定中原日，家祭无忘告乃翁。"这是陆游写的一首《示儿》诗。陆游是南宋爱国诗人，他毕生从事收复失地的事业，虽然屡遭排挤、打击，但爱国热情始终没有消减。《示儿》是诗人临终写给儿子的遗嘱，表达了诗人至死念念不忘"北定中原"、统一祖国的深挚、强烈的爱国激情。其实，这种"大一统"的思想源于齐文化的沃土。

作为齐文化重要文献之一的《春秋公羊传》，在中国经学史和政治思想史上都具有很高的地位，并且产生了深远的历史影响，"大一统"的思想便是该书的精华所在。何谓"大一统"？《春秋公羊传》在解释隐公元年经文"元年，春，王正月"时指出："元年者何？君之始年也。春者何？岁之始也。王者孰谓？谓文王也。曷为先言王而后言正月？王正月也。何言乎王正月？大一统也。"①《辞海》释义"大一统"说："统一全境。《公羊传·隐公元年》：'何言乎王正月？大一统也。'《汉书·王吉传》：'《春秋》所以大一统者，六合同风，九州共贯也。'大，谓重视、尊重；一统，指天下诸侯统一于周天子。后世因称统治全国为大一统。"这个解释是很准确的。对于《春秋公羊传》提出的"大一统"思想，国学大师杨向奎先生高度评价道："'大一统'的思想是公羊学派的精华，这种思想不存在狭隘的民族思想，此其所以为'大一统'。这种思想有助于各族间之团结统一，这种思想掌握了各族

---

① 李学勤：《十三经注疏·春秋公羊传注疏》，6～10 页，北京，北京大学出版社，1999。

人民，于是发挥了无比的凝聚作用。"①

齐文化不仅最早提出了"大一统"的思想，而且还积极地把这一思想贯彻到实际行动中去。公元前 770 年周平王迁都洛邑之后，王室式微，礼崩乐坏，诸侯坐大，四夷交侵。"普天之下莫非王土，率土之滨莫非王臣"的西周"大一统"局面被破坏了。在这种形势下，齐鲁文化的两大代表人物孔子和管仲分别从文、武两个方面，积极地行动起来，为维护国家的统一而斗争。孔子的表现是作《春秋》，管仲的表现是建霸业。

管仲奋斗的终极目标是一匡天下，使春秋乱世走向大治。而匡扶天下的形式则是举盟会、合诸侯。

"盟"渊源于氏族公社时期，最初的含义是盟誓，主要用于氏族内部的祭祀、诉讼。由于当时生产力水平十分低下，人类抵御自然的力量十分微弱，面对变幻莫测的自然现象，产生了神秘感和恐惧感。他们认为是超自然的力量支配着自然和人类。为了降福免灾，便向超自然力量祈求、祭祀，在祈求、祭祀的过程中，采用的是对神明发誓的方式，这就是最初的"盟"。

部落时代，生产力水平有所提高，人类活动区域有所拓广，"盟"的范围有所扩大。当时，部落间常常通过"盟"会建立军事联合共同体，以解决部落间的纠纷、冲突，并防御外来侵扰。建立"盟"关系的部落平等互助，无从属关系。这时的"盟"表现出临时性和不固定性。

经过殷商至于西周时代，"盟"已臻于完善，并制度化了。唐代孔颖达为《礼记·曲礼》作疏时指出，"盟"的过程是"先凿地为方坎，杀牲于坎上，割牲左耳，盛以珠盘，又取血盛以玉敦，用血为盟。书成，乃歃血而读书。"② 盟会由司盟主持，"司盟掌盟载之法，凡邦国有疑会同，则掌其盟约之载及其礼仪，北面诏明神"③。

管仲接过了古老的盟会形式，将司盟变成了盟主的身份，取得了周天子的册命，得以号令诸侯，从而创造了春秋时代霸权政治的新模式。

齐桓公三十五年（公元前 651 年）夏，齐、鲁、宋、卫、郑、许、曹诸国君盟于葵丘。周襄王派大夫宰孔与会，并"赐桓公文武胙、彤弓矢、大路，命无拜"（《史记·齐太公世家》），这是来自周天子的最高奖赏。据《左传·僖公九年》记载，同年秋，齐桓公又与诸侯复盟于葵丘，盟誓曰："凡我同盟之人，既盟之后，言归于好。"④《穀梁传·僖公九年》记载二人又誓曰："毋雍泉，毋讫籴，毋易树

① 杨向奎：《论"公羊学派"》，载《管子学刊》，1991（4）。
② （清）孙希旦：《礼记集解》，140 页，北京，中华书局，1989。
③ （清）孙诒让：《周礼正义》，2852～2853 页，北京，中华书局，1987。
④ 杨伯峻：《春秋左传注》，327 页，北京，中华书局，1981。

子，毋以妾为妻，毋使妇人与国事。"① 通过盟誓的内容足以看出，这时的齐桓公俨然天子一般地对其他诸侯发号施令了。

葵丘之盟标志着齐桓公的霸业达到了顶峰。

对于管仲创立春秋首霸大业的作用和意义，孔子在《论语·宪问》中说："管仲相桓公，霸诸侯，一匡天下，民到于今受其赐。微管仲，吾其披发左衽矣。"②《战国策·韩策三》说："昔齐桓公九合诸侯，未尝不以周襄王之命。然则虽尊襄王，桓公亦定霸矣。九合之尊桓公也，犹共尊襄王也。"③

战国是一个由多国纷争走向统一的时代，而齐宣王则走在这个时代的前面。稷下学宫到了齐威王、齐宣王时期已经发展到了无与伦比的辉煌阶段，天下的饱学之士、鸿儒贤智都游学于稷下。孟子也来到了稷下学宫。在稷下期间，他经常与齐宣王讨论治国理政和天下大事。有一次，齐宣王对孟子说："我有一个很大的愿望。"孟子说："什么愿望呢？能否说来听听？"齐宣王笑而不答。智慧的孟子心领神会地说："大王的愿望我知道了，那就是开疆拓土，安抚四方，使秦国和楚国来朝拜呀！"这里的"辟土地，朝秦楚，莅中国而抚四夷"④ 就意味着对天下的统一。

由上述可知，我们中国自古以来就是一个多民族组成的大家庭，坚持祖国统一的理念和为维护祖国统一而勇于献身的精神，是每一个公民必须具备的基本素质。

思考题：

1. 简述齐文化爱国精神的主要表现。

2. 为什么说忧患意识是爱国主义的突出表现？

3. 当代大学生如何立爱国之志，践报国之行？

延伸阅读书目：

1. （汉）司马迁：《史记·屈原贾生列传》，（南朝宋）裴骃集解，（唐）司马贞索隐，（唐）张守节正义，北京：中华书局，1959。

2. 宣兆琦：《图说管子》，济南：山东友谊出版社，2007。

---

① （晋）范宁集解：《春秋穀梁传注疏》，（唐）杨士勋疏，146 页，北京，北京大学出版社，2000。
② 杨伯峻：《论语译注》，151～152 页，北京，中华书局，1980。
③ 范祥雍：《战国策笺证》，1602 页，上海，上海古籍出版社，2006。
④ 杨伯峻：《孟子译注》，16 页，北京，中华书局，1960。

第二章　齐文化的创新精神

党的二十大会议主题之一是"守正创新"，这是因为创新是一个民族阔步前进的巨大动力，也是一种文化繁荣昌盛的不竭源泉。正如党的二十大报告指出的那样："必须坚持守正创新。我们从事的是前无古人的伟大事业，守正才能不迷失方向、不犯颠覆性错误，创新才能把握时代、引领时代。我们要以科学的态度对待科学、以真理的精神追求真理，坚持马克思主义基本原理不动摇，坚持党的全面领导不动摇，坚持中国特色社会主义不动摇，紧跟时代步伐，顺应实践发展，以满腔热忱对待一切新生事物，不断拓展认识的广度和深度，敢于说前人没有说过的新话，敢于干前人没有干过的事情，以新的理论指导新的实践。"由此反观齐文化，不难发现齐人的创新精神正是齐国繁荣富强和齐文化高度发达的主要原因。

第一节　齐人的理论创新

创新的关键是理论创新，党的二十大报告明确指出："我们党勇于进行理论探索和创新，以全新的视野深化对共产党执政规律、社会主义建设规律、人类社会发展规律的认识，取得重大理论创新成果，集中体现为新时代中国特色社会主义思想。"这就告诉我们，一个观念陈旧的人、群体和民族是没有创新可言的。而观念和理论的创新又是以思想解放为先导和前提的。在这一点上，齐文化给我们以有益的启示。

姜太公就是我国古代一位思想解放的杰出政治家。大家都知道，殷商是一个被神权支配的社会。殷人率民以敬神，上起王公，下至百姓无不信神、敬神。在殷人眼中，王权是神授的，整个社会都受神的主宰，因而殷人的一切活动都要首先询问神的旨意，殷商留下来的大量龟甲卜辞就是有力的证据。然而，姜太公却反其道而行之。据《论衡·卜筮》记载，周武王出征伐纣时，卜筮曰逆，占曰大凶。姜太公推倒蓍龟说："枯骨死草，何知吉凶？"这对于笃信天命，动辄听命于鬼神的时人来说，无疑是当头棒喝。姜太公以其超人的坚毅果敢稳定了军心，最终赢得了牧野之战的胜利。而姜太公的这种坚毅果敢则来源于他的思想解放，而思想解放的成果则是理论的创新，那就是"天命靡常，唯德是依"。理论的创新又带来实践的创新。据《史记·齐太公世家》载："周西伯昌之脱羑里归，与吕尚阴谋修德以倾商政。"信天在于敬神，重德在于爱民，所以姜太公治国基于爱民。《说苑·政理》曾记载武王与姜太公的对话，"武王问于太公曰：'治国之道若何?'太公对曰：'治国之道，爱民而已。'曰：'爱民若何?'曰：'利之勿害，成之勿败，生之勿杀，与之勿夺，乐之勿苦，喜之勿怒，此治国之道，使民之谊也，爱之而已矣……故善为国者，遇民如父母之爱子，兄之爱弟，闻其饥寒为之哀，见其劳苦为之悲。'"① 这就是思想解放、理论创新带来的与殷人重鬼神而轻人事截然不同的直接结果。

正因为姜太公是一个思想解放的政治家，所以在封齐建国的过程中多有创新，比如"尊贤智，赏有功"的用人政策，"通商工之业，便鱼盐之利"的经济政策，"因其俗，简其礼"的民族政策（《史记·齐太公世家》），天下为公的理念等，都是解放思想、创新理论、勇于实践的成果。

管仲是齐国历史上又一个思想解放、富有创新精神的杰出的政治家和改革家。管仲生活在春秋中前期，那时，周王室天下共主的局面已被打破，周天子地位一落千丈。王畿之地，戎族鲸吞，诸侯蚕食，面积锐减，致使"日蹙国百里"。祸不单行，贡赋渠道也梗塞了。诸侯几不朝王，大夫罕有聘周；楚不贡包茅，祭祀无以缩酒；鲁不入贡赋，王室不得不屈尊向诸侯"告饥""求金""求赙""求车"。几近崩溃的经济自然养不起足以维护王室尊严与安全、控制四境的军队。周王室由原来的六军，缩减至三军、二军，最后甚至不足一军。春秋历史的第一页书写着赫然入目的四个大字"王室式微"！此消彼长，诸侯坐大，四夷交侵。楚国雄踞长江，拥地千里；自由扩军，僭称王号；声称蛮夷，专攻华夏。北方之山戎，曾侵郑伐齐，却均为郑所败。此时之中国，恰如《公羊传·僖公四年》所言："南夷与北狄交，中国不绝若线。"正是在这种背景下，管仲提出了尊王攘夷、称霸诸侯的宏伟战略。对此，《管子·大匡》曾有记载，"桓公二年，践位召管仲。管仲至，公问曰：'社稷可定乎?'管仲对曰：'君霸王，社稷定。君不霸王，社稷不定。'公曰：'吾不敢至于此其大也，定社稷而已。'管仲又请，君曰：'不能。'管仲辞于君曰：'君免臣于死，臣之幸也。然臣之不死纠也，为欲定社稷也。社稷不定，臣禄齐国之政而不死纠也，臣不敢。'乃走出。至门，公召管仲。管仲反，公汗出曰：'勿已，其勉霸乎!'管仲再拜稽首而起，曰：'今日君成霸，臣贪承命。'趋立于相位，乃令五官行事。"②

在创立首霸大业的过程中，管仲厉行改革，除旧布新，一批批崭新的成果培育了出来。比如，在政治上，于中央创立了宰相制度和五官行政制度，于地方创立了三国五鄙制度，在选拔人才任命官职方面创立了"三选"制度，在全国创立了自上而下的监督核查制度，并且配套以"赋禄以粟"制度等；在经济上，创立

---

① 黄晖：《论衡校释》，151 页，北京，中华书局，1990。
② 黎翔凤：《管子校注》，348～349 页，北京，中华书局，2004。

了"井田畴均""均田分力"的土地经营制度，创立了"相地而衰征"的赋税制度，创立了"官山海"、盐铁官营制度，推行了"关讥而不征，市廛而不税"，优商惠贾的外贸政策等；在军事上，创立了"军令则寄诸内政"的军政合一制度，创立了"轻过而移诸甲兵"的罚金制度等；在社会上，创立了"四民分业定居"制度，创立了"九惠之教"制度，创立了社会调查统计制度等。正是在这一系列理论创新和实践创新的基础上，才成就了齐国首霸春秋的伟大事业。

对于管仲相桓公、尊王室、攘夷狄、霸诸侯的伟大创举，著名历史学家顾颉刚先生如是说："为了周平王的微弱，郑庄公的强暴，使得中原诸国化作一盘散沙，而楚人的势力这般强盛，戎狄的驰骋又这等自由，夏商周以来积累了千余年的文化真动摇了。齐桓公处于如此艰危的时局，靠着自己的国力和一班好辅佐，创造出'霸'的新政治来，维持诸夏的组织和文化，使得各国人民在这均势小康的机构之下慢慢作内部的发育，扩充智慧，融合情感，整齐国纪，画一民志，所以霸政行了百余年，文化的进步真是快极了，战国时代灿烂的建设便是孕育在那时的。"① 这种社会危而不坠，文化起死回生的局面之发生，正是管仲解放思想、创新理论、勇于实践的结果。

第二节　齐国选官方法的创新

纵观齐国历史，凡国运之昌盛，皆因贤人当政，人才为用。之所以如此，是因为齐国在选官任人的方式方法上有诸多创新。

众所周知，姜太公受封建齐之初，为了建国与安民，采取了一系列行之有效的措施，而尊贤尚功、重用人才便是其中重要的一项。据《汉书·地理志》载："昔太公始封，周公问：'何以治齐？'太公曰：'举贤而上功。'"同书又载："初太公治齐，修道术，尊贤智，赏有功。"②《淮南子·齐俗训》亦载："昔太公望、周公旦受封而相见。太公问周公曰：'何以治鲁？'周公曰：'尊尊亲亲。'……周公问太公曰：'何以治齐？'太公曰：'举贤而上功。'"③ 此之"贤"，即《周礼·地官》注所说："贤者，有德行者。"此之"功"，用墨子的话说就是"利民"，可引申为治国利民的能力与业绩。所谓"贤""功"者，意指具备道德、能力、绩效的人才。可见，姜太公在建齐施政过程中采用的不分部族门第、淡化血缘关系、唯贤是举、量功而任的用人政略与方法，充分体现了姜太公的远见卓识和非凡气魄，在当时的时代背景下无疑是一个伟大的创举。

若把齐、鲁两国的用人方略加以比较的话，我们不难看到姜太公"尊贤上功"

---

① 顾颉刚：《齐桓公的霸业》，载《文史杂志》，1944（1-2）。
② （汉）班固：《汉书》，（唐）颜师古注，1661页，北京，中华书局，1962。
③ 何宁：《淮南子集释》，765页，北京，中华书局，1998。

以治齐，齐为之日大；周公"亲亲上恩"以治鲁，鲁为之日削。正如《吕氏春秋·长见》所载："吕太公望封于齐，周公旦封于鲁。二君者甚相善也。相谓曰：'何以治国？'太公望曰：'尊贤上功。'周公旦曰：'亲亲上恩。'太公望曰：'鲁自此削矣。'"历史证明此语不谬。对此，《史记·齐太公世家》说："太公至国，修政……而人民多归齐，齐为大国。"司马迁赞曰："吾适齐，自泰山属之琅邪，北被于海，膏壤二千里，其民阔达多匿知，其天性也。以太公之圣，建国本，桓公之盛，修善政，以为诸侯会盟，称伯，不亦宜乎？洋洋哉，固大国之风也！"司马迁真乃良史俊才，寥寥数语便清晰地勾画了齐国的命脉大势，深刻地揭示了齐国的富强根本。姜太公所建之"国本"说到底就是"尊贤上功"的用人路线，并在齐国形成了优良的政治传统，从而迎来了齐国春秋首霸、战国称雄的辉煌。

在选官任人方面的创新之举，堪与姜太公媲美的应首推齐桓公小白了。

齐桓公可谓受命于危难之际。为了使齐国走出荆山棘海，他做出的第一个决定是任管仲为相。

任用管仲，在当时既非一件小事，亦非一件易事，因为横亘在齐桓公面前的有三大障碍。其一，管仲虽为姬姓，然而家道中落，早已丧失了贵族身份。他本人不过是普通"四民"中的商贾。在世卿世禄的贵族政治时代，管仲低贱的出身框定了他的仕途。这是制度障碍。其二，桓公姜姓，管仲姬姓。从大处看，姬姜固属姻亲关系，然具体到桓、管个体而言却无任何亲戚瓜葛。在"非我族类，其心必异"（《左传·成公四年》）观念占统治地位的古代社会，任用异姓的管仲诚为不可思议的事情。这是传统心理障碍。其三，管仲作为公子纠的辅佐，是为齐桓公的政敌；他又曾一箭射中齐桓公的带钩，差点要了他的命，是为齐桓公的仇敌。这是齐桓公与管仲二人间的恩仇障碍。

对政敌加仇敌的管仲，非碎尸万段不足以解其恨，怎谈得上任为宰相呢？然而管仲也有许多有利条件。其一，管仲有才，而且是匡世大才。当时鲁国的大谋士施伯这样评价管仲说："管仲者，天下之贤人也，大器也。在楚则楚得意于天下，在晋则晋得意于天下，在狄则狄得意于天下。"（《管子·小匡》）其二，齐桓公欲做中兴之主，称霸诸侯，非用管仲之才不可。对此，施伯看得很清楚："夫管仲，天下之大圣也。今彼反齐，天下皆乡之，岂独鲁乎！"（《管子·大匡》）鲍叔牙说得更明白："君且欲霸王，非管夷吾不可。夷吾所居国国重，不可失也。"（《史记·齐太公世家》）其三，鲍叔牙的力荐。鲍叔牙既是齐桓公的心腹重臣，又是管仲的知己好友，有这样一个特殊身份的人从中斡旋，事情往往会发生戏剧性变化。其四，齐桓公其人，性急且有远虑。这种性格对改变管仲的命运也是有利因素。多种因素综合作用的结果，改变了齐桓公欲诛杀管仲的初衷，坚定了他委之以重任的决心。于是囚管仲于鲁，释管仲于堂阜，斋被三浴，齐桓公亲迎之郊，问对于太庙任为宰相。旋即又赋三权，即贵为下卿，富有三归，亲如仲父。齐桓公在任用管仲一事上所表现出来的豁达大度与知人善任，堪称绝唱。对齐桓公的豁达大度、举贤不避仇的做法，明人冯梦龙曾写诗歌颂：

> 争贺君侯得相臣，
> 谁知即是槛车人。
> 只因此日捐私忿，
> 四海欣然号霸君。①

无独有偶，拔宁戚于饭牛之中，是齐桓公创新选官任贤的另一段佳话。

宁戚，卫国人，学识渊博，才华出众，但不为卫国所用。他听说齐桓公有宏图大略，招贤纳士，重用人才，便决定到齐国一展雄才。宁戚便以商人车夫的身份来到齐国，夜宿齐城东门外。恰值齐桓公夜出会客，宁戚一只手给牛拌草，一只手拍打着牛角唱道：

> 南山矸，
> 白石烂，
> 生不逢尧与舜禅。
> 短布单衣适至骬，
> 从昏饭牛薄夜半，
> 长夜漫漫何时旦。
>
> 沧浪之水白石粲，
> 中有鲤鱼长尺半。
> 敝布单衣裁至骬，
> 清朝饭牛至夜半。
> 黄犊上坂且休息，
> 吾将舍汝相齐国。
>
> 出东门兮厉石班，
> 上有松柏青且阑。
> 粗布衣兮緼缕，
> 时不遇兮尧舜主。
> 牛兮努力食细草，
> 大臣在尔侧，

---

① （明）冯梦龙，（清）蔡元放：《东周列国志》，132 页，北京，人民文学出版社，1955。

吾当与尔适楚国。①

齐桓公奇之，听后知其是旷世奇才，于是载与俱归，任为大司田。管仲死后，宁戚当了相国。

齐桓公尊贤重士的另一美谈是五访小臣稷。据刘向《新序·杂事》载，齐桓公拜访一个叫小臣稷的人，一天去了三次都没见到他。齐桓公的随从说："作为拥有万辆战车的国君，拜访一个平头百姓，一天三次都没能见到，这也就可以停止了。"齐桓公说："话不能这样说，一个用傲慢的态度对待官职和俸禄的士人，当然看不起他的国君，他的国君若用傲慢的态度对待王霸之业，自然也看不起士人。即便小臣稷先生轻视官职俸禄，我怎能敢轻视王霸之业呢！"于是齐桓公五次拜访小臣稷，终于见到了他，并任他为官。由此可见齐桓公求贤若渴之心情，知人善任之行动。

齐桓公还任用了鲍叔牙、隰朋、王子城父、高傒、陈完等人，从而组成一个强有力的领导集团。这是他成就霸业的重要保证。

战国时期，邹忌弹琴论政，三月拜相的故事又是齐威王创新用人方式的美谈。

邹忌，亦作驺忌，战国时齐人。生卒年不详，主要活动在齐威王、齐宣王在位时期。齐威王执政时，邹忌被任为相国，封于下邳②，称"成侯"。他以政治才干和成就显名于当世。当初，邹忌是以鼓琴进谏的方式接近齐威王，从而登上齐国政治舞台的。司马迁在《史记·田敬仲完世家》中记载，最初邹忌以精湛的琴艺受到齐威王的赏识，作为乐师留在了王宫中。一次，邹忌看齐威王正在弹琴，便走进来说："弹得好啊！"齐威王突然停下来，手按剑柄说："先生没有看我怎么弹琴，为何就说我弹得好呢？"邹忌说："大弦缓慢而温和，这是国君的象征；小弦高亢而清亮，这是宰辅的象征；手指勾弦用力，开放舒缓，这是政令的象征；大小配合和谐而不相干扰，这是四时的象征。我因此说您弹得好。"齐威王说："你很善于谈论音乐。"然后，邹忌把话题从音乐转到治国安民上，以琴道比喻政理说："治理国家人民和弹琴具有异曲同工之妙。"他向齐威王分析道：大弦、小弦和勾弦巧妙配合、协调有序，才能弹出美妙悦耳的琴声；君臣分工合作、协调一致，才能令行禁止。治理国家，安抚人民，没有比与调理五音更相像的了。齐威王发现了邹忌的治国才识，三个月后就破格任命他为宰相了。

第三节　齐国的工商管理模式创新

齐国之所以能够首霸春秋，称雄战国，是因为国富兵强，而国富兵强则源于

---

①　(清) 沈德潜：《古诗源》，9 页，北京，中华书局，1963。

②　下邳：今江苏睢宁西北。

工商业经济的高度发达。齐人在工商管理模式方面多有创新。

齐国最有创新意义的工商管理模式是"官山海",即对盐、铁、粮食、林木、军需等重要商品、物资实行垄断经营。其采取的主要措施有以下几点。

一是推行"官山海"政策,实行盐铁专营。"山海",意谓"山海之藏""山泽之利""山海之业",主要指蕴藏于山海中的铁矿和食盐两项重要资源。对实行"官山海"政策的重要意义,《管子·海王》中有记载,齐桓公问管仲"何以为国"时,管仲十分肯定地回答:"唯官山海为可耳。"他明确提出只有对山海资源实行专营,有了丰厚的财政收入,国家才能治理好。对于铁矿,齐国实行"国有民营",强化对开矿、冶铁初期环节的控制,允许民间从事冶铁业,将赢利进行三七分成,按《管子·轻重乙》的说法就是"量其重,计其赢,民得其七,君得其三"。对于盐业,实行民间生产,由国家统购统销。

二是实行粮食官营。据《管子·治国》记载"粟者,王之本事也,人主之大务,有人之途,治国之道也",明确指出控制粮食是治理国家的头等大事。据《管子·国蓄》记载:"使万室之都必有万钟之藏""使千室之都必有千钟之藏""钟饷粮食毕取赡于君,故大贾蓄家不得豪夺吾民矣"。即表明当时齐国通过实行粮食官营,掌握大批的粮食,以保障居民粮食供应,稳定物价,防止私商渔利百姓。

三是实行林木垄断。据《管子·轻重甲》记载"为人君而不能谨守其山林菹泽草莱,不可以立为天下王",指出严格控制和管理山林,是治理国家的重要手段。《管子·国蓄》提出"千乘之国,封天财之所殖",明确提出山林、矿藏为国有,不准百姓随意开采和砍伐。为达到对林木的控制和专营,《管子·山国轨》提出,"行田畴,田中有木者,谓之谷贼。宫中四荣,树其余,曰'害女功'。宫室械器,非山无所仰",即明确下令不准在田野或房前屋后栽植树木,百姓用材只能从国有山林中购买。

四是对军需物资的垄断,主要手段是对皮革、干筋、角、羽、毛、齿等军需工业的重要原料实行垄断收购。

齐国实行的"官山海"等国家垄断经营政策对国民经济和社会的稳定发挥了重要的作用。一是增加了国家财政收入。通过垄断经营,国家获取高额利润,充实国家财政收入,达到"无籍于民而国用足"的目的,可减轻人民负担,有利于经济发展和人民生活安定。二是强化对国家经济命脉的控制,做到在经济上"利出一孔",能加强中央集权的经济力量和政治势力,维护国家的统一。

除了"官山海"等宏观工商管理制度的创新之外,齐国在市场设置及管理,对私营工商业者的管理,对产品质量的管理,合同的应用及管理等方面也有很多的创新。

其一,齐国的市场设置及管理。

齐国高度重视市场的发展,对市场的功能作用有着深刻的认识,认为"市者,天地之财具也,而万人之所和而利也,正是道也"(《管子·问》),"市者可以知治乱，可以知多寡"（《管子·乘马》），"市也者，劝也。劝者所以起，本善而末事起"（《管子·侈靡》）。齐人将市场视为财富聚集、交易和满足人民生产生活需求的主要场所，是供求状况、社会环境稳定与否的重要标志。市场具有激励作用，是促进农业、手工业发展的重要动力。基于以上认识，齐国很早就在城、乡设立市场。齐国的市场主要有三类：一是城市之市，主要设立在城市中心及主要交通大道上，交易的商品以粮食和手工业产品为主；二是乡村中之市，主要设立在邑镇之上，交易的商品以农产品为主，山区以山货猎物居多，滨海湖泽之地以鱼盐水产为主；三是军市，设立在国境线上或军队长期驻防的地方，为军队服务。齐国的市场众多，交易繁荣，至战国时期，齐国治下的 120 余个城市已普遍设市，市场规模与城市大小相配套，出现了许多大的市场。如齐都临淄的国市，为当时最繁华的市场之一。

为加强对市场的管理，齐国政府设置了专门的机构和官吏，春秋时期有商正、司市，战国时期有市啬夫、市掾、市吏等。主要负责管理场地划分、物价平抑、货物伪劣、合同债务、市场治安等。日常管理中，由市啬夫、市掾等官吏在市门、市内纠察巡行，监督市场交易行为，对违反市场规定的行为进行当场处理或纠正。

其二，齐国对私营工商业者的管理措施。

春秋时期，齐国随着生产力的发展和封建制的兴起，家庭手工业和私商得到了长足发展。对此，齐国一方面赋予私营工商业者以合法地位，鼓励、支持家庭手工业和私商的发展；另一方面则加强对私营工商业的管理，控制其发展。主要管理措施有以下两点。第一，加强市场准入管理。提出"非夫人能之也，不可以为大功"（《管子·乘马》），明确规定不具有一定的专业技术特长，就不能从事相关行业的生产经营。据《国语·齐语》记载，齐国要求私人手工业者做到"审其四时，辨其功苦，权节其用，论比协材，旦暮从事，施于四方"；要求私商做到"以知其市之贾，负、任、担、荷，服牛辂马，以周四方，以其所有，易其所无，市贱鬻贵"[①]，即是对从事私营工商业者所需的职业素养和技能做出了规定。这一规定，可以说是我国古代市场准入制度的萌芽。第二，控制巨贾豪商的发展。第三，加强工商业者职业道德建设，明确提出"非诚贾不得食于贾，非诚工不得食于工"（《管子·乘马》），要求工商业者既要具备做工经商的知识和本领，更要诚信守法，恪守职业道德。

其三，加强对产品质量的管理。

齐国高度重视产品质量，《管子·七法》言："工盖天下，而器不盖天下，不能正天下"，把提高手工业制造技术、生产精工产品作为争霸天下的基础和前提。为此，齐国在实行"四民分业定居"，推动工商业职业化、专业化的同时，设立"工商之乡六，工立三族"为手工业管理机构，配备"工正""工师"等官员，并

---

① 徐元诰：《国语集解》，220 页，北京，中华书局，2002。

明确了其产品质量管理的职责。如"工师"的职责是"论百工，审时事，辨功苦，上完利，监壹五乡，以时均修焉，使刻镂文采毋敢造于乡，工师之事也"（《管子·立政》），即考核各行各业工匠的技术优劣，审定各个时节的作业项目和种类，检查产品质量，查禁应限制的奢侈品生产。同时，齐国编纂了官书《考工记》，推行"物勒工名"制度。"物勒工名"是齐国官营陶窑作坊的一种管理制度，即要求制陶工人把自己的名字印在产品上，以检验、监督产品质量。"物勒工名，以考其诚，功有不当，必行其罪"（《礼记·月令》），此制度可谓我国最早的产品质量责任制。值得注意的是，"物勒工名"制度的推行，催生了我国古代的商标。随着齐国陶瓷行业的发展，原来适用于齐国官营陶瓷作坊的"物勒工名"制度在私营陶瓷业中得到了广泛应用，并演化成为陶瓷行业的重要传统，产品标注内容也由制作者的姓名扩大到了作坊地名、地址、图案、符号等标识，兼有区分生产者和标注产品质量的双重功能，成为我国古代商标的起源。

其四，合同的应用及管理。

据考证，《管子》中有多处关于齐国政府与民众签订丝织品、粮食收购和农具租借合同的记载。当时的合同称为"券""契""质剂"等。如《管子·山国轨》称合同为"券"，说"女贡织帛，苟合于国奉者，皆置而券之"，指国家收购纺织物要与女工签订合同。对此，《管子·山国轨》载："泰春功布日，春缣衣，夏单衣，捍宠累箕胜籯屑稷，若干日之功，用人若干，无赀之家皆假之械器，胜籯屑稷公衣。功已而归公，折券。"即齐国政府与农户签订农具等物品租借合同，凡无钱的农家可以租借口袋、筐子、竹盒、绳子和公衣等农用器具，完工后归还公家，并销毁合同。如《管子·山至数》记载："皮革筋角，羽毛竹箭，器械财物，苟合于国器君用者，皆有矩券于上"，指齐国政府对皮革、筋角、羽毛、竹箭、器械及其他财物，如合乎国器规格和君主需用的，都订立收购合同。此外，还有两处体现在《揆度》《轻重甲》中，在此不一一引述。这五种合同，内容主要是丝织品、粮食、农具、兵器原料、生活用品等的采购与租借，均为经济合同，合同的履行程序有订立，有执行，有终止（"折券"），种类多、覆盖面广、程序完备，反映了当时齐国经济的高度发达和商业活动的繁盛。虽然现存史料中没有发现关于私营工商业之间使用合同的记载，但当时齐国的市场管理中也有明确对"质剂"管理的内容。由此可看出，随着齐国商业的繁荣发展，合同在商品交易中得到了广泛的应用，并成为齐国加强工商业管理的内容之一。

齐国加强工商业管理的政策措施是多方面的，除以上所述之外，还包括货币政策、财政政策、分配政策等，这些制度和政策都是齐人创新精神的产物。

第四节 齐人的科技创新

科技是人类文化宝库中的一块瑰宝。千百年来，勤劳而智慧的齐人，在海岱之间这块神异的大地上培育出来的科技之花，自然也是齐文化园地里的一朵充满了创新智慧的奇葩。

讲到科技创新，不能不讲一个伟大的人物，他就是扁鹊。

扁鹊，姓秦，名越人，生卒年不详，主要活动在齐桓公田午至秦武王荡时期。因为他医术高超，世人便以远古神医扁鹊称之，司马迁在《史记·太史公自序》中则称："扁鹊言医，为方者宗。"

关于扁鹊的里籍，《史记·扁鹊仓公列传》说他是渤海郡人。同传中记载扁鹊过虢国时自我介绍说："臣，齐勃海秦越人也。"他自己声称是齐国人，因此说扁鹊为齐国人当是无疑的。

扁鹊像

扁鹊是我国古代一位著名的医学家。作为中医学的奠基人和民间医学的开创者，他在中国医学史上的地位，有如古希腊希波克拉底被尊为西方医学之祖一样，实为中国医学之祖。

扁鹊年轻时曾做过客舍长，即官办旅馆馆长。一次，一位名叫长桑君的旅客引起了扁鹊的格外注意，他认为此人与众不同，便非常热情、恭敬地接待了他。长桑君也看出这个年轻人不是等闲之辈。两人一见如故，从此开始了绵长的友谊。十几年后的一天，长桑君突然把扁鹊叫到跟前说道："我有医学秘方，现在老了，想把它传给您，您可千万不要外泄啊！"扁鹊点了点头说："遵命。"于是长桑君从怀中取出一些药交给扁鹊说："和着上池之水①吞服，三十天后方可洞视万物。"同时长桑君把自己珍藏的所有医学秘方全部交给了扁鹊，然后飘然而去。传说，扁鹊遵嘱服药三十天后，果然能隔墙见人，透视人身五脏六腑的症结。

这个故事虽然带有浓郁的神秘色彩，但其中有以下两点值得注意。第一，长桑君教会扁鹊以"望"为主的诊病医术。第二，长桑君临死前传给扁鹊一批珍藏多年、秘不外泄的医方。长桑君改变了扁鹊的生活环境，把他引上医学之路。

扁鹊学成之后，便行医列国。东起齐、鲁，中经京畿、赵国，西到秦国，都留下了他的足迹和惊人事迹。

扁鹊在晋时，晋国的权臣赵简子病了，五天不省人事，大夫们十分恐惧，便召来了扁鹊。扁鹊进去看了他的病，出来后对董安于说："血脉治也，而何怪！昔秦穆公尝如此，七日而寤……今主君之病与之同，不出三日必间，间必有言也。"

① 上池之水：未至地的露水。

（《史记·扁鹊仓公列传》）果不出所料，过了两天半，赵简子便醒过来了。可见扁鹊的医疗经验之丰富。

扁鹊在虢时，恰遇虢国太子暴厥而死，已有半日，尚未殓。扁鹊向中庶子喜方详细询问了太子的得病经过、病情后说："我能够救活他。"中庶子不相信地说："先生不是在吹牛吧？怎么说太子死了还能复生呢？我听说上古时有神医叫俞跗的，可以炼精换形，起死回生，先生的本领如能像他，太子可以有生还的希望，否则，想使太子生还，简直连刚刚会笑的婴儿也骗不了。"扁鹊仰天长叹一声说："夫子之为方也，若以管窥天，以郄视文。越人之为方也，不待切脉、望色、听声、写形，言病之所在。闻病之阳，论得其阴；闻病之阴，论得其阳。病应见于大表，不出千里，决者至众，不可曲止也。子以吾言为不诚，试入诊太子，当闻其耳鸣而鼻张，循其两股以至于阴，当尚温也。"（《史记·扁鹊仓公列传》）最后扁鹊诊断认为虢国太子得了"尸厥"病①。在扁鹊及弟子们的精心医治下，只用了二十多天的时间，虢国太子便康复了。可见扁鹊具有高超的推理判断、综合分析能力。

另外，齐桓侯讳疾忌医的故事，更表现了扁鹊望诊的深厚功力。《史记·扁鹊仓公列传》记载了这样一则故事，"扁鹊过齐，齐桓侯客之。入朝见，曰：'君有疾在腠理，不治将深。'桓侯曰：'寡人无疾。'扁鹊出，桓侯谓左右曰：'医之好利也，欲以不疾者为功。'后五日，扁鹊复见，曰：'君有疾在血脉，不治恐深。'桓侯曰：'寡人无疾。'扁鹊出，桓侯不悦。后五日，扁鹊复见，曰：'君有疾在肠胃间，不治将深。'桓侯不应。扁鹊出，桓侯不悦。后五日，扁鹊复见，望见桓侯而退走。桓侯使人问其故。扁鹊曰：'疾之居腠理也，汤熨之所及也；在血脉，针石之所及也；其在肠胃，酒醪之所及也；其在骨髓，虽司命无奈之何。今在骨髓，臣是以无请也。'后五日，桓侯体病，使人召扁鹊，扁鹊已逃去。桓侯遂死。"

从上面几个医案中，可以看到扁鹊高超的医术和崇高的医德。他的感人事迹，在民间广为流传。这些地区至今还有扁鹊庙、扁鹊山等遗迹，寄托着后人对他的崇敬之情。

扁鹊为我国中医学的发展做出了重要贡献，具体来说有以下几点。

第一，他在中医学上最重要的贡献是把医学从王官和巫史的垄断下解放出来。"三代以前，巫医之术未尝不通也，至扁鹊屈于灵巫，则事已分矣。"（《纯常子枝语》）扁鹊说："信巫不信医，六不治也。"（《史记·扁鹊仓公列传》）这充分显示了他的科学态度。扁鹊还传授生徒，开创医学教育，他的弟子可考者就有子阳、子豹、子同、子明、子游、子仪、子越等，因而扁鹊成了齐派医学的开山鼻祖。在中医学发展史上，扁鹊是给鬼神治病论和荒诞巫术以粉碎性打击，从而使医学成为一门科学的第一人。

---

① 尸厥：一种假死的症状，似今所谓休克。

第二，扁鹊《难经》一书，从理论上对《内经》做了进一步完善和发展，被清代徐大椿誉为"读《内经》之津梁"①。《难经》分81章，对生理、病理、诊断、治疗等基础理论做了完整而系统的阐发。特别是脉诊"独取寸口"之创造性立说，价值尤高，至今仍为中医临床沿用。关于脉有阴阳说和浮脉、沉脉、损脉的论述等，两千多年来一直指导着中医学的临床实践。扁鹊在脉学上的贡献是巨大的，诚如司马迁所说："至今天下言脉者，由扁鹊也。"除脉学外，《难经》还对经络、脏腑、疾病及诊断等理论，进行了系统而深入的阐述，故被后世医家尊为"医经"。据《汉书·艺文志》载，扁鹊还著有《扁鹊内经》9卷，《扁鹊外经》12卷，可惜早佚。可见，扁鹊是中医学理论体系的主要奠基人之一。

第三，扁鹊是一位医学的伟大实践者。他"为医或在齐，或在赵"。他"随俗而变"，根据当地人民的需要，有时做"带下医"②，有时做"耳目痹医"③，有时做小儿医，有时看中医内科。这一方面说明扁鹊有高超的综合医术修养，另一方面也说明扁鹊是我国医学分科专门化的主要创立者。

第四，扁鹊创造了中医临床上的"望""闻""问""切"四诊法，并熟练地掌握了砭石、针灸、按摩、汤液、手术、吹耳、导引等多种治疗技术和手法，其中砭石和针灸是他运用最广也最擅长的。山东微山县两城山曾出土一批东汉浮雕画像石，其中几幅有人认为即《扁鹊针灸行医图》。画中半鸟半人者一手切脉，一手举针做针灸状，为鱼贯而来的病人治病。这与史籍所载扁鹊治病事迹正可印证。据《素问·异法方宜论》载，东方"鱼盐之地，海滨傍水，其民食鱼而嗜咸，皆安其处，美其食。鱼者使人热中，盐者胜血，故其民皆黑色疏理，其病皆为痈疡。其治宜砭石，故砭石者亦从东方来"。砭石治病起源于东方海滨之地，而扁鹊正是砭石治病的杰出代表。

第五，扁鹊还提出了防病为主的主张，他认为早病早治，防病重于治病。"使圣人预知微，能使良医得蚤从事，则疾可已，身可活也。"（《史记·扁鹊仓公列传》）

第六，扁鹊还提出了六不治的原则："骄恣不论于理，一不治也；轻身重财，二不治也；衣食不能适，三不治也；阴阳并，藏气不定，四不治也；形羸不能服药，五不治也；信巫不信医，六不治也。"（《史记·扁鹊仓公列传》）

扁鹊高尚的医德、精湛的医学理论和娴熟的医术，使他在广大人民心中赢得了很高的声誉，这自然引起了一些庸医的嫉恨。后来，扁鹊到秦国行医，秦太医令李醯自知医术不如扁鹊，便派人刺杀了他。司马迁悲愤地写道："女无美恶，居宫见妒；士无贤不肖，入朝见疑。故扁鹊以其伎见殃……故老子曰：'美好者不祥之器'，岂谓扁鹊等邪？"（《史记·扁鹊仓公列传》）

---

① 《山右丛书·初编》第10册，586页，上海，上海古籍出版社，2014。
② 带下医：指妇科病医生。
③ 耳目痹医：指五官科医生。

扁鹊已逝，但是他对祖国医学的杰出贡献是任何人也抹杀不了的，他的名字在中医学史上将永远闪耀着璀璨的光芒！

思考题：

1. 为什么说创新是一个民族一个国家阔步前进的动力？

2. 为什么说创新的先导是思想解放？

3. 齐鲁文化是怎样实现创新性发展的？

延伸阅读书目：

1. （汉）司马迁：《史记·扁鹊仓公列传》，（南朝宋）裴骃集解，（唐）司马贞索隐，（唐）张守节正义，北京：中华书局，1959。

2. 宣兆琦：《齐文化发展史》，兰州：兰州大学出版社，2002。

第三章　齐文化的变革精神

《周易·系辞下》说："穷则变，变则通，通则久。"意即万事万物发展到一定阶段后，会遇到瓶颈，曾经有利的条件也会成为进一步发展的障碍。这时要主动调整、主动变化，在调整和变化中寻求新的发展路径，通过不断的变革，来保证工作、事业稳定、持续地发展。对于变革，或曰改革，党的二十大报告明确提出："我们以巨大的政治勇气全面深化改革，打响改革攻坚战，加强改革顶层设计，敢于突进深水区，敢于啃硬骨头，敢于涉险滩，敢于面对新矛盾新挑战，冲破思想观念束缚，突破利益固化藩篱，坚决破除各方面体制机制弊端，各领域基础性制度框架基本建立，许多领域实现历史性变革、系统性重塑、整体性重构，新一轮党和国家机构改革全面完成，中国特色社会主义制度更加成熟更加定型，国家治理体系和治理能力现代化水平明显提高。"实践证明，主变合时的变革精神是推动历史发展和社会进步的强大推动力。

这种主变合时的变革精神，在齐文化中有突出的体现。概括来说，齐文化的变革精神主要体现在哲学、社会学、军事学及实践等方面。

第一节　阴阳消息[①]、五行相生：齐文化变革精神的哲学视域

阴阳五行学说是中国古代朴素的唯物主义哲学，也是古代传统哲学思想的结晶和核心。庞朴先生说，阴阳五行"迷漫于意识的各个领域，深嵌到生活的一切方面。如果不明白阴阳五行图式，几乎就无法理解中国的文化体系"[②]。阴阳与五行的观念源远流长。阴阳，最初是指日光的向背，向日为阳，背日为阴，故而被引申为气候的寒暖，进而引申为方位的上下、左右、内外，运动状态的躁动和宁静等。根据这些自然现象，古代思想家悟到自然界的一切事物都有正反两面，遂用"阴阳"的概念来解释自然界相互对立和相互消长的物质。五行，指金、木、水、火、土五种基本物质，这五类物质虽各有不同属性，但它们强调整体概念。古代思想家用它们来说明世界万物的起源，认为它们是构成宇宙万物及各种自然

---

① 阴阳消息：指阴、阳两气此消彼长。
② 庞朴：《稂莠集——中国文化与哲学论集》，355 页，上海，上海人民出版社，1988。

现象变化的基础。

战国时期，邹衍将阴阳与五行结合，创立阴阳五行学说。

邹衍，又称邹子，大约生活在公元前 324 年到公元前 250 年之间，是战国末期的齐国人。他是著名的稷下先生、稷下阴阳五行学派的创始人和古代阴阳五行学说的集大成者，齐宣王时学于稷下学宫，先学儒术，后来看到国君淫侈不尚德，于是对原始的阴阳和五行学说加以改造，创立新阴阳五行学说，作《终始》《大圣》，洋洋洒洒十余万言。邹衍长于雄辩，他的思想闳大不经，古今中外、天文地理无所不包，因此有"谈天衍"的美誉。他喜欢谈宇宙天地，又能紧密联系社会，其五行论与五德终始说充满了变化思想，是齐文化的变革精神在哲学层面最主要的体现。

在早期的中国哲学中，五行的说法非常简单。经过春秋时期的"必有胜""毋常胜"（交相胜），到战国末期，邹衍完整提出了五行的概念和"五行相生相胜"的理论，用以说明事物运动变化的普遍规律。他认为，天地有五行，即金、木、水、火、土。木生火、火生土、土生金、金生水、水生木是五行相生的转化形式，说明事物之间存在普遍联系。这具有朴素唯物主义和辩证法的思想因素。从天地剖判以来，人类社会都是按照五行之德转移的次序进行循环的。而五行之德的转移是仿照自然界的五行相克，即土克水、木克土、金克木、火克金、水克火的规律进行的。人类社会的历史变化同自然界一样，也受金、木、水、火、土五种物质元素支配，历史上每一个王朝的出现都体现了一种必然性。邹衍的阴阳五行学说将宇宙间的事物用演绎法进行分类，以阴阳五行为公式解释一切事物的存在。他用阴阳解释天地、昼夜、男女等自然现象和尊卑、动静、刚柔等抽象观念；用五行统辖时令、方向、神灵、道德等。

邹衍不是为谈天而谈天，他以谈天为手段，以服务当时的政治需要为目的，将五行说附会到社会变动和王朝兴替上，提出了"五德终始"的历史观。建立在阴阳基础上的"五德终始"说是邹衍学说的核心所在。

"五德"是指五行金、木、水、火、土所代表的五种德行或性能。"终始"是指"五德"即这五种德行或性能从始到终、终而复始的循环运转。邹衍以此为历史变迁、王朝兴衰做解释，论证新政权、新朝代产生的合理性。"五德终始"说以五德相胜为理论基础。邹衍把五行各赋予道德属性。由五行而为五德，由五行相胜而为五德终始。他认为，每个朝代皆有其所属的"五德"中的一德，各个朝代的所属之德决定着其兴衰。历史是常变的，没有万世长存的王朝。各个朝代的更替按照五行相胜的排列次序相应变迁，循环往复。

《文选》注中辑录了邹衍所论的"五德"："五德从所不胜，虞土、夏木、殷金、周火。"意思是周代殷、殷代夏、夏代虞，三代更替，正是火胜金、金胜木、木胜土的缘故。因而，虞、夏、殷、周的历史是一个胜负转化的发展过程。它按照土、木、金、火、水依次相胜而具有阶段性，又按照始于土、终于水、徙于土的循环往复而具有周期性，"阴阳消息"的矛盾运动推动着"五德转移"，又决定着"并世（当世）盛衰"。在木胜土、金胜木、火胜金、水胜火、土胜水的每一发展阶段都存在阴阳两种势力的矛盾和斗争。两者交争，"胜者用事"，历史属于斗争中的胜利者。

邹衍的"五德终始"说常与祥瑞显现联系在一起。《吕氏春秋·有始览·应同》记载："凡帝王者之将兴也，天必先见祥乎下民。"意思是王朝的兴起必有天意符瑞作为象征和验证，凡有帝王将兴，上天必先显示祥瑞给人看。比如，黄帝时是土德，尊崇黄色。木胜土，故夏朝取代了黄帝。商朝是金德，尊崇白色。金胜木，故商代夏。周朝是火德，尊崇赤色。火胜金，故周代商。同样，水胜火，上天必先显现水气胜火气的祥瑞，并尊崇代表水德的黑色，如此周而复始。这是邹衍的"五德终始"说最形象的说明。

"五德终始"说把阴阳五行与政治相联系，为战国时期的"帝制运动"提供了理论依据，因而受到当时各国国君的普遍重视。邹衍所到之处的国君都对其礼待、重用有加。著名的如齐湣王和燕昭王。《史记·乐毅列传》记载，齐湣王即位后，国力强盛，向南在重丘打败楚国，向西在观津打败魏国和赵国，后又联合韩、赵、魏攻打秦国，帮助赵国灭掉中山国，击破宋国，领土扩充了一千多里。在这种情况下，齐湣王的野心更大，不仅要称王，还要称帝。邹衍提出的黄帝时"其色尚黄，其事则土"，说明了黄帝居中央为天子的奥妙，这对于田齐政权以黄帝后代自居、要一统天下有很好的舆论作用，是为新的统治设计的政治方案，因此受到齐湣王的高度重视。邹衍本人也受到礼遇，被任为上大夫。齐湣王三十六年称"东帝"，与秦昭王的"西帝"呼应，他的"帝制运动"后来失败了，其本人也死在莒。恰在此时，燕昭王招贤纳士，一时间，各国人才争相趋燕。此种背景下，邹衍也离齐入燕。迎合燕昭王称"北帝"的需要，邹衍提出，周为火德，根据五德相胜，那么代周而兴的必然是以水为德的王朝，燕在北方，当属水德，若立为"北帝"正合乎水德的符应，将代周而统一天下。因而燕昭王对他十分看重。史载，邹衍到达燕国时，燕昭王不仅亲自迎接，还亲自抱帚洒扫，为他拂去尘埃，又以弟子礼拜见，并为他修建碣石宫，礼遇至极。到梁国时，梁惠王也以宾主之礼在郊外亲自迎接邹衍。

"五德终始"说作为一种改朝换代的理论工具，受到历代新王朝建立者的推崇，战国时期已广为流传。邹衍本人并未到过秦国，但吕不韦主编的《吕氏春秋》中，收入了阴阳五行学说的内容，《应同》《荡兵》《十二纪》等篇都有体现。特别是《十二纪》，以四季配五行，每个季节分别对应五行系统的某个系列，把阴阳五行与天象、祭祀、节令、农事等相结合，涉及人们生活的各个方面。秦始皇统一六国后，根据邹衍"水德代周而行"的论断，秦文公以出猎获黑龙作为水德兴起的符瑞，进行了一系列符合水德要求的改革，以证明其政权的合法性，为他的称帝及统治服务，成为"五德终始"说的重要实践者。自秦汉直至宋辽金时代，"五德终始"说一直是历代王朝阐释其政权合法性的基本理论框架，"有国者未始不由于此说"(《欧阳文粹·本论》)。宋金以后,"五德终始"说逐渐被逐出儒家政治文化的主流而趋于消亡。

邹衍的"五德终始"说承认历史是发展变化而非静止的,其创立的本意是根据对阴阳五行的研究,罗列灾祥祸福,告诫那些骄奢淫逸、"不尚德"的统治者,希望他们按照道德规范办事和治民,最终实现仁义节俭,并恩及君臣、六亲和百姓。"五德终始"说阐释了新王朝代替旧王朝的必然性、合理性,客观上迎合了战国时期各国统治者实现统一大业的心理愿望,为他们提供了统一天下的理论依据,并一直是历代王朝阐释其政权合法性的基本理论框架。因此,尽管这种思想容易陷入历史循环论和宿命论,但它仍深刻体现了齐文化追求常变常新的变革精神。

第二节 不慕古、不留今：齐文化变革精神的社会学视域

《管子·正世》曰:"不慕古,不留今,与时变,与俗化。""慕古"是由来已久的历史观,表现为对祖宗和祖宗之道的敬仰和尊崇,是非常普遍和具有主导性的观念。人们探讨现实问题时,总爱回味一下历史,试图从古今关系或古今对比中,找到解剖现实的刀子。"不慕古"就是反对因循守旧、抱残守缺。"不留今"就是不受现实所惑,不陶醉于今日的成就,敢于进行"更法""变法",革除发展的阻碍。"与时变"就是根据不同时代的不同特点,顺应潮流,因时而变。"与俗化"即"因俗而动",即《史记·管晏列传》所说的"俗之所欲,因而予之",就是要了解并尽量满足百姓的需求,顺应民心。这句话集中体现了以管仲、晏婴为代表的齐人的历史观和改革精神的宏大气魄。

一、承认社会历史是一个进化过程

古人的历史观很容易落入历史循环论的窠臼,齐文化中则有历史进化论的优良传统。著名的"牛山之悲"便是例证。

此事出自《晏子春秋·内篇谏上》,讲的是齐景公登牛山触景生情、晏子谏谕的事。

齐景公即位,在国力有所提升后,便开始懈怠——吃喝玩乐,声色犬马,玩得不亦乐乎,甚至几天不理朝政。一次,他带着一大帮臣子到齐国的风景名胜区——牛山游玩。这个地方很美,登高远眺,可以看见齐都临淄的繁华景象和精美华丽的宫宇。面对此情此景,齐景公不禁感慨:"太美了！要是能长生不老该多好！"说完竟热泪盈眶。看到国君哭了,跟随景公多年、善于溜须拍马的艾孔和梁丘据二人,也跟着哭起来,说:"我们仰仗国君恩赐,吃、穿、住虽很一般,却也都想长生,何况您呢！"这时,随行的晏子被逗乐了。齐景公质问他为何嘲笑自己,晏子细细解释:"生死乃上天注定,是一种规律。假使太公、桓公、庄公、灵公等先君都要长生,那您现在就只有披蓑衣、戴斗笠、一心干农活的份儿了,哪有闲暇想生死呢？

就是因为他们的生老病死，您才有机会做国君。朝代更换是规律，而您却因为私欲流泪，这是不仁不义。不仁不义之君在前，阿谀奉承之臣随后，所以我要笑。"听罢，齐景公备感惭愧。晏子不愧是一代贤臣，他小小的身躯里，隐藏着大智慧，话语间充满了哲理，寥寥数语就将社会历史的进化讲述得透彻易懂。

二、天下之大兴，废兴在逆顺

春秋战国是中国历史上的大动荡、大变革时期，激烈的社会变革推动了民众力量的增长，齐国的政治家们认识到民众的力量，肯定了他们在社会生活中的作用。

姜太公入国之初，就实行了"因俗简礼""通商工鱼盐之利"等符合齐地实情和顺应民意的统治政策。

管仲在我国历史上首次明确提出了"以人为本"的概念，这比欧洲文艺复兴时期出现的"人本主义"思潮早了近 2300 年。他把"君""民"比喻为"蛟龙"和"水"的关系，说："蛟龙待得水而后立其神，人主待得民而后成其威。"（《管子·形势解》）就是说，蛟龙得水方能成神，君主得人民拥护方能有权威。他从政治得失的角度谈论了民众在社会发展和国家治乱中的作用。《管子·五辅》说："古之圣王所以取明名广誉，厚功大业，显于天下，不忘于后世，非得人者未之尝闻。暴王之所以失国家，危社稷，覆宗庙，灭于天下，非失人者未之尝闻。"意思是，从历史的经验看，古代圣王能够建功立业，名扬天下，流芳后世，是因为得到了民众的拥护；反之，国破家亡的君主，无不是因为失去了民众的拥护。因此，"人不可不务也，此天下之极也"，即要非常重视民众，或者说人心向背在国家治乱中的作用，这是天下最重要的问题。所以，《管子·霸言》说："争天下者，必先争人""霸王之所始也，以人为本"。

晏婴把管仲的人本思想具体化为民本思想，进一步突出了基层民众在国家体系中的地位。他的民本思想集中体现在他与晋国大夫叔向的几段对话中。

据《晏子春秋·内篇问下》记载，晏子出访晋国，叔向陪同宴饮，交谈中叔向问："世道混乱，违反正常规律；君主邪僻，不按道义行事。在这种情况下，行为正直会失掉人民，行为邪僻会丢掉原则。到底该取悦于民？还是放弃原则？"晏子答："卑而不失尊，曲而不失正者，以民为本也。"意思是，地位低下但不失尊严、处境不好但不失正直的人，把人民当成根本。以民为本和坚守原则并不矛盾。叔向又问齐国的现状如何。晏子说："大概已到末世，恐怕会被田氏所取代吧！"叔向不解。晏子说："齐国君主抛弃了百姓，百姓都归附了田氏。田氏用自家的大容量器具给百姓贷粮，用国家的小容量器具收回。他家出产出售的木材山货、鱼盐蚌蛤等，价格公道，质量上乘。百姓有病灾的，田氏皆抚慰。因此，田氏得到了百姓的拥护和归附。反观国君则不然，骄奢淫逸，横征暴敛，与田氏的恩慈施惠，对比强烈，百姓爱田氏就像爱父母，归附他就像流水一样。公室不得民心，怎能避免祸难呢?"晏子深刻地预见到田氏取代姜氏主掌齐国是顺应民心之举,是历史发展的大势所趋,因此他并未采取任何阻止措施。晏婴死后不久,他的预测便应验了,公元前386年田氏代齐,公元前379年齐康公逝世,姜氏绝祀。历史再次证明:得民心者得天下。

齐国统治者对民心向背的认识,在当时的时代背景下,对维护基层民众的利益,从而赢得民众的拥护,进而对实现国家的"大治"起到了重要作用,它深刻体现了齐文化"与时变,与俗化"的变革精神。

三、社会物质生活决定社会治乱

在中国古代政治史上,政治家们最关心的问题莫过于社会的治乱。考察和分析治乱的一般规律,制定治理社会动乱的方案,历来是政治家们所关心和关注的中心议题。

随着社会的发展,人心向背决定国家兴废逐渐成为思想家和政治家们的共识。但管仲之前和之后的思想家们,对于"人"更多是从道德的意义上讨论,典型的如以孔子、孟子为代表的儒家所主张的"仁"的学说。管仲则不同,他从不可忽视民众的物质利益的角度讨论民为邦本、人心向背。为此,他提出了社会物质生活决定社会治乱的观点,即治国必先富民,富民才能富国,富国才能强兵,国富兵强,才能威震天下。这就是《管子·重令》所说的"地大国富,人众兵强,此霸王之本也"。

《管子·权修》说:"欲为天下者,必重用其国。欲为其国者,必重用其民。欲为其民者,必重尽其民力。"就是说,想治好天下,必须重视本国国力。想治好国家,必须重视本国人民。想治好人民,必须重视民力的消耗。而重视民力,"必先富民"。《管子·五辅》又说:"得人之道,莫如利之。利之之道,莫如教之以政。"就是说,获得人心的方法,莫如给人利益。而给人利益的方法,莫如用实际政绩来证明。所以,善于为政的,总是良田沃野、城邑殷实,朝廷安闲、官府清治,公法通行、邪道废止,仓库充盈、监狱空虚,贤人得用、奸臣罢退。

在实践方面,管仲具体制定实行了包括重在解决民生、发展经济、修缮水利、减少赋税刑罚、救助贫困民众、提供社会保障和医疗保健的"六兴富民"政策在内的多项富民措施。同时,他还非常注重对社情民意的考察,据《管子》记载,管仲要求基层官吏要详细掌握民情,并列出了一份了解百姓生产生活情况的调查提纲,内容非常细致,包含百姓的生产、温饱、借债及老弱病残等弱势群体生活的方方面面,根据民情制定顺民、利民的施政措施。正是有了这种人本思想,才能有与民生息的政策。

历史进化观像一把锐利的宝剑,斩断了一切迂腐守旧和把远古乌托邦化的陈词滥调,为政治上的变法改制提供了最有力的论据。由这种历史观直接引出的"更法""变法"的结论,充分体现了齐人和齐文化中孜孜以求的变革精神。

第三节　因敌变化而取胜：齐文化变革精神的军事学视域

在中国古代兵学史上，先秦时期兵学发展最为辉煌；在先秦兵学史上，齐国兵学最为绚烂。齐国兵学由姜太公于西周初叶奠基，经春秋中前期管仲等人发展，延至春秋晚期的田穰苴和孙武，再到战国时期的孙膑、田单等。他们把齐国兵学推向了难以企及的巅峰，其成果代表了我国古代军事学的最高水平。纵观整个齐国兵学的发展史，充满了丰富的变化和谋略思想，体现了齐文化所崇尚的因时因地制宜的创新变革精神。本节以孙武的军事思想和实践予以说明。

仁义之战是先秦时期比较古老的军事理论。春秋中期以后，时移世易，传统的仁义之战必将为新的战争观念和指挥艺术所替代。在这种形势下，齐人与时俱进，及时总结春秋时期战争的经验教训，适应战争的变化与需要，突破旧的仁义之兵的战争观念，大胆提出战争中要注重诡道诈术。孙武即为杰出代表。

孙武是春秋末期著名的军事家，著有不朽的军事名著《孙子兵法》。孙武生于齐，长于齐，其军事思想的形成、完备也在齐国，但其应用却主要是在吴国攻伐楚国的一系列战争中，如公元前511年的养邑之战，公元前508年的豫章之战，公元前506年的柏举之战等。尤其是被称为"春秋第一战"的柏举之战，是战争史上的经典。

柏举之战也称攻郢之战。公元前506年，吴王阖闾率领三万吴军主力与二十万楚军对峙。楚军兵分两路，左司马沈尹戌绕到后面包抄；主帅囊瓦率精兵九万渡过汉水，与吴军决战。吴军主将孙武见囊瓦人多势众，来势汹汹，便主动后撤。囊瓦得意地认为，这是吴军害怕的表现，遂命楚军追击。吴军继续后撤，楚军继续追击，从豫章一直追到了柏举。吴军在孙武的部署下有节奏地后退，并非因为害怕，而是因为双方兵力悬殊，在平原地带交战，人少的一方会吃亏。所以吴军且战且退，将楚军引到了柏举，这里地势狭窄，地形复杂，人多的优势就会受到限制。此时，囊瓦注意到，吴军的撤退并非因为打了败仗，而且吴军的纪律性比以前要好得多。他感觉不对劲，内心开始恐慌，便想弃战，甚至想偷偷溜走。下属史皇认为不可，说："你执掌大权那么久，遇到困难就想跑，叫士兵们怎么看？你若跑了，过去的败绩会全部落到你头上！只有拼死一战，打赢了，过去的恶名才能一笔勾销。"于是，这年冬天，吴、楚两军在柏举布阵，展开了激烈的对攻。因为战争的发生地在柏举，所以此战被称为"柏举之战"。吴军先锋夫概率先带领自己的五千前锋，直闯楚营。还在布阵的楚军见状，顿时吓破了胆，一触即溃，阵势大乱。吴王阖闾立即投入主力开战，三万精兵，一鼓作气，奋勇杀敌，势不可当！楚军虽多，却如一盘散沙，有力使不到一处去，死的死，逃的逃，很快土崩瓦解。主帅囊瓦逃跑，史皇为掩护囊瓦受了重伤，死在自己的战车上。丧失主帅的楚军残部，就像无头苍蝇纷纷向西溃逃。吴军乘胜追击，追到清发后停了下来，有意放楚军过河。楚军见吴军并不赶尽杀绝，争相渡河。等他们渡了一半后，吴军突然发起进攻，将还没来得及过河的楚军杀得大败。先过河的楚兵在雍澨烧火做饭，遭到渡河的吴军进攻，只得仓皇逃走。负责偷袭吴军的左司马沈尹戍听说囊瓦主力溃败，便急忙率本部兵马赶来救援。吴军主力在孙武的指挥下，很快就把沈尹戍包围。几经奋战，身受三处重伤的沈尹戍仍无法冲出孙武的包围圈，最终战死。原本二十万的楚军开始加速崩溃！孙武指挥得胜之师，乘势加速向楚国的国都郢扑进。之后，吴军攻无不克，战无不胜，又经过五次较具规模的战役，一直打到了郢都。远程奔袭楚国的计划终于完成。楚昭王大惊，仓皇之中带着他的妹妹季芈及少数亲信，弃都逃跑。楚国遂被吴国占领。

柏举之战是中国古代军事史上以少胜多、快速取胜的成功战例。战争中，吴军灵活机动，因敌用兵，以迂回奔袭、后退疲敌、寻机决战、深远追击的战法而取胜，充分展现了孙武的军事谋略和智慧才能，同时也体现了齐文化的变革精神。

第四节　与时变、与俗化：齐文化变革精神的实践视域

齐文化的变革精神外化在齐人的行动上，主要表现为齐国历史上发生的三次伟大改革，即西周初期的姜太公改革，春秋中前期的齐桓公、管仲改革和战国时期的齐威王、邹忌改革。

一、西周初叶的姜太公改革

姜太公是我国历史上著名的军事家、政治家、思想家、谋略家，备受历代统治者尊崇。他把商周文化与东夷文化融合，开创了博大精深的齐文化，在长期的治国实践中积累了丰富的经验。特别是他勇于改革的思想、理论和实践，极大地推动了社会的发展和进步，使齐国由一个边陲小国一跃成为东方大国。

（一）率先提出了"天下为公"的理论和"国之三宝"的观念

《诗经·北山》说："溥天之下，莫非王土；率土之滨，莫非王臣。"[1] 针对夏商以来这种"家天下"的思想，姜太公从国家、民众、社会等多方利益出发，进行了深入思考，大胆进行了革新。

他率先提出"天下为公"的理论。《六韬·文师》记载，太公说："天下非一人之天下，乃天下之天下也。同天下之利者，则得天下；擅天下之利者，则失天下。"[2] 由此树立起"天下为公"的思想旗帜。从这一认识出发，他强调君主要为天下人谋利益，要与民众同享天下之利，并制定了"因俗简礼""尊贤尚功"等一系列安齐兴邦、经世济民的政策。

他还率先提出"国之三宝"的理念。《六韬·六守》载，太公说："大农、大

①　程俊英：《诗经译注》，416 页，上海，上海古籍出版社，1985。
②　曹胜高，安娜：《六韬·鬼谷子》，7 页，北京，中华书局，2007。

工、大商，谓之三宝"，即提倡农、工、商并重，协调发展，肯定了三者在经济发展和富民强国中的支柱作用。把工、商业与农业放在同等重要的地位，是巨大的思想进步，为后续齐国一系列经济政策的出台和实施提供了理论依据，为齐国经济、社会长足发展并最终成为东方大国奠定了坚实的物质基础。

（二）以果断措施惩治阻碍改革人员，以儆效尤

姜太公建齐国之初，遭到国内一些旧势力阻挠，政令不能畅通。他果断采取措施，对为首之人进行惩治，为统治扫清障碍。惩治措施较为著名的有以下两例。

第一，诛杀营荡。《春秋繁露·五行相胜》记载，营荡是齐国的司寇，能言善辩，巧言令色，对姜太公的政令阳奉阴违，虽满口"仁义"，却暴虐无常，滥杀无辜。姜太公几次苦口劝说，他表面上虽都一口答应，但依旧我行我素，拒不改正，在朝中造成了很坏的影响。为警示群臣，严肃吏治，姜太公下令将其斩首，以正视听。众官员见状，无不引以为戒，恪尽职守，再也不敢不服约束、恣意妄为，国家的政令施行也因此得以畅通。

第二，严惩狂士。《韩非子·外储说》记载，齐国的狂裔、华士昆弟是远近闻名的能人。尊贤重贤的姜太公先后三次亲自登门拜访，请他们为国效力，但均吃了闭门羹。二人还扬言要将"非暴力不合作"进行到底。这在民众中造成了极坏的影响，给国家治理带来了很大的阻碍。姜太公多次派人劝说，二人非但不听，反而变本加厉。为维护政权稳定，姜太公下令处死二人。周公替二人求情，姜太公认为他们扰乱民心，危害国家秩序，是害群之马，必须诛杀。果然，杀一儆百，此后齐国的隐士们再也不敢自命清高。

二、春秋中前期的齐桓公、管仲改革

公元前685年，齐国在经历了数年内乱后，由公子小白即位，史称齐桓公。齐桓公任用管仲为相，君臣协力，开启了称霸诸侯的伟业。管仲围绕"富国、强兵、利民"的目标大刀阔斧地进行了一系列深层次、大规模、全方位的改革。

（一）政治制度的创建

管仲创建了宰相制度，健全了包括三卿、五官、史官、宫廷官在内的中央官制，建立了国制、鄙制、采邑制相结合的较为完备的地方行政系统，建立了包括培养、选任、爵禄、监督、考课在内的一整套严格完备的文官制度。特别在选任方面，不拘一格、唯才是举的用人政策，打破了三代以来被视为天经地义的贵族血缘政治，突破了以往贵族对国家职务的垄断，是中国历史上从世卿世禄制走向人才选拔制的一个进步。

（二）社会、军事制度的创新

首先是实行"四民分业定居"制度，即让士、农、工、商各就其业，按各集团的专业聚居在固定地区。这一措施使部落的残余影响被彻底革除，行政区域的组织结构更加精细化，有效维护了社会的稳定。

兵制改革的原则是"作内政而寄军令",就是把民事、行政、军事组织有机结合,这样军令可以畅通无阻,组织制度可以高度统一。这种社会与军事相结合的战斗体制,为后来大规模的战争做了准备。

在社会政策方面,管仲特别重视调节贫富差距。典型的是实行"九惠之教",即九种惠民政策,包括养老、抚幼、济贫、救困等。它展示了齐国致力于建设一个老有所养、幼有所依、扶危济困、有难共助的社会保障体系,这是当时中国乃至世界上最先进的社会保障制度,至今仍不失其光辉。

(三) 经济制度的完善

利民、富民是齐桓公、管仲改革的出发点和坚实的民意基础,管仲把富民放在首位。他认为,发展农业生产最重要,但同时还应重视工商业。他提出"相地而衰征",即按照土地的土质好坏、产量高低来确定赋税征收额。

他又提出"官山海"和盐铁专营的富国政策。即由国家专营盐业、矿产,控制山林川泽之利。这一政策迅速增加了国家的财政收入,为齐桓公的霸业奠定了坚实的财物基础。管仲的国家战略资源专营理论和实践对后世王朝也产生了重大的影响,成为大一统帝国存续的基本经济制度之一。

通过齐桓公、管仲的一系列改革,齐国实现了富国强兵、振起雄风的战略目标,开创了称霸诸侯的新时代。

三、战国时期的齐威王、邹忌改革

春秋战国之际,各国新兴的地主阶级逐渐崛起。为巩固政权、富国强兵进而统一天下,他们纷纷进行变法。齐威王、邹忌君臣的改革就发生在此时。

(一) 人才为宝,选贤任能

齐威王对人才高度重视。《史记·田敬仲完世家》记载了齐威王和魏惠王比宝的故事。某次,齐威王与魏惠王一同打猎。两人谈到何为国宝的话题。魏惠王向齐威王炫耀,自己拥有十二颗价值连城的巨型夜明珠。齐威王则认为,人才才是光照千里的宝物,他们是再多的城池、领土、宝物都换不来的。魏惠王听闻,心中惭愧,悻悻而去。

基于人才为宝的深刻认识,齐威王能够不拘一格地任用贤才,不论其出身贵贱。他不仅知人善任,还能做到用人不疑。比如,章子率齐军抵御秦军攻伐,探兵几次三番报告说他投降,但齐威王不为所动,放手让他指挥作战,最终击退秦军,大获全胜。

(二) 奖励进谏,广开言路

齐威王是一位善于纳谏的开明君主。《战国策·齐策》中有很多关于他纳谏的故事,如"邹忌讽齐王纳谏"。

邹忌本不及徐公长得美,但他的妻、妾及宾客都说他比徐公美。见过徐公后,他自愧不如,经过反复思考,终于悟出了其中的道理,这是因为众人皆有自己的立场，或有偏私，或出于畏惧，或有求于他。于是他向齐威王进谏："大王现在的处境与我相似，齐国国力强大，四境之内，后妃姬妾、亲信侍从、文武大臣，无不因为害怕或有求于您而不敢说真话。如此，大王所受的蒙蔽太严重了！"齐威王听后，深以为然。于是诏令，无论身份贵贱，凡谏言建策的，都有重赏。此令一出，言路大开，进谏者络绎不绝，门庭若市。一年后，人们想谏言，也无事可谏了。燕、赵、韩、魏诸国闻知，纷纷前来朝见，寻求结盟。这就是人们所说的：内政修明，不用兵就可战胜别国。

（三）严罚重赏，整顿吏治

针对"百官荒乱"的局面，齐威王的改革先从严罚重赏、整顿吏治开始。"虞姬劝谏"的故事就很有代表性。

《列女传》记载，虞姬名娟之，是齐威王的嫔妃。齐威王即位后，九年不理国政，一切任由专权擅势、妒忌贤能的嬖臣周破胡处理。即墨大夫贤良遭他诽谤，阿大夫无能却受他称赞。虞姬劝齐威王贬退周破胡，任用贤明多才的北郭先生，因而遭周破胡忌恨，诬蔑她和北郭先生私通。负责审问的官吏受周破胡贿赂，捏造供词陷害虞姬。齐威王将信将疑，就亲自质问虞姬。虞姬慷慨陈词，历数国家面临的危难。齐威王幡然醒悟，当即将其释放，并允许她出入市井察访民情。为奖贤惩恶，齐威王还重赏即墨大夫，诛杀阿大夫和周破胡，举国为之震惊。群臣见状，再也不敢矫饰错误，个个竞相恪尽职责，齐国因此而大治。

此外，齐威王还大力改革军事、发展学术。总之，全方位的改革使齐国的政治、经济、军事、文化等都得到了长足发展，齐威王开创了复兴霸业的新局面，也在齐国历史上留下了浓重的一笔。

改革创新是历史发展的动力。实践证明，齐国的每一次改革都为其生命机体注入了新的血液，使其焕发出朝气蓬勃的活力，一步步成为大国、富国和强国，实现了霸业、王业和帝业，并推动了历史的发展和进步。齐文化以改革求生存、谋发展的变革创新精神则更是影响深远，一直被同时代的人及后来人借鉴和效法。

思考题：

1. 试述齐文化的变革精神。

2. 试述齐国三次改革的内容和意义。

3. 如何借鉴齐文化的改革经验，助推当前的改革开放？

延伸阅读书目：

宣兆琦：《齐文化发展史》，兰州：兰州大学出版社，2002。

第四章　齐文化的开放精神

党的二十大报告明确提出："坚持中国特色社会主义道路。坚持以经济建设为中心，坚持四项基本原则，坚持改革开放，坚持独立自主、自力更生，坚持道不变、志不改，既不走封闭僵化的老路，也不走改旗易帜的邪路，坚持把国家和民族发展放在自己力量的基点上，坚持把中国发展进步的命运牢牢掌握在自己手中。"其中一个坚持就是"坚持改革开放"。那么为什么坚持开放？怎样坚持开放呢？报告指出"中国坚持对外开放的基本国策，坚定奉行互利共赢的开放战略，不断以中国新发展为世界提供新机遇，推动建设开放型世界经济，更好惠及各国人民。"当我们回缅历史时，不难发现齐文化中就具有一以贯之的开放精神。

姜太公立国所采取的一系列治国方略中，"通商工之业，便渔盐之利"即充分体现了其开放的文化心态。春秋时期，管仲治齐，把对外开放作为重要的政策之一。《管子·轻重乙》记载：为了吸引其他诸侯国的商人来齐贸易，齐国"为诸侯之商贾立客舍，一乘者有食，三乘者有刍菽，五乘者有伍养"。齐国为鼓励对外贸易，采取"关市讥而不征"的政策。这一系列鼓励对外开放的政策，使"天下之商贾归齐若流水"。战国时期的稷下学宫，是齐文化开放性的突出表现。诸子百家云集稷下学宫，各抒己见，畅所欲言，从而形成了"百花齐放，百家争鸣"的局面。

第一节　海岱之间一都会：齐国开放精神的地理摇篮

姜太公封齐，以营丘故城为都。这是姜齐政权建立的第一个都城。尽管营丘的地望尚存争论，但主流的意见是营丘即临淄。文化的形成，与地理环境和社会结构是密不可分的。所以，齐都的建立与迁徙，繁华与萧条，直接影响到齐文化的盛衰消长。齐都犹如一面明亮的镜子，清晰地反映出齐文化的面貌和精神。

有学者指出：从经济文化方面看，齐文化属于"滨海工商型文化"。西周以农立国，是一个以农业文化为主体的社会，故《诗经》中有很多描述周人致力农事的篇章。按理说，姜太公应该把周人发达的农业文明带到齐国才对。然而姜太公封齐之初，齐国是一个地处东海一隅的弹丸小国，正如《孟子·告子下》所言："太公之封于齐也，亦为方百里也。"在这不大的地盘上，沼泽遍地，土壤碱化，不适宜农作物生长。但齐国却有发展工商经济的许多有利因素。首先，齐国的北部和东部都距海不远，浩瀚的大海、漫长的海岸线和众多的港湾，为其提供了丰富的鱼盐资源。其次，齐地多低山丘陵，其中夹杂着片片平原，山丘宜植桑，平原宜种麻。再次，当时齐地的水陆交通都比较方便，西近中原各国，南达东南沿海各地，东通胶东半岛及其沿海，隔海又与辽东半岛、朝鲜半岛乃至日本相望，可谓四通八达之地。最后，齐地土著居民东夷人历来就同周围地区的文化，特别是与中原地区的文化有较多的交流，积极向外传播东夷文化，努力吸收外来文化。开放性是东夷文化的传统。这一传统被姜太公欣然接受。

姜太公是中国历史上第一个提出农商并重、工商兴国的人。当姜太公封齐之时，被称为营丘的临淄，还是一座残破的城市。在经济上，姜太公提倡大力发展渔业、盐业、纺织业、铸铁业和陶瓷制造业。以盐为例，从社会需求来看，盐具有广阔的市场；从客观条件来看，内陆各诸侯国很少产盐，而齐国则三面环海，拥有取之不尽、用之不竭的天然资源。从西周直至战国、秦汉，齐地的鱼盐业、纺织业、冶铸业、制陶业和商贸业都远远地走在其他诸侯国之前，形成了集农、林、牧、副、渔、工、商、贸于一体的复合式经济结构。

春秋战国时，齐都临淄的人口已经达到 30 万。据典籍记载，"临淄辖四邑"，这四个邑就是临淄的四个城区。当时整个临淄城比现在的临淄区还要大。《战国策·齐策》中有苏秦游说齐宣王的一段话，可以看出战国时期临淄的繁荣。苏秦说："齐地方二千里，带甲数十万，粟如丘山。齐车之良，五家之兵，疾如锥矢，战如雷电，解如风雨。即有军役，未尝倍太山、绝清河、涉渤海也。临淄之中七万户，臣窃度之，下户三男子，三七二十一万，不待发于远县，而临淄之卒固以二十一万矣。临淄甚富而实，其民无不吹竽、鼓瑟、击筑、弹琴、斗鸡、走犬、六博、蹹踘者。临淄之途，车毂击，人肩摩，连衽成帷，举袂成幕，挥汗成雨，家敦而富，志高而扬。"7 万户，按照每户 6 人计算，就是 42 万人。人们的衣襟连起来，就会合成一片大围帐；衣袖举起来，就会接成一个大帷幕；一挥汗就像下雨。可见这个城市的繁荣程度。就在这一时期，齐君在大城的西南角修建了一座小城，面积约 3 平方千米。大城是官吏、平民和商人的居住区，小城则是国君居住的地方，内有许多宫殿庙宇。作为"春秋五霸之首，战国七雄之一"的齐国的都城，临淄的工商业、手工业和农业都高度发达，经济、军事、体育、文化等事业昌盛，是一个著名大都市，号称"海内名都"。

临淄作为齐国的都城达八百多年之久。秦始皇统一后，推行郡县制，他将全国划分为 36 个郡，临淄为齐郡郡治，辖昌国、广饶、千乘等 10 个县；两汉、魏晋时期，临淄同时为临淄县治、齐郡郡治、青州州治、齐王王府，统辖齐地近 5 个世纪；南北朝后燕曾建都于此；北宋前，临淄属青州，金时属益都府。金以前州府治所均在临淄。作为益都首邑，临淄县令、临淄郡守、高阳太守、齐郡太守、青州刺史、青州州牧、广固都尹、齐王皆曾治于此。

临淄是汉朝九州之一的青州州治，也是五王都之一，西汉前期仍"钜于长安"。据《史记·齐悼惠王世家》记载，主父偃"方幸于天子，用事，因言：'齐临菑十万户，市租千金，人众殷富，巨于长安。'"《汉书·高五王传》亦载，"偃方幸用事，因言：'齐临菑十万户，市租千金，人众殷富，钜于长安。'"

齐国的国都临淄，在国家统一后，仍长期为"海内名都"。临淄故城，历尽沧桑，故城内外、地上地下，文物浩繁，历史陈迹遍布，被誉为宏大的"地下博物馆"。考古发掘证实，临淄故城遗址内有 6 个冶铁遗址；2 处冶铜遗址；4 处制骨遗址。通过这些考古发掘的遗址，足见临淄手工业的发达。曾有一张齐故城复原图，灰黄色的整体调子里，有一排排民居，人们熙熙攘攘，行走在街巷里，生活趣味盎然。复原图中的那些人，曾经非常鲜活。而今，他们已随风飘去，但却以鲜明的性格留在我们的脑海。其中也透露出齐人的开放精神："其俗宽缓阔达，而足智，好议论"，这里文化发达，教育普及，人们喜欢海阔天空、充满想象地高谈阔论。

第二节　天下乃天下之天下：齐人开放精神的观念高地

姜太公封齐建国制定和执行的开放政策，使齐国迅速崛起。开明的政治措施，缓和了齐国的阶级矛盾和民族矛盾，使齐国形势稳定，为人民生活秩序安定提供了保障。灵活的经济发展政策，使生产关系与生产力相适应，使工商业迅速发展。举贤才、赏有功的策略，则使齐国人才荟萃，智慧资源得到开发利用。

一、"天下非一人之天下，乃天下之天下也"

《六韬·文师》载："天下非一人之天下，乃天下之天下也。同天下之利者，则得天下；擅天下之利者，则失天下。"这是姜太公提出的一个重要观点。商朝的灭亡和周朝的兴起从正反两个方面证明了这一论断的正确。商朝末期，由于奴隶主贵族阶级对奴隶和平民进行残酷的剥削和压迫，阶级矛盾日益尖锐。特别是商纣王暴虐淫侈，大兴土木，营造离宫别馆，调动了许多奴隶，修建方圆三里、高千余尺的鹿台，里面装满了从全国各地搜刮来的金银财宝。同时他又修建了一个大仓库，把从各地搜刮来的粮食全部装在里面。商纣王对都城雄伟的宫殿还不满意，又在南到朝歌、北到邯郸的范围内，修建了许多高耸入云的离宫别馆，投放了很多珍禽异兽。他还"以酒为池，悬肉为林"，过着极其奢侈腐朽的生活。商纣王的倒行逆施，激起了广大奴隶和平民的刻骨仇恨。为了镇压奴隶和平民的反抗，商纣王制定了许多酷刑苛法。著名的炮烙之刑就是其中之一。该刑是先用铜做成大圆柱子，上面涂油，用火烧热，然后让犯人在又热又烫的铜柱上爬行。再如醢刑，就是把人剁成肉酱。还有一种脯刑，是将犯人割成一条一条晒成肉干。商纣王的残暴，激起了全国人民更加强烈的反抗。商纣王的叔父比干见他淫虐无度，国势危殆，冒死劝谏，劝他修善行仁，被商纣王剖腹验心。许多大臣看见商已无可挽救，纷纷逃亡。商纣王众叛亲离，成了独夫民贼。

与日薄西山、摇摇欲坠的商王朝形成鲜明对比的是，商的西方属国周的国势正蒸蒸日上。特别是周文王姬昌即位后，"阴谋修德以倾商政"，暗中积蓄力量，积极准备推翻商朝。周文王在政治经济上修德行善，裕民富国，广罗人才，发展生产，形成了"耕者九一，仕者世禄，关市讥而不征，泽梁无禁，罪人不孥"（《孟子·梁惠王下》）的清明政治局面。他采取的"笃仁、敬老、慈少、礼下贤者"的政策，赢得了民众的广泛拥护，从而使周的势力迅速壮大。周文王逝世后，他的儿子周武王继承乃父遗志，遵循既定的方针，在做好一切准备后，向商发动了进攻。周武王在牧野击败商军，商朝土崩瓦解，商纣王见大势已去，在鹿台举火自焚，落得个死无葬身之地的下场。商朝五百余年的统治宣告结束，在商的废墟上，一个新兴的王朝——周朝诞生了。《管子·九守》曰："目贵明，耳贵聪，心贵智。以天下之目视，则无不见也。以天下之耳听，则无不闻也。以天下之心虑，则无不知也。辐辏并进，则明不塞矣。"

二、"地辟举则民留处"

《管子》的第一篇《牧民》在开篇就以开放的心态论及国家管理问题，"凡有地牧民者，务在四时，守在仓廪。国多财则远者来，地辟举则民留处"。土地与民众是国家管理的两个要素，在历史上表现为土地关系与户口的管理，这是立国的基础。我们国家在传统上是以农立国，农业是立国的基础，"务在四时"是指不误农时，春耕、夏种、秋收、冬藏，都有时令，孟子言："不违农时，谷不可胜食也"（《孟子·梁惠王上》）。

凡一个国家的君主，必须致力于四时农事，确保粮食储备。国家财力充足，远方的人们就能自动迁来，荒地开发得好，本国的人民就能安心留下。粮食富余，人们就知道礼节；衣食丰足，人们就懂得荣辱。君主的服用合乎法度，六亲就可以相安无事；四维发扬，君令就可以贯彻推行。因此，减少刑罚的关键，在于禁止奢侈；巩固国家的准则，在于整饬四维；教训人民的根本办法，则在于尊敬鬼神、祭祀山川、敬重祖宗和宗亲故旧。不注意天时，财富就不能增长；不注意地利，粮食就不会充足。田野荒芜废弃，人民也将由此而惰怠；君主挥霍无度，则人民就胡作妄为；不注意禁止奢侈，则人民就放纵淫荡；不堵塞这样的恶源，犯罪者就会大量增多。不尊鬼神，小民就不能感悟；不祭山川，威令就不能远播；不敬祖宗，老百姓就会犯上；不尊重宗亲故旧，孝悌就不完备；四维不发扬，国家就会灭亡。

国有四维，缺了一维，国家就倾斜；缺了两维，国家就危险；缺了三维，国家就颠覆；缺了四维，国家就会灭亡。倾斜可以扶正，危险可以挽救，颠覆可以再起，只有灭亡了，那就不可收拾了。什么是四维呢？一是礼，二是义，三是廉，四是耻。有礼，人们就不会超越应守的规范；有义，就不会妄自求进；有廉，就不会掩饰过错；有耻，就不会趋从坏人。人们不越出应守的规范，为君者的地位就安定；不妄自求进，就不巧谋欺诈；不掩饰过错，行为就自然端正；不趋从坏人，邪乱的事情也就不会发生了。

政令之所以能推行，在于顺应民心；政令之所以废弛，在于违背民心。人民怕忧劳，便使其安乐；人民怕贫贱，便使其富贵；人民怕危难，便使其安定；人民怕灭绝，便使其生育繁息。因为能使人民安乐，他们就可以承受忧劳；能使人民富贵，他们就可以忍受贫贱；能使人民安定，他们就可以承担危难；能使人民生育繁息，他们也就不惜牺牲了。单靠刑罚不足以使人民真正害怕，仅凭杀戮不足以使人民心悦诚服。刑罚繁重而人心不惧，法令就无法推行了；杀戮多行而人心不服，为君者的地位就危险了。因此，满足上述四种人民的愿望，疏远的自会亲近；强行上述四种人民厌恶的事情，亲近的也会叛离。由此可知，遵循"取之于民必先予之于民"这个原则，是治国的法宝。《管子·牧民》说："毋曰不同生①，远者不听。毋曰不同乡，远者不行。毋曰不同国，远者不从。如地如天，何私何亲？如月如日，唯君之节。"齐人正是以如地如天、如月如日的博大胸怀，以超越宗族、乡里和国度的开放精神，海纳百川，揽天下之贤才，成文化之渊薮。

第三节　贵轻重，慎权衡：齐国经济体现的开放精神

齐经济的开放传统是一以贯之的，如管仲执政期间，不仅继承了姜太公对外开放的经济政策，而且给这一政策注入了更大的活力。他积极地利用本国的有利条件发展对外贸易。在外贸工作中，管仲有一个著名的论点和指导思想，那就是一个善于治理国家的人，不仅能使天下的宝物都为我所有、为我所用，而且还能使外国人、外国货物为我所有、为我所用。只有这样，才能达到"天下之宝一为我用"的目的。否则，"为国不能来天下之财，致天下之民，则国不可成"。（《管子·轻重甲》）

一、"通商工之业，便鱼盐之利"

齐文化的开放性，突出表现在经济的开放上。齐国建国伊始所面对的具体情况是人少，地狭，土壤碱化，五谷不生；近海，有鱼盐之利；多山，拥桑麻之饶；地处交通要道，商旅往来频繁。这些都对齐国提出了强烈的对外开放的要求。《史记·货殖列传》载："太公望封于营丘，地潟卤，人民寡。"《盐铁论·轻重》则说："昔太公封营丘，辟草莱而居焉。"这样恶劣的自然条件，对经济发展不利。姜太公以其超人的谋略智慧，结合当地实际，确立了务实开放的基本指导思想。

---

① 生：同"姓"，同姓即同祖、同宗。

他制定了三大基本国策："举贤尚功""因俗简礼"和"通商工之业，便渔盐之利"，实行农、工、商并举。他在注重发展麦、黍、稻生产的同时，又大力发展桑麻种植，舟车兵器制造，劝女工极技巧。《论衡·程材》说："齐部①世刺绣，恒女无不能。"说明当时已有规模可观的纺织业、刺绣手工业。与此相匹配的，就是煮盐捕捞，向河海求利。盐是人的生活必需品，市场广阔，因而很快成了齐国的支柱产业。河海之利进一步带来了经济的发展。农业、手工业的发展，带来了商业的繁荣。姜太公把"通末业"作为富民强国的根本保障之一。"末"即指工商业，这里特指商业。姜太公一方面重视自然资源的开发，发展桑蚕丝织，发展鱼盐捕捞，积累了大批的商品资源；另一方面，重商业贸易，必使齐国货物遍利天下，"冠带衣履天下"，发展与各国的通商贸易，以实现财蓄货殖、富民强国的目标。在一段不长的时间里，这些政策使一个"地薄人稀"的荒僻之地变成"世为强国"的东方大国。

二、"来天下之财，致天下之民"

管仲主张利用谋略来达到"来天下之财"的目的。据《管子·轻重甲》记载，有一年，齐桓公说："皮、干、筋、角四种兵器材料的征收太重了。由于重征于百姓而使市场上皮、干、筋、角的价格昂贵，这不是治国之法。"管仲回答说："请下令修筑高桥深池，使行人站在桥东看不到桥西，站在桥南看不到桥北。"齐桓公说："可以。"过了一年，皮、干、筋、角的征收减少了一半。人民在这方面的负担也就减少了一半。齐桓公召见管仲询问说："这是什么缘故？"管仲回答说："桥和池平坦的时候，夫妻两人拉着车子，可以轻松地走百里路。现在高架桥而深挖池，东西南北的行人互相看不到对方，一旦天下小雨，十个人的力量也不能推车上桥；洼地遇雨，十个人的力量也靠不住。除了利用牛马的力量别无其他方法。牛马骡被累坏了，而且不断死在路上，牛马的皮、干、筋、角白送都没有人要。牛马的价格也必然上涨百倍。天下各诸侯听到这个消息，势必像流水一样赶着牛马到齐国抛卖。所以，高架桥而深挖池，正是用来招引天下的牛马而减少人民这项负担的办法。"这就是被称为中国古代经济"三十六计"之一的"杠池之谋"。

关于"致天下之民"，管仲说："现今主持国家、拥有土地、治理人民的君主，要注重四时农事，保证粮食储备。国家财力充足，远方的人们就能自动迁来；荒地开发得好，本国的人民才能安心留下。粮食富余，人们就知道礼节；衣食丰足，人们就懂得荣辱。现在君上亲身示范犁田垦地，开垦荒土，是可以得到粮食的。人民的口粮，每人也有一定数量的土地保证。然而大街小巷为什么还有挨饿受冻的人呢？这是因为粮食被人囤积起来了。现在君上铸造钱币，人民用来交易，每人也合有几十几百的数目。然而为什么还有卖儿卖女的呢？这是因为钱财被人积聚起来了。所以，作为人君，不能分散囤积的粮食，调节物价的高低，分散兼并

---

① 齐部：指齐郡，即临淄。

的财利，即使他加强农业，督促生产，无休止地开发荒地和铸造钱币，人民也还是会贫穷的。"齐桓公问管仲："现在我想调节物价高低，分散兼并的财利，散开囤积的粮食，否则社会上将会无休止地兼并，不停息地积累，贫贱、鳏寡以及老而无子的人们就将生活无着了。那么，解决这种'散'和'分'都有什么办法呢？"管仲回答说："只有精通轻重之术的专家能解决这个分散的问题，请下令召见精通轻重之术的专家好了。"齐桓公说："好。"于是他束车五乘，从周下原接来癸乙。齐桓公与癸乙、管仲、宁戚四人坐定。齐桓公说："我向诸位求问轻重之术。"癸乙说："向人民征税过重，就会失掉人民的支持；对各国诸侯多次失信，就没有盟国追随。"管仲肩挨肩地问他："我不向人民征税，用什么供养军队？不向人民征税，靠什么抵御邻国入侵？"癸乙说："只有弄空豪门贵族的积财才行。弄空他们的积财则货物有无相通，有无相通则货物流入市场，流入市场则物价下跌，物价下跌则万物可以利用了。懂得万物可以利用而不用，财货就流失到其他国家。财货流失到其他国家，是本国的大害。"齐桓公说："请问弄空豪门贵族的积财而使财货可以利用的做法是什么？"癸乙回答说："国内财货有余但战车不足，就责成卿和附庸诸侯提供出来。个人家资富足但不拿外事费用，就责成令和大夫提供出来。这样财货就可以有无相通，有无相通则财货可以流入市场，流入市场则物价下降，物价下降则财货可以利用。所以，懂得三种调节措施并将其在政策中统一的人，才能够主持天下，不懂就不能主持天下。所以要把这种措施用号令明确起来，配合以缓急合宜的步骤，天下百姓就会像流水般地归附于我们。这就是轻重之术。"

三、"天下之商贾归齐若流水"

为了鼓励对外贸易，齐国政府采取了一系列优惠政策。首先是优待外国客商，在税收上提供优惠。《国语·齐语》说："通齐国之鱼盐于东莱，使关市几①而不征，以为诸侯利。"《管子·问》中则记有三种税收优惠方式："关者，诸侯之陬隧也，而外财之门户也，万人之道行也。明道以重告之，征于关者勿征于市，征于市者勿征于关。"管仲对外贸易优惠政策中还有一项富有人情味的内容，即对来齐国经商的商人，在生活方面给予高规格的接待，对有些商人，免费提供饮食，还为其配备服务人员。另外，管仲还在大路上每三十里就建一驿站，储备食物以为商人服务。这些优惠政策实施的结果是出现了"天下之商贾归齐若流水"的局面。

《管子·轻重戊》记载，齐桓公与管仲一起商讨对付鲁国和梁国的方法。齐桓公说："鲁国和梁国对于我们齐国，就像田边上的庄稼，蜂身上的尾螫，牙外面的嘴唇一样。现在我想攻占鲁、梁两国，怎样进行才好？"管仲回答说："鲁、梁两

———————————

① 几：同"讥"，指检查、盘问。

国的百姓，从来以织锦为业。您就带头穿绨做的衣服，令左右近臣也穿，百姓也就会跟着穿。您还要下令齐国不准织绨，必须依靠于鲁、梁二国。这样鲁、梁二国就将放弃农业而去织绨了。"管仲还特意对鲁、梁二国的商人说："你们给我贩来绨一千匹，我给你们三百斤金子；贩来万匹，给金三千斤。"这样，鲁、梁二国即使不向百姓征税，财用也充足了。这两个国家的国君就要求他们的百姓织绨。十三个月后，管仲让齐桓公改穿帛料衣服，也不让百姓再穿绨，并且封闭关卡，断绝与鲁、梁二国的经济往来，不再从鲁、梁进口绨。又过了十个月，鲁、梁的百姓因没有粮食而陷于饥饿中。两国国君虽命令百姓停止织绨而务农，但粮食不是在短时间内就能生产出来的。鲁、梁的百姓从齐国买粮每石要花上千钱，而齐国的粮价每石才十钱。两年后，鲁、梁二国的百姓有十分之六投奔到齐国。三年后，鲁、梁的国君归顺齐国了。据载，齐桓公用类似的计谋，还使莱、莒、代、衡山及楚等国臣服于齐。

《管子·轻重甲》记载，齐桓公问于管仲："何谓吸引天下的财富？"管仲回答说："从前夏桀时，女乐有三万人，端门的歌声，清晨的音乐，大路上都能听到。这些女乐都穿着华丽的衣服。伊尹便叫因土地贫瘠而无事可做的妇女织出各种各样的华美的彩色丝绸。一匹织物可以从夏桀那里换来百钟粮食。桀的国家是天子之国，但他不肯为天下大事忧劳，只追求女乐享乐，所以伊尹便取得了他的粮食并操纵了他的市场商品流通。这就叫作吸引天下的财富。"

第四节　致千里之奇士：齐国学术体现的开放精神

齐文化的开放性还表现在思想和用人路线的对外开放上。齐国以超越宗族、乡里和国度的开放精神，海纳百川，揽天下之贤才，成文化之渊薮，这就有了战国时期齐都稷下学宫的出现。对此，《史记·田敬仲完世家》载："宣王喜文学游说之士，自如驺衍、淳于髡、田骈、接予、慎到、环渊之徒七十六人，皆赐列第，为上大夫，不治而议论。是以齐稷下学士复盛，且数百千人。"《史记·孟子荀卿列传》亦载："齐王嘉之，自如淳于髡以下，皆命曰列大夫，为开第康庄之衢，高门大屋，尊宠之。览天下诸侯宾客，言齐能致天下贤士也。"由此，稷下学宫成了战国百家争鸣的场所，稷下之学成了中国古代文化史的一座高峰。

一、"庭燎待士"

据《说苑·尊贤》记载：齐桓公为了求士燃起明亮的庭燎①，准备日夜接待

---

① 庭燎：古代庭中照明的火炬。《诗经·小雅·庭燎》："夜如何其？夜未央，庭燎之光。"《周礼·秋官·司烜氏》："凡邦之大事，共坟烛庭燎。"郑玄注："坟，大也。树于门外曰大烛，于门内曰庭燎，皆所以照众为明。"宋濂的《孔子庙堂议》载："古者朝觐会同与凡郊庙祭飨之事皆设庭燎，司烜共之，火师监之，其数则天子百，公五十，余三十，以为不若是则不严且敬也。"

各地前来晋见的人才。虽然他求贤若渴，但是，不知什么原因，火炬整整烧了一年，都没有人上门求见。一时间齐桓公一筹莫展。有一天，临淄东郊来了一个乡下人（即"东野鄙人"）要求觐见齐桓公，声称自己有背九九算术口诀的才能。齐桓公听说后觉得很可笑，于是派传令官告诉他："九九算术乃是末流小技，也配拿来见君主吗？你还是赶紧回去吧！"乡下人回答："我远道而来，是专门来为国君解决难题的。我听说宫前火炬燃了一年也没有人上门，这是因为国君是个雄才大略的君主，各地人才都自认为比不上他，怕在国君面前献丑被人讥笑，所以就不敢登门了。我的九九算术的确是微不足道的小技术，但国君如果能以礼待我，还怕那些有真才实学的能人不来吗？泰山之所以高耸是因为它不排斥每一块小石头，江海之所以深广是因为它积聚了每一条小溪流。《诗经》中说过，古代的英明君王有事都去请教砍柴打草的农夫，只有这样才能集思广益。"齐桓公听了这一段肺腑之言，深有感触地说："真乃善言啊！"于是，他以礼来招待这位东野鄙人。消息很快传开，一个月之后，四方之士，络绎不绝地来到了。

"庭燎待士"，反映了齐桓公对人才的重视。先秦时，人们大都重视等级礼仪，如果要迎接四方之士，就要用高规格的接待礼仪。当时的周王朝及各个诸侯国在朝觐、祭祀和商议军国大事时，就要在大庭中燃起火炬，也就是"庭燎"。庭燎之数要根据爵位的高低来定。天子为一百，公爵为五十，侯爵、伯爵、子爵、男爵均为三十。春秋时期，各国之间竞争激烈，对人才都十分重视，但是无论哪一个国家，均没有达到齐桓公的重视程度，为了招揽人才，齐桓公甚至公告天下对前来投靠齐国的人才动用庭燎之礼。齐桓公为了显示自己求贤若渴的心情，甚至僭用天子之礼来招待贤士，规格不可谓不高。

这位东野鄙人的用意十分明显，他不是因为懂得九九算术才来见主君的，他清楚庭燎招贤"期年而士不至"的原因：国君如此大张旗鼓招贤纳士，使人以为齐桓公招纳的是高层次的拔尖人才，而许多人自度才识不及，故不敢贸然前来。他的九九算术不过小技，仍能得到国君的礼遇，那才能在九九算术之上者必然会信心百倍地前来应聘。齐桓公得悉东野鄙人的用意，茅塞顿开，以礼待之。

齐桓公不弃鄙劣，礼待东野鄙人，使其求贤若渴、举贤任能之名声远播国内外，很快，各地的贤人俊士便接踵而至，来到齐国。齐国的做法也启发了很多后世之人，比如战国时的燕昭王为了招揽人才，就设置黄金台以吸引各地人才前往，这与齐桓公使用庭燎之礼接待人才有异曲同工之妙。齐桓公不但用庭燎这样礼节性的仪式欢迎各地人才，同时也注意为前来的人才解决实际问题：他专门指定了隰朋负责管理接待来自东方各国的人才，指定宾胥无管理接待来自西方各国的人才；下令全国各地的驿站要接待好前来投靠的各地人才；下令凡是国内的官吏引荐其他国家的人做事，如果引荐得好，就有赏赐，而引荐得不好，也不追究责任。正是因为齐桓公对人才的重视，各国的人才纷纷涌到齐国，使齐都临淄成为当时人才流动的第一目的地。

二、"立稷下之宫"

春秋中后期，学在官府的禁忌被打破，学术开始下移。在诸侯异政、列国争强的形势下，出身中下层和失去贵族地位的知识分子，凭借自己的政治、军事等才能，为实现自己的政治抱负和人生理想，奔走于各诸侯国之间，择君而从仕，选国而效力。因为他们是新兴的士阶层的代表，在社会形态大变革、思想大解放的形势下，他们不遵祖制，不守成法，思想新颖，成为维护新生政权的主力军，在新生政权中发挥着重要作用。《论衡·效力》说，这些具有贤才的士人"入楚楚重，出齐齐轻，为赵赵完，畔魏魏伤"，能量相当惊人。正因如此，尚贤、贵士成为当时各国国君的行政旗帜，以期通过招揽人才而获得政治、军事、经济的优势，使国家立于强者的地位。齐国稷下学宫的兴办，正是这种人才争夺风气的集中表现。

齐国具有雄厚的实力，在经济上，为稷下学宫的先生们提供了优良的条件，一是高门大屋"尊宠之"；二是为他们"开弟康庄之衢"；在政治上，给他们"大夫"或"卿"的待遇。稷下学宫的先生们可以自由地讲学、辩论、著书立说，还可以自由地议论国事，即"不任职而论国事"。《盐铁论·论儒》说："齐宣王褒儒尊学，孟轲、淳于髡之徒，受上大夫之禄，不任职而论国事，盖齐稷下先生千有余人。"[1]《史记·田敬仲完世家》也说："宣王喜文学游说之士，自如驺衍、淳于髡、田骈、接予、慎到、环渊之徒七十六人，皆赐列第，为上大夫，不治而议论。"《风俗通义·穷通》说："齐威、宣王之时，聚天下贤士于稷下，尊宠之，若邹衍、田骈、淳于髡之属甚众，号曰列大夫，皆世所称，咸作书刺世。"[2]贤士在受到尊崇的同时，他们可以自由地来去，还可以自由地去来。两次到稷下学宫游学、享受卿的待遇、后车数十乘的孟子在《孟子·公孙丑下》中就说过："我无官守，我无言责也，则吾进退，岂不绰绰然有余裕哉？"

在稷下学宫，各派学术平等共存。田齐的统治者一视同仁，平等对待。尽管不同的国君在不同的历史时期有不同的政治问题，不同的政治思想需求，对他们却都是采取鼓励、放任的态度，因此各种思想、学派都得到发展的机会。在稷下学宫，各派相互驳难，相互促进。在稷下学宫的辩难争鸣中，不论是口头的还是书面的，不论是一派内部的还是不同派别之间的，也不论是同辈分还是不同辈分之间，都有许多著名的辩题。如孟子与淳于髡关于"礼"的辩论，孟子与宋钘关于"义""利"的辩论，鲁仲连对田巴无关现实的斥责，邹衍对"中国即天下"狭隘认识的批驳等。特别是荀子，他在《荀子·非十二子》中对许多稷下先生的观点进行了批判。稷下学宫在齐国统治者的支持下，学术成就十分突出，主要表现

---

① 王利器：《盐铁论校注》，149 页，北京，中华书局，1992。
② 王利器：《风俗通义校注》，322 页，北京，中华书局，1981。

为学派多、人数众、著作丰。

三、"门庭若市"

据《战国策》记载，齐相邹忌身材修长，而且形象光艳美丽。一天早晨，邹忌穿戴好衣帽，照了一下镜子，对他妻子说："我和城北徐公比，谁更美呢？"他的妻子说："您非常美，徐公怎么能比得上您呢？"城北的徐公是齐国最美的男子。邹忌不相信自己比徐公美，而又问他的妾："我和徐公相比，谁更美呢？"妾说："徐公哪能比得上您呢？"第二天，有客人从外面来拜访，邹忌与他相坐而谈，问他："我和徐公比，谁更美呢？"客人说："徐公不如您美。"又一天，徐公来了，邹忌仔细地看着他，自己认为不如徐公美；照着镜子里的自己，更是觉得自己与徐公相差甚远。傍晚，他休息时回想这件事："我的妻子赞我美，是偏爱我；我的妾赞我美，是害怕我；客人赞我美，是有求于我。"在这种情况下，邹忌上朝拜见齐威王，说："我知道自己确实比不上徐公美。可是我的妻子偏爱我，我的妾害怕我，我的客人有事想要求助于我，所以他们都说我比徐公美。如今齐国有方圆千里的疆土，一百二十座城池。宫中的姬妾及身边的近臣，没有一个不偏爱大王的，朝中的大臣没有一个不惧怕大王的，全国范围内的百姓没有一个不是有事想求助于大王的。由此看来，大王您受到的蒙蔽太严重了！"齐威王说："你说得很好！"于是他就下了命令："大小官吏，大臣和百姓们，能够当面批评我的过错的人，给予上等奖赏；上书直言规劝我的人，给予中等奖赏；能够在众人集聚的公共场所指责议论我的过失，并传到我耳朵里的人，给予下等奖赏。"命令刚下达，许多大臣都来进献谏言，宫门和庭院像集市一样热闹。几个月以后，还不时地有人偶尔进谏。满一年以后，即使有人想进谏，也没有什么可说的了。燕、赵、韩、魏等国听说了这件事，都到齐国朝拜齐威王。这就是身居朝廷，不必用兵就战胜了敌国。

战国齐威王时期，齐相邹忌明明不如徐公长得美，然而却受到了妻、妾及客人的奉承，都说他比徐公美。邹忌从此事中悟出：执政者只有广泛听取各方面意见，才能掌握真实情况并在此基础上正确施政。邹忌借以劝谏齐威王广开言路，多听取、采纳人民的意见和建议。齐威王欣然纳谏，立即下令："群臣吏民能面刺寡人之过者，受上赏；上书谏寡人者，受中赏；能谤讥于市朝，闻寡人之耳者，受下赏。"（《战国策·齐策》）命令颁布之后，从最初的"门庭若市"，到后来的"无可进者"，使其他国家看见齐威王如此谦逊宽容，热爱民众，纷纷到齐国来朝拜，齐国的声望和地位大增。

一个品德高尚、大气智慧的领导者，必须要秉持开放的态度，要善于听取各方面的意见和建议。只要采取措施，鼓励、支持人民群众积极参政议政，聚民心，集民智，自己的施政就可以得到人民群众的衷心拥护和全力支持，从而取得成功。

思考题：

1. 试述齐文化开放精神的主要体现。

2. 你认为齐文化开放精神中有哪些主要方面对当今的改革开放仍具借鉴价值？

延伸阅读书目：

1. "齐文化丛书"编辑委员会："齐文化丛书"，济南：齐鲁书社，1997。

2. 杨忠贤：《二十四史》，天津：天津古籍出版社，1999。

3. 张清华：《文白对照二十二子》，合肥：安徽文艺出版社，1996。

4. 缪文远：《战国策新校注》，成都：巴蜀书社，1987。

5. 秦峰：《译注国语》，南昌：江西高校出版社，1998。

6. 蒯伯赞：《先秦史》，北京：北京大学出版社，1988。

7. 肖萐父、李锦全：《中国哲学史》，北京：人民出版社，1982。

8. 冯天瑜等：《中华文化史》，上海：上海人民出版社，1990。

9. 《中国军事史》编写组：《武经七书注译》，北京：解放军出版社，1986。

第五章　齐文化的务实精神

　　党的二十大报告明确指出："面对这些影响党长期执政、国家长治久安、人民幸福安康的突出矛盾和问题，党中央审时度势、果敢抉择，锐意进取、攻坚克难，团结带领全党全军全国各族人民撸起袖子加油干、风雨无阻向前行，义无反顾进行具有许多新的历史特点的伟大斗争。"一切从实际出发，因时制宜，因地制宜。空谈误国，实干兴邦。此之"撸起袖子加油干"，体现的正是一种务实精神。

　　所谓务实，就是一切从实际出发，因时、因地制宜。务实是各诸侯国重要的文化因子之一。早在西周初期统治者分封诸侯国时就已经贯彻了这一原则。例如，周初对地处殷商故地的鲁国和殷商故都的卫国，允许他们沿用商朝的传统，但要按照周朝的法律来划分土地；对于地处夏朝故地以及被戎狄包围的晋国，允许他们沿用夏朝的传统，但要按照戎人的法律来划分土地。齐国也具有务实的文化因子，并被齐国统治者发扬光大，成为齐文化的务实精神。齐文化的务实精神在封齐建国时体现为"因其俗，简其礼"的国策，在政治方面体现为春秋时期齐桓公称霸中原时的尊王攘夷之举，在经济方面体现在从通商工之业到重本抑末的经济政策之中。

第一节　"五月而报政周公"：齐人在封齐建国时体现的务实精神

　　齐文化的务实精神在封齐建国时体现为"因其俗，简其礼"。这种务实精神又具体表现为"通商工之业，便鱼盐之利"的重工商的国策。

一、"因其俗，简其礼"体现的务实精神

　　齐文化的务实精神在建国初期表现在"五月而报政周公"这一事件中，而这一事件又集中体现了"因其俗，简其礼"的务实精神。根据《史记·鲁周公世家》记载，西周初期，周武王去世之后，周公代替年幼的周成王处理政事。当时，姜太公被分封至齐国后，仅仅用了五个月的时间就向主政的周公报告政务。周公问他为什么这样迅速，姜太公回答说："吾简其君臣礼，从其俗为也。"正是因为简化了君臣之间的礼节，顺从了当地的风俗，姜太公才能很快地稳定了齐国的局势，得以"五月而报政周公"。可见姜太公在封齐建国时所采取的措施就体现了浓厚的

务实精神。这种务实精神《史记·齐太公世家》将之总结为"因其俗，简其礼"。

姜太公被分封至齐国之前，齐地有许多风俗，如好让不争的君子之风、敬老孝义之风、尚勇之风等。现以好让不争子风为例说明齐人是怎样"因其俗"的。

齐国的好让不争之风，源出于古老的"君子之国"的风俗。夏、商时期，古齐地属于东夷，而东夷之人很早就有好生的仁德，并由这种仁德又生发出仁者长寿以及君子国、不死国等观念。姜太公封齐后，正是因为顺应了以好让不争的君子之风为代表的齐地良好的社会风俗，才能五月而报政周公。春秋时期，管仲相齐时，继承并发扬了这种风气，《史记·管晏列传》称之为"俗之所欲，因而予之；俗之所否，因而去之"。

好让不争的君子之风在春秋时期主要体现在鲍叔牙让相位于管仲这件事上。管仲与鲍叔牙自小就是很要好的朋友。他们在从政后，曾分别辅佐公子纠与公子小白争夺齐国国君之位。在此过程中，管仲为阻挡公子小白争夺齐国君位的步伐，曾在小白回国途中进行拦截，并企图用箭射杀他，后因误中带钩，小白将计就计佯死，使管仲与公子纠放慢了回国争夺君位的步伐。而公子小白则日夜兼程，抢先回到齐国，并在天子命卿高傒的支持下当上了国君，是为齐桓公。齐桓公登上君位后，为了感谢鲍叔牙在帮助其争夺君位过程中所做的贡献，曾想拜他为相，并想杀管仲以报一箭私仇。鲍叔牙此时力劝齐桓公为国家大义放弃私仇，立管仲为相。鲍叔牙认为在治理国家上他有五个方面不如管仲。第一，宽厚仁慈，爱护民众，不如管仲；第二，治理国家不失根本，不如管仲；第三，忠诚信实，能得到百姓的信任，不及管仲；第四，制定礼仪法度足以使天下效法，不如管仲；第五，立于军门之前击鼓指挥，使军民勇气倍增，不如管仲。正是在鲍叔牙的极力推荐下，齐桓公才拜管仲为相，才有之后管仲辅佐齐桓公改革内政、称霸中原的丰功伟绩。可以说，如果没有鲍叔牙一心让相位于管仲，就没有齐桓公首霸中原的不朽功业。因此鲍叔牙让相位于管仲，将齐国好让不争的君子之风发扬光大了。

二、"通商工之业，便鱼盐之利"的重工商国策体现的务实精神

除"因其俗，简其礼"外，"通商工之业，便鱼盐之利"（《史记·齐太公世家》）也是齐文化务实精神的重要体现。因"通商工之业"在本章第三节中有详细讲述，这里主要讲"便鱼盐之利"中的煮盐业的发展。

齐地濒临大海，拥有较长的海岸线，具有发展渔业、盐业的特殊地理优势。由于资料所限，齐国的渔业不能详考，但煮盐业却有详细记载。

根据《史记》记载，姜太公封齐建国时就把发展渔盐业作为一项基本国策。春秋时期，尤其是齐桓公称霸中原时，齐国不但将海盐用于国内发展经济，而且以齐国为中介，大力发展东莱与诸侯国之间的渔盐业贸易以获得巨额利润，这为齐国首霸中原奠定了经济基础。战国时期，齐国的煮盐业继续发展，其表现之一

就是盐业专营政策的实行。当时齐国食盐的生产、储存直至运销全过程，都由政府管理与经营。每年阴历冬季十月至次年正月，国君便发布命令让百姓砍柴煮盐，并由国家征购。春耕时以影响农业生产为由，下令停止煮盐。因煮盐具有季节性，但人们吃盐却不分春夏秋冬，这就造成了食盐价格的上涨。加之齐国政府运用轻重之术暗中操纵盐价，从而食盐价格猛涨，而远离海滨的魏、赵、宋、卫等国盐业价格上涨的幅度更大。如此一来，齐国政府既能够获取本国百姓的吃盐之利，又能赚取向齐国购买食盐的其他诸侯国的巨额利润。根据《管子·轻重甲》的记载，销往其他诸侯国的食盐收入每年可"得成金万一千余斤"。煮盐业由此成为齐国的支柱产业之一，并给齐国带来了丰厚的利润。

三、"冠带衣履天下"的纺织文化体现的务实精神

齐地是柞蚕、柞蚕丝的发源地，其生产的柞蚕丝闻名于世。根据《尚书·禹贡》的记载，齐地生产的柞蚕丝被称为"檿丝"，是远古时期九州之一——青州向王室进贡的重要特产之一。西周时期姜太公封齐建国时，因地制宜，大力发展纺织业。《史记·货殖列传》记载："太公劝其女功，极技巧……故齐冠带衣履天下，海岱之间敛袂而往朝焉。"

春秋时期齐国的纺织技术一直领先于诸侯列国，齐国生产的丝织品成为馈赠的贵重礼品。在齐桓公称霸中原时期，齐国的丝织品也是齐国赠送中原盟国的重要礼品。《管子·小匡》记载："诸侯以缦帛鹿皮四介以为币，齐以文锦虎豹皮报。"当时诸侯盟国用素绸和鹿皮四张为礼币，齐国则用花锦和虎豹皮回报。可见文锦在齐桓公称霸中原中起到了一定的作用。

战国时期齐国的阿缟、锦饰等丝织品更大量地输出。李斯《谏逐客书》记载："今陛下致昆山之玉，有随、和之宝……所以饰后宫、充下陈、娱心意、说①耳目者，必出于秦然后可，则是宛珠之簪，傅玑之珥，阿缟之衣，锦绣之饰不进于前。""阿缟之衣"就是齐国东阿生产的白色丝绸；"锦绣之饰"是指齐地生产的织锦、刺绣。李斯在《谏逐客书》中列举了很多不产于秦国但为秦人所用之物，其中就有齐地生产的"阿缟之衣""锦绣之饰"。可见"阿缟之衣""锦绣之饰"是齐国生产的有名的丝织品，并且经常流通到秦、楚等诸侯国，因此李斯才把它们作为"谏逐客"的论据提出来，以打动秦王。

更为可贵的是，齐地的纺织业并没有随着齐国的灭亡而停止发展。根据《汉书》的记载，齐国本有"三服官"，当时主要为齐国统治者提供春、夏、冬三季的服装，但规模较小，每年仅生产丝织物十余箱。到了西汉元帝时期，齐地的"三服官主作天子之服"，即主要为皇室提供春、夏、冬三季所需的大批丝织品，其规模也比较宏大，当时已有织工数千人，每年耗资千万。至汉代时，齐地与长安以

---

① 说：同"悦"。

出产著名的丝织品并称于世。这说明即使在齐国灭亡之后，齐地重织纺的风俗依然得以继承，并继续发扬光大，这才有汉代主要为皇宫提供春、夏、冬三季所需的高档丝织品的三服官的兴盛。

姜太公自封齐建国时就确立了务实精神。这些务实精神主要表现为姜太公根据齐地的礼俗确立了"因其俗，简其礼"的国策，根据齐地濒临大海的特殊地理条件确立了"便鱼盐之利"的国策，根据齐地以丝麻业为代表的发达的工商业现状确立了优先发展丝麻业的国策。这些国策不但在西周时期、春秋时期被姜齐统治者所遵守，而且在战国时期被田齐统治者继承并发扬光大。

第二节 尊王攘夷：齐人在创立霸业中体现的务实精神

齐桓公建立的首霸中原的不朽功业是中国历史上的一件大事。齐桓公在管仲的辅佐下，不但对内改革内政、发展经济，使齐国国富民强；而且对外以中原霸主的身份尊王攘夷、存亡继绝，使中原免受战乱之苦。更为重要的是，齐桓公称霸中原开启了中国历史上区别于三代时期的王政、秦汉及其以后的封建专制的历史时代，即春秋霸政时代。齐桓公称霸中原的原因多种多样，但有一点非常重要，即秉持着姜太公创立的务实精神。齐人在创立中原霸业过程中的务实精神主要体现在尊王、攘夷、恤患救难三个方面。

一、尊王体现的务实精神

春秋初期，周王室虽然势力衰微，但其影响仍存。齐桓公称霸中原的重要内容之一就是尊王室。齐人尊王室的务实精神体现在以下三个方面。

其一，以身作则，遵守礼制以尊重周天子。这分别可从齐桓公和管仲身上得到证明。公元前651年夏天，齐桓公与鲁、宋、卫、郑、许、曹六国诸侯相会于葵丘，其目的是相会修好。但这次会盟与以前齐桓公会盟诸侯有很大的不同，这就是周襄王派使者宰孔参加。在会盟中，宰孔代表周天子把祭祀周文王、周武王用的胙肉、朱红色的弓箭、诸侯朝觐天子的车子等贵重器物颁赐给齐桓公，考虑到齐桓公年龄大且功勋卓著，便令他接受上述器物时不用行下拜礼。齐桓公却说："天子的威严不离开颜面咫尺之远，小白我岂敢受天子的命令而不下拜。不下拜，我唯恐在下面跌跤，给天子带来羞辱。"齐桓公郑重其事地下堂跪拜，接受周襄王赏赐的贵重器物。这是齐桓公以身作则尊重周天子的表现。

公元前649年，周襄王的弟弟王子带引扬、拒、泉、皋、伊、雒之戎侵犯周王室，攻入王城，焚烧了东城门。公元前648年，周襄王派兵讨伐王子带，王子带奔齐。齐桓公于是派管仲到周王室使戎人和周天子讲和。周王室想用上卿的礼节礼遇管仲。管仲叩头说："我一个陪臣，怎么敢接受上卿之礼？"管仲多次推让，最终用下卿之礼拜见了周襄王。管仲虽为齐国重臣，但在周礼中，其地位仍不能与在齐国的天子命卿国氏、高氏相提并论，因此当周王室欲以上卿之礼接见管仲时，管仲多次推辞，这是管仲以身作则遵守周礼的表现。

其二，安定周襄王之位，巩固周王室政权。春秋时期，不但各诸侯国内部出现了争夺君位的内乱，而且周王室也遇到了类似的情况。周襄王郑做太子时，其父周惠王因宠爱他的弟弟王子带，便有废长立幼的意图。后经过以齐桓公为首的各诸侯国的干预，此事未成。公元前652年，周惠王去世。太子郑害怕王子带作乱，不敢发丧，向齐国求救。齐桓公邀请宋、鲁、卫、许、曹、陈盟于洮，以安定周王室。诸侯奉太子郑即位，是为周襄王。周襄王即位后才为周惠王发丧。这就是齐桓公定周襄王之位以巩固周王室的表现。

其三，顺从王命，讨伐不从王命的诸侯国。这以奉周天子之命讨伐卫国拥护王子颓作乱事件最有说服力。王子颓本为周庄王庶子，深受周庄王宠爱。周庄王去世后，王子颓的哥哥周釐王即位，五年之后，即公元前677年，周釐王去世。次年，周人拥立周釐王之子、王子颓的侄子周惠王即位。公元前673年，芇国、边伯等五大夫联合卫、南燕等国拥立王子颓为王，周惠王被迫逃到郑国，后郑厉公起兵，并与虢公护送周惠王回国复位。然而周惠王一直没有忘记这件事情。公元前667年，周惠王派召伯廖任命齐桓公为"侯伯"，并派他去讨伐卫国拥立王子颓的罪行。齐桓公奉天子之命兴师伐卫，大败卫国军队，并责之以王命。

齐桓公尊王的种种举动，不但使周天子地位稳固、周王室政权安定，而且其霸业赢得了周天子的承认。公元前667年，周天子任命齐桓公为"侯伯"；公元前651年葵丘会盟时周天子不但派宰孔参加，而且赏赐给齐桓公"文武胙、彤弓矢、大路"（《史记·齐太公世家》）等贵重器物，这些举动表明周王室承认了齐桓公的中原霸主地位。

二、攘夷体现的务实精神

攘夷，即抵御他族入侵的意思。西周时期，联合各诸侯国抵御他族的入侵是周王室的重要职责。然而至春秋时期，王室衰微，再也无力独自或联合诸侯国抵御他族的入侵。而此时有他族乘王室衰微、各诸侯国散乱之机大举入侵中原，中原形势危急。《公羊传·僖公四年》称："南夷与北狄交，中国不绝若线。"此处的"南夷"以楚国为代表，"北狄"主要指居住在西方、北方的戎、狄等。齐桓公在称霸的过程中，以中原霸主的身份代替周天子承担抵御他族入侵的职责，主要表现在对南、北两个方向上发动的一系列攘夷战争，这些攘夷战争以北伐山戎以救燕和南伐楚国最有代表性。

其一，北伐山戎以救燕。公元前664年，山戎入侵燕国。燕国国君向齐国求救。齐桓公本与鲁庄公谋划共同救燕国。但鲁庄公表面答应，实际上却按兵不动。公元前663年，齐桓公独自率师北伐，并取得了胜利，打败令支、击溃孤竹山戎而还。燕庄公非常感激齐桓公的救燕之恩，亲自送齐桓公入齐国境内。根据周礼

會
葵
邱
義
戴
周
天
子

葵丘会盟图

规定，诸侯相送不得超越边境。齐桓公意识到这一问题后，为了遵从周礼，把燕庄公送他所到的齐国土地全部割让给燕国，并责成燕庄公重新修治其祖先燕召公的德政，并且依周成王、周康王当年往例，向天子进贡物品。齐桓公在伐戎救燕过程中，既尊重了燕国，又尊重了周王室，在诸侯国中树立了威信，中原诸国纷纷遵从齐国的号令。

其二，南伐楚国以阻止其进逼中原。齐桓公称霸中原之时，楚国势力逐渐强盛。此时的楚国已经占有了江汉区域的大片土地，而且北灭申、邓、息等诸侯国，并进而侵郑，成为中原诸国的一大劲敌。公元前655年，齐桓公因蔡人不恭，会集鲁、宋、卫、郑、许、曹等诸侯国联军，讨伐蔡国，蔡人溃败，诸侯联军直驱伐楚。楚成王派使者与齐桓公交涉。管仲申明伐楚的两大理由：第一，楚国不向周天子进贡包茅，周天子无以缩酒；第二，周昭王南征而不返。楚使只承认不纳贡之罪，并答应按时纳贡。楚人承认小罪，推诿大罪，齐桓公于是率联军进驻陉地。楚成王又派屈完与齐桓公议和，诸侯军退驻召陵。屈完建议齐桓公以德安抚诸侯，不能靠武力征服。楚国于是与以齐国为首的诸侯国君结盟于召陵。召陵之盟既迫使楚国尊重周王室，按期向周王室纳贡，又遏制了其北进中原的步伐。

三、恤患救难体现的务实精神

恤患，就是帮助诸侯盟国平定内乱。救难就是救助诸侯盟国抵御来自外部的灾难。春秋时期，诸侯国内部频频出现内乱，同时有些诸侯国外部因受到戎、狄等入侵而出现灭国的危难，齐桓公以霸主身份代替周天子平定内乱，稳固中原的统治。其中"恤患"以帮助鲁国平定庆父之乱最有代表性，"救难"以存邢救卫最为典型。

其一，帮助鲁国平定庆父之乱。公元前662年鲁庄公病逝，公子庆父勾结鲁庄公夫人哀姜发动内乱。鲁人立鲁庄公之子公子般即位，不久，公子般被公子庆父派人所弑。鲁人又立鲁庄公庶子公子启方即位，是为鲁闵公。不久之后，鲁闵公又被公子庆父所弑。鲁人又立公子申为君，是为鲁僖公。庆父被迫奔莒，后畏罪自杀。哀姜奔邾，被齐桓公于公元前559年诛杀，归尸于鲁，并派高子将南阳之师定鲁僖公之位，帮助鲁国彻底平定了庆父之乱。齐桓公帮助鲁国平定内乱是对周王朝存亡继绝精神的延续，鲁国君民感恩戴德，留下了"鲁人至今以为美谈，曰犹望高子也"（《公羊传·闵公二年》）的感叹！

其二，存邢救卫。公元前662年，狄师伐邢。公元前661年，齐桓公听从管仲建议联合宋、曹救邢。但齐军未到之际，狄师已攻下邢国。邢军大溃。齐国遂与宋、曹驱逐狄师，迎邢国国君至齐。公元前660年，齐又率诸侯国军队为邢在夷仪筑城，并迁邢于夷仪。就在同年，狄师又伐卫。卫懿公昏庸无能被狄师所杀。卫国军民大溃，逃到黄河岸边，宋桓公接应他们过河，并在曹地立公子申为君，是为卫戴公。齐桓公派公子无亏率车三百乘、甲士三千人为卫戍守。卫戴公即位不到一年就死去，齐国又立卫文公为卫君，并派军队在卫地楚丘筑城，将卫封于楚丘。齐桓公封卫于楚丘，迁邢于夷仪，保存了两个已经被狄师灭掉的诸侯国，使"邢迁如归，卫国忘亡"（《左传·闵公二年》）。

春秋时期是王室衰微、诸侯纷争、弱肉强食的乱世，各诸侯以扩张领土、兼并土地为目标，在这种背景下，齐桓公在称霸中原或成为中原霸主之后一直能够尊王、攘夷、恤患救难，表面看起来有些迂腐，但从其实质来看，却是非常务实的举动。齐桓公在王室衰微但其影响仍在的情况下尊王室、守周礼，可谓一举两得。其一，其霸业活动赢得了周天子的拥护和支持，周天子封齐桓公为"侯伯"以及葵丘之盟周天子派使者宰孔参加并对齐桓公加以赏赐便是明证。其二，赢得了诸侯国的支持。由于王室衰微时间不是很长，礼乐文化对诸侯国的影响仍在。齐桓公在伐戎救燕过程中，依周礼割让燕国君主送他所到的齐国土地之举，表面上看起来齐国丧失了若干领土，但却赢得了燕国及其他诸侯国的衷心拥护。齐桓公攘夷之举更是务实之行动，这不但为诸侯国在一定程度上创造了良好的发展环境，而且使中原文明免受灾祸。对此，孔子称赞道："管仲相桓公，霸诸侯，一匡

天下，民到于今受其赐。微管仲，吾其被①发左衽矣。"（《论语·宪问》）

第三节　从通商工之业到重本抑末：齐人在经济治理中体现的务实精神

齐人不但在政治上采取了务实的政策，在经济上也采取了务实的政策。齐人在经济方面的总目标是使百姓富庶。正如《管子·治国》所记载："凡治国之道，必先富民，民富则易治也，民贫则难治也。"习近平主席于 2015 年 11 月 18 日在亚太经合组织工商领导人峰会上的主旨演讲中，曾引用这句话来说明"从国家治理角度来看，发展的最终目的是造福人民，必须让发展成果更多惠及全体人民"②。而齐人经济方面正是围绕着这一目标采取了多种务实的经济政策，这主要表现在重农政策、工商政策和抑商政策三个方面。

一、齐人重农政策体现的务实精神

齐国在建国之初由于特殊的地理环境所限，并没有把发展农业放在首位，而是把经济政策的重点放在发展工商业方面。《史记·齐太公世家》记载："太公至国，修政，因其俗，简其礼，通商工之业，便鱼盐之利，而人民多归齐，齐为大国。"

春秋时期由于人口的增多、铁制生产工具的使用以及水利工程的修建，大规模地开垦荒地、发展农业已经成为可能。此时齐国统治者把发展经济的重点放在农业方面。齐人在农业方面的务实精神主要体现在管仲辅佐齐桓公改革内政的经济政策中。这些经济政策主要表现在"四民分业定居"以稳定农业阶层、改革土地制度以提高农民生产积极性两个方面。

（一）四民分业以稳定农业阶层

春秋战国时期，社会的动荡、战争的频繁、生产力的发展，对齐国社会的主要阶层——士、农、工、商形成了一定的冲击，他们无法进行正常的生产、生活。为了解决这一问题，齐桓公在管仲的辅佐下采取四民分业定居制度以稳定农业阶层。

所谓四民分业定居就是士、农、工、商四大阶层按职业划分为不同的居住区域：让士居住在安闲的地方，让手工业者居住在官府附近，让商人居住在集市一带，让农民居住在田野。在四民分业制度下，农民聚居在一起，农闲时置备农具，修整土地，待时而耕；农忙时，日夜在田间精耕细作，致力于稼穑。农民的子弟自小受父母、邻里熏陶，世代务农。他们中的优秀人才将来还能够成为士人。士、工、商三大阶层也是分别聚居在一起，他们日常讨论和接触的都是与本阶层密切

---

① 被：同"披"。
② 《习得（中国方案）——习近平引用的古典名句》，载《人民日报》海外版，2017-02-03。

相关的问题，他们的子弟由于长辈的言传身教，自小学习、熟悉各种专业技巧，自然会安心从事于本业，不会见异思迁。四民分业从制度上保证了士、农、工、商四大阶层的稳定，有利于齐国经济的发展。

（二）改革土地制度以提高农民生产积极性

春秋之初，齐国仍实行传统的井田制及与之配套的劳役地租。然而此时井田制已出现了严重的危机，主要表现为公田上杂草丛生、良田荒芜。以齐桓公、管仲为代表的齐国统治者，对井田制及劳役地租进行了一定程度的改革，具体表现为"均地分力""相地而衰征"等土地制度及租税制度的改革。

第一，"均地分力"。"均地分力"是针对井田制的一种土地制度的改革。其具体内容就是"在重新丈量、规划土地疆界的前提下，根据土质的好坏公平合理地折算后，把土地直接分给农民耕种，又称为'授田'"①。"均地分力"变原来的集体劳作为个体耕种，大大延长了农民经营土地的时间，在一定程度上实现了农民自主经营，这大大调动了农民的生产积极性。

第二，"相地而衰征"。"相地而衰征"是针对劳役地租所进行的一种租税制度改革，赵守正解释说："视土地之肥瘠而有区别地征收赋税。"②它实际上就是把劳役地租改为实物地租。在劳役地租时代，劳动者以服劳役的形式交租，其劳动时间、劳动内容都由土地所有者决定，劳动过程受土地所有者及其监工的监督，没有人身自由。而实物地租时代，劳动者以劳动产品交租，其劳动时间、劳动内容及劳动过程都由自己根据农时、地利自由安排，这无疑会大大刺激农民的生产积极性。可见"相地而衰征"和租税改革有利于培养农民对自己所耕种土地的感情，增加农产量，有利于社会的稳定和经济的发展。

二、齐人工商政策体现的务实精神

重工商是齐国的统治者一直奉行的国策，齐国统治者虽然有姜姓和田姓之分，但重视工商业的国策却基本没有发生变化。其务实精神主要表现为盐铁专营政策和激励工商业者的政策。

（一）盐铁专营政策体现的务实精神

盐铁专营是齐国工商政策的重要内容。齐国濒临大海，鱼盐资源丰富；齐国境内还有储量丰富的矿产资源，特别是含铁量很高的矿山，这便是国家财富的重要来源。齐国统治者为了更好地发展经济，采取了盐铁专营的政策。

第一，盐的专营。齐人采取在官府的监督下由盐民生产，官府定价收购，并由官府运输和销售的方式。每年阴历十月到第二年正月，由产盐之地的人们煮盐；至正月开始时下令停止煮盐。百姓煮好的食盐由官府定价收购，由于运用轻重之

---

① 宣兆琦：《图说管子》，94页，济南，山东友谊出版社，2007。
② 赵守正：《管子通解》，297页，北京，北京经济学院出版社，1989。

术使食盐价格大涨，官府把从民间收购来的食盐统一销至各地乃至其他诸侯国，这就是食盐专营的经营方式。

第二，铁的专营。齐人采取官有民营的方式。由于开采铁矿需要雇用大量的人员长期进行劳作，如果由国家开采铁矿，其劳动力的来源很成问题：如派罪犯去开山铸铁，罪犯就会逃亡而无法控制；如果征发百姓，百姓就会怨恨国君；一旦边境发生战事，再强征百姓抵抗外敌，他们必然心怀宿怨而不肯为国出力。鉴于这种情况，齐人将铁矿的经营权下放民间，由百姓开采冶炼，之后根据自然资源属于国有的原则向生产者征收租税。如按照三七开的原则，由百姓分利七成，国君分利三成。国君则将冶炼好的铁统一收购和销售。

齐人对盐铁专营根据实际情况不同，采取不同的经营方式，既赢得了民心，又给国家带来了丰厚的利润。

（二）激励工商业者政策中体现的务实精神

齐人激励工商业者的政策首推"四民分业"制度，其内容已见于上文。除此之外，齐人还采取了奖励工商业发展的种种措施，这些措施既有对齐国优秀的工商业者的奖励，也有吸引其他诸侯国工商业者的种种政策。

其一，对工商阶层以及齐国优秀工商业者的奖励。齐国政府首先对整个工商阶层有一定的激励政策。根据《管子·大匡》的记载，齐国政府曾派高子考察工匠和商人当中表现好的人。其标准是工匠、商人孝顺于父兄，事长养老，接受任务能严肃对待。具备三条者，推举为上等；具备两条者，属于次等；只有一条的，属于下等。而对于那些出入不顺于父兄，遗弃老人，行事诡诈，接受任务而不严肃对待的，有罪无赦。也就是说，齐国政府考察工商阶层的标准主要有两方面。一方面是道德方面，即孝顺父兄、侍奉长辈、敬养老人，这是考察士、农、工、商四大阶层的共同标准；另一方面是行业的标准，如工、商阶层接受任务后能否严肃对待。可见齐人对整个工商阶层的考察既有道德的要求，又有职业方面的要求。

其二，齐国吸引其他诸侯国工商业者的政策。根据《管子·轻重乙》的记载，齐人为吸引其他诸侯国工商业者到齐国从事本国缺少的皮、骨、筋、角等商品交易，曾为各诸侯国的商人建立了客栈，并且根据经商的规模给予一定的优惠政策：规定各国客商拥有四马所驾的一辆车（即"一乘"）的商人，免费吃饭；拥有十二匹马所驾的三辆车（即"三乘"）的商人，不但免费吃饭，而且还外加供应牲口草料；有二十匹马所驾的五辆车（即"五乘"）的商人，不但免费吃饭和供应牲口草料，还专门配备五个服务人员，专供驱使。

上述措施使齐国工商业得到了迅速发展，齐国成为著名的富庶之国，从而为齐国称霸中原、称雄天下奠定了雄厚的物质基础。

三、齐人抑商政策中体现的务实精神

齐人自西周时期便开始重视工商业的发展，至战国时期，富商大贾逐渐成为一股能够与各诸侯国相抗衡的强大力量。他们在齐国内常常乘政府之危，操纵物价，获得高额利润，并对齐国经济的正常发展造成了一定的影响。因此齐国统治者对这些富商大贾采取了一定的抑制政策，这可以从政府借贷百姓物品一事中得到证明。

农业生产及粮价的高低既受年岁丰歉、青黄不接等自然因素的影响，又受农民本身智愚之别、统治者政令的缓急、征发的徭役、人为囤积等多种人为因素的影响。自然因素使农民产生贫富差距，而人为因素，尤其是富商大贾的囤积居奇、操纵粮食市场，给农民带来了深重的灾难。他们在粮食丰收时，利用农民急于售卖粮食应付政府各种赋税的心理，竭力压低粮价；在粮食歉收时，他们又哄抬物价。富商大贾正是利用粮价的高低差以获得暴利。

为防止富商大贾操纵粮食市场、盘剥百姓，管子仲主张政府掌握粮食市场主导权，杜绝富商大贾利用人为粮价波动牟取暴利。如《管子·山国轨》提到政府在农忙季节，准备好农民需要的物品和工具，凡没有钱的农民都可以向政府租借这些物品和工具，完工后付给国家一定的报偿后归还公家，以保证不误农时，确保粮食丰产。《管子·乘马》则主张政府在春耕之时，即粮食青黄不接，粮价大涨之时，向农民贷款，在秋天粮食丰收时，即粮价大跌之时，政府命令农民把贷款折成粮食归还。半数粮食归国家所有，粮价大涨，国家命令手工业者上缴手工业品（包括用具和兵器），国家用粮食折成现金购买。国家通过控制粮食流通领域，既防止了富商大贾对百姓尤其是农民的盘剥，又在粮食方面获得了十分之九的大利，还保证了国家器物，尤其是用具和兵器的供应，可谓一举三得。

由此可见齐人自姜太公封齐建国时就在经济上确立了务实的政策，这种务实的政策虽然在西周、春秋、战国时期的表现形式不同，但有一个主线，那就是根据变化的实际情况随时调整经济政策：西周时姜太公根据齐地盐碱地众多不利于发展农业的实情，确立了工商立国的国策；春秋时期，因生产工具的改进、生产技术的提高，以齐桓公为代表的齐国统治者确立了重视农业兼重工商的国策；战国时期鉴于富商大贾的势力已经影响了齐国经济的正常发展，齐国统治者又施行了抑制富商大贾的政策，使齐国经济重新走上正常的轨道。正是得益于务实的经济政策，齐国一直是当时的富庶之国，而齐都临淄的繁华更是闻名于世。

务实精神是齐人留给后人的宝贵的精神财富。它是由齐国始祖姜太公确立的。姜太公封齐之始便确立了务实的国策，它使齐国由方圆百里的小国变为周围邻国纷纷向往的富强大国。这种务实精神被齐国统治阶级不断发扬光大。如政治方面，春秋时期以齐桓公、管仲为首的姜氏统治集团根据变化的形势确立了以尊王、攘夷、恤患救难为中心内容的称霸中原的国策，使齐国一跃成为中原霸主，号令中原诸侯。再如经济方面，西周时期齐国统治者迫于土地盐碱化严重不利于发展农业的实情，以工商立国；春秋时期由于形势发生了变化，实行重视农业兼重工商的国策；战国时期齐国统治者在以农为本、兼重工商业的同时，采取了多种政策发展齐国经济；当齐国经济发展出现了畸形，主要表现为富商大贾的势力成为国家经济进一步发展的阻力时，田齐统治者适时地提出抑商的国策。可以说，齐国最终能够成为战国时期著名的富庶之国，与其统治者采取的务实的经济政策密不可分。

思考题：

1. 齐人建国时体现的务实精神包括哪些方面的内容？

2. 齐人在创立中原霸业过程中展现了哪些务实精神？

3. 从西周至春秋、战国，齐人的经济政策经历了哪些变化？

延伸阅读书目：

1. 宣兆琦、杨宏伟：《齐国史话》，兰州：兰州大学出版社，1997。

2. 张杰、邱文山、张艳丽：《齐国兴衰论》，青岛：中国海洋大学出版社，2007。

第六章　齐文化的兼容精神

党的二十大报告明确指出："中国坚持对话协商，推动建设一个持久和平的世界；坚持共建共享，推动建设一个普遍安全的世界；坚持合作共赢，推动建设一个共同繁荣的世界；坚持交流互鉴，推动建设一个开放包容的世界；坚持绿色低碳，推动建设一个清洁美丽的世界。"此之所谓"合作共赢""共同繁荣""开放包容"体现的是一种兼容精神。而这种兼容精神在齐文化中有着突出的体现。

齐文化的兼容精神就是对其他文化的包容精神。林则徐说："海纳百川，有容乃大。"意思是说人的心胸要像大海容纳百川一样包容一切。只有具有海纳百川的胸怀，才能成就大业。国家要兴盛，文化要繁荣，同样需要兼容百家的精神。齐文化无疑具备了这种精神。齐文化在其产生之初就以周文化为基础，兼容殷商文化、东夷文化而成。齐文化在发展过程中更是继承了这种兼容精神，这可从对礼法的兼容、对仁义之战与诡道诈术的军事思想的兼容、对人才的兼容和对思想学术的兼容四个方面得到证明。

第一节　齐人崇礼尚法体现的兼容精神

西周礼乐制度和刑法制度是齐国统治者治理国家的重要依据。难能可贵的是，齐国统治者在治齐过程中根据齐国的国情，对礼、法进行了一定程度的改造和兼容，这主要表现在崇礼、尚法、礼法并用等方面。

一、齐人崇礼所体现的兼容精神

西周初期由于客观条件所限，齐国统治者并没有彻底将对周礼的尊崇落实到现实社会中，而是采取了"因其俗，简其礼"的国策以治理国家。这里的"简其礼"主要是指对东夷礼俗的继承和发展。春秋时期，尤其是齐桓公在位期间，被姜太公改造后的东夷礼俗已不能适应齐国社会发展的需要，在此情况下，以齐桓公、管仲为首的齐国统治者开启了接纳周文化的大门。这主要表现在以下几个方面。其一，管仲非常重视周礼的作用。他说："国有四维。一维绝则倾，二维绝则危，三维绝则覆，四维绝则灭。倾可正也，危可安也，覆可起也，灭不可复错①也。何谓四维？一曰礼，二曰义，三曰廉，四曰耻。"（《管子·牧民》）其二，管仲辅佐齐桓公改革内政时把继承周礼作为改革纲领，即"修旧法，择其善者而业用之"（《国语·齐语》）。也就是说，齐国统治者把周文化的精华吸收过来，并与齐国的实际相结合，从而与齐国的传统文化融合为一种新型文化。明代著名学者赵用贤则说："王者之法，莫备于周公，而善变周公之法者莫精于管子。"其三，齐桓公、管仲不但从理论上重视周礼，他们还以身作则遵守周礼，这在尊王、攘夷中都有明显表现，详见第五章第二节。

其实不但管仲遵守周礼，齐国另一位贤相晏婴也非常重视礼在治国中的作用。《晏子春秋》记载，有一次齐景公饮酒兴起，就对参加宴会的大臣说："今天我想与诸位大夫畅饮，请你们不要被礼仪所拘束。"晏婴力劝齐景公遵守礼节，但齐景公不听。过了一会儿，齐景公出去了。晏婴没有按照礼节起身恭送；齐景公进来，晏婴也没有站起身来相迎；当一起举杯时，晏婴又违背礼节先于齐景公喝酒。齐景公非常生气，严厉地斥责晏婴违礼的诸多举动。晏婴则说他正是用实际行动向齐景公展示不讲礼节的严重后果。齐景公听后立刻意识到不遵礼节的危害，从此之后齐景公整顿礼节，治理国家政事，百姓也恭敬守礼了。

二、齐人尚法所体现的兼容精神

齐人不但崇礼，而且尚法。姜太公封齐建国时，非常重视刑法对治国的作用。他封齐之初，齐国司寇营荡以礼乱国。爱人，在常人看来就是先爱父母、爱子女，但营荡却认为爱人就是不靠儿子的劳力而生活；尊老，在常人看来就是先尊敬父母，再尊敬长于自己的老人，但营荡却认为尊老就是妻子年老而丈夫对她叩拜。姜太公认为营荡身为司寇，却故意歪曲爱人、尊老等重要治国思想的含义，扰乱齐国的正常社会秩序，因而杀营荡以安定齐国。西周后期，周穆王命令吕侯以"明德慎罚"为原则制定新的刑法，作为西周的重要法典。据杨向奎先生考证，《吕刑》虽产生于位于今河南省南阳市的古吕国，"而吕之文化为齐所收吸，《吕刑》讲刑，故齐为最先产生中国法家之地区"②。这说明齐人吸收了以"明德慎罚"为指导思想的《吕刑》。

春秋时期，尤其是齐景公时期，齐国贤相晏婴不但重视礼的作用，同时也重视法的作用。根据《晏子春秋》记载，齐景公在国内设宴赏赐，有三人获得万钟粮食的赏赐，有五人获得千钟粮食的赏赐。命令下达了几次，掌握计算的职计却不执行。齐景公大怒，下令罢免职计。命令下达多次，掌刑狱的士师也没有听从。齐景公非常不高兴。当齐相晏婴拜见齐景公时，齐景公就向晏婴述说命令得不到

---

① 错："措"的假借字。
② 杨向奎：《论〈吕刑〉》，载《管子学刊》，1990（2）。

执行这一奇怪现象。晏婴在解释这一现象时认为国君行正道，臣子服从，这是人间正道；如果国君凭个人好恶而赏赐，臣子若服从就是加重君主之恶。齐景公通过晏婴的劝谏意识到问题的严重性，立刻改正过错，并将不当的赏赐追回。《晏子春秋》所记载的这件事有可能不是真实的，但反映了当时一个普遍情况，即国君不依法而依个人爱好赏赐。而法律要得到贯彻执行，就必须不因喜而赏，不因怒而罚。《晏子春秋》说"不因喜以加赏，不因怒以加罚""喜乐无羡赏，忿怒无羡刑"①，就是这个道理。

战国时期齐威王高度重视刑法的作用。齐威王继位之初，把政事交给国内卿大夫办理，造成赏罚不明、吏治混乱的局面。齐威王决心整顿吏治。他先派官吏深入调查实际情况，在得到第一手资料后，分别召见了即墨大夫和阿大夫两位地方长官。他对即墨大夫治理即墨的功绩进行了充分的肯定，并且封给他一万户食邑进行重赏。他历数了阿大夫的过错，即田野荒芜、百姓贫困、在赵国攻击邻地时不营救等，同时结交权贵、文过饰非，对阿大夫进行了严厉的处罚，烹杀阿大夫，并将曾经在他面前吹捧阿大夫的权贵一起烹杀。齐威王此举体现了齐法中必须公正、从严的原则，取得了良好的效果。齐国举国震惊，人人都不敢文过饰非，而是努力表现他们的忠诚，齐国因此得到很好的治理。

三、崇礼尚法，礼法并用

齐人不但崇礼，而且尚法，因而体现出礼法并用的务实精神，这与三晋及秦国重视法律、轻视礼仪的做法形成鲜明的对比。

齐人对礼法作用的重视，首先体现在他们对礼法的治世作用有着深刻的认识。据《管子·侈靡》记载，齐桓公问管仲："政令与教化哪个最为紧要？"管子说："政令和教化相似而旨趣不同。教化，好像高远的秋云，能激起人的悲心；又像夏天的静云，能浸及人的身体；深邃得好像寂静的皓月，牵动着人的怨思；还像流水那样平易，使人思念又令人神往。教化的开始，必须是在上者以身作则。只有如此，无论贤者、不肖者都同时受到统治者的感化。至于政令，则与此稍有不同，它是以强力和刑罚为其特征的。"由此可以看出，齐人既重视以礼为代表的教化的作用，又重视以法为代表的政令的作用，两者共同维护社会的稳定，缺一不可。

齐人对礼法的重视可从管仲辅佐齐桓公改革内政中的重要内容——"三选"制中得到证明。"三选"是一种官吏选任制度，其整个过程分为以下三个环节。一是乡选，即由齐国的地方长官，也就是各乡乡长、各属大夫将符合任官条件的人才选出，上报国君。二是官选，即把各乡属选出的贤才俊士分配到有关部门实习做事，实习期满后，由衙门长官选择其中的优秀者，并写出鉴定书上报国君。三是君选，即国君亲自选拔。国君把官选出来的人才召入宫中面试策问。如果国君

---

① 吴则虞：《晏子春秋集释》，230，253 页，北京，中华书局，1962。

对策问结果满意，便可任命为高一级官吏。值得注意的是，"三选"制选拔人才的重要标准之一就是守礼，即"居处为义、好学、聪明、质仁、慈孝于父母、长弟①闻于乡里"（《管子·小匡》）。上述选拔人才的六项条件，都是周礼的重要内容。这说明"三选"制度特别重视礼的教化作用。同时齐国政府又以刑法来保证"三选"制得到贯彻执行。如规定：各乡乡长、各属大夫若埋没人才，即没有把符合条件的人才选拔出来，就有五种罪；包庇属下，即不向国君报告乡、属中那些不慈孝于父母、不敬长爱幼于乡里、骄傲淫暴、不遵行君令的不法之徒，也有五种罪。这说明齐国政府既重视礼对百姓的教化作用，又重视刑、法对百姓的强力制约作用。

我们由此可以看出，齐人以服务于政治、社会的稳定为原则，对礼、法采取了非常务实的原则，既重视礼的教化世人的作用，又重视法的强力制约作用。

第二节　齐人的仁义之战与诡道诈术体现的兼容精神

仁义之战是比较古老的军事理论，诡道诈术则是春秋战国时期新兴起的军事理论。齐人在军事思想、军事行动中既重视仁义之战，又重视诡道诈术，由此体现出他们对两种军事思想的有机融合。

仁义之战是一种古老的军事理论，在春秋中期已经显得有些过时了。公元前638年，宋、楚战于泓水。开战之初，宋军已摆好阵势，楚军还没有全部渡过泓水。担任司马的子鱼在楚军没有渡过泓水和虽渡过泓水但没有摆好阵势之时两次提醒宋襄公下令进攻楚军，但都遭到宋襄公的拒绝。等楚军摆好阵势后，两军相战，结果宋军大败，宋襄公本人大腿也受了伤。泓水之战后，宋人责备宋襄公，宋襄公却说："有道德的人在战斗中，只要敌人已经负伤就不再去杀伤他，也不俘虏头发斑白的敌人。古时候指挥战斗，是不凭借险要地势的。我虽然是已经亡了国的商朝的后代，但也不去进攻没有摆好阵势的敌人。"由此可以看出：宋襄公在对楚国军队作战时，坚持仁义之战的原则，但却使宋军大败。其做法受到了时人及后人的批评。毛泽东曾评价宋襄公的这种仁义之战为"蠢猪式的仁义"。

春秋时期著名军事家田穰苴同样坚持仁义之战的原则。田穰苴的军事思想集中体现在《司马法》这部军事著作中。这部军事著作的重要特点就是重视仁义之战。《司马法》的首章即为《仁本》，此章深刻阐述了仁战思想的重要性。然而田穰苴的《司马法》既包含了古人仁义之战的优良传统，同时又注意作战的正义性以及士兵的训练、军队的纪律，更注重集中兵力、以强击弱等。因此当齐国面临晋、燕等国侵伐，国家危难之际，田穰苴受齐相晏婴的推荐率兵抵抗晋、燕的入侵。田穰苴在出兵之前，反复申明军纪。然而齐景公的宠臣监军庄贾却依仗齐景

---

① 弟：同"悌"。

公的宠信，错过约定出兵的时间。田穰苴依军令责之于前，按军法斩之于后。田穰苴执法如山之举震惊了三军之士，他同时又对士兵亲爱有加，与他们同甘共苦。田穰苴这些举动赢得了全军将士的衷心拥护，齐国军队士气高昂，同仇敌忾。强大的军威给敌军以巨大的威慑力，晋、燕闻之，不战而退。田穰苴凯旋后，被封为大司马，后人尊称他为司马穰苴。可见春秋时期齐国名将田穰苴的军事思想中兼容了西周以来的仁战思想，取得了辉煌的战果。

齐人不但主张仁义之战，也主张用兵时要注重诡道诈术。这以孙武、孙膑为代表。孙武是春秋末期著名的军事家，著有《孙子兵法》，这是一部不朽的军事名著。在《孙子兵法》中，孙武在战术方面主张诡道和谋术。

《孙子兵法·计》记载："兵者，诡道也。故能而示之不能，用而示之不用，近而示之远，远而示之近。利而诱之，乱而取之，实而备之，强而避之，怒而挠之，卑而骄之，佚而劳之，亲而离之。攻其无备，出其不意。"孙武在战术上不但主张用兵诡道，而且强调谋术的重要作用。《孙子兵法·谋攻》记载："上兵伐谋，其次伐交，其次伐兵，其下攻城。攻城之法为不得已。"值得注意的是孙武"伐谋"中"谋"既包括战略之谋，又包括战术之谋。孙武的战术之谋非常有名，包括以众击寡、攻其无备出其不意、避实击虚、先发制人、设计疲敌、因敌制胜等。以诡道和谋术著称的军事思想曾经让孙武在楚国取得了伐楚战争的巨大胜利。而在齐国，孙膑继承和发扬了他的军事思想，这在桂陵之战和马陵之战中表现得非常明显。

公元前354年，魏国派兵伐赵，并围赵都邯郸。公元前353年，赵向齐求救。齐威王派田忌为将，孙膑为军师，率军救赵。齐将田忌采纳孙膑围魏救赵的计谋，率兵直捣魏都大梁。魏将庞涓被迫率围赵之军回国解救。齐、魏两军在桂陵相遇。结果魏军因长途跋涉疲惫不堪而被以逸待劳的齐军大败。桂陵之战是典型的诡道之战。军师孙膑采取了多种计谋，如攻其无备出其不意、避实击虚、设计疲敌等，并由此挫败了魏军。而诡道之战的另一典型战例则是马陵之战。

公元前342年，魏国大举攻韩。韩求救于齐。齐威王派田忌为将，孙膑为军师，起兵救韩。公元前341年，魏惠王派太子申、庞涓为将，领兵十万迎击齐军。齐国军师孙膑先采取"围魏救赵"之计，攻伐魏国，直奔大梁。庞涓释韩迎齐。孙膑针对魏国将领轻视齐兵的弱点，又运用"减灶诱敌"之计，制造齐军大量逃亡的假象。魏将庞涓果然中计，只带领少数精锐轻装部队日夜兼程追赶齐军。齐军在马陵险要之处设下伏兵，结果魏军主力被全歼，太子申被俘，庞涓自杀。马陵之战是魏国从未有过的惨败，魏国元气大伤，自此丧失了独霸中原的地位。马陵之战中，孙膑更是熟练运用多种计

《孙子兵法》木牍

谋最终以少胜多大败魏军。

第三节 齐人养士体现的兼容精神

春秋战国时期，齐国统治者为了实现富国强兵、称霸中原乃至称雄天下的目标，特别注意养士。从养士的形式来看，既有国家的养士，又有权臣的养士；从所养的对象来看，既有品德高尚之士，又有具有一技之能之士。最为重要的是齐人不但养士，而且用士，让他们充分发挥各自的才能，为国家或者个人服务。本节主要从齐桓公、孟尝君的养士来看齐人养士所体现的兼容精神。

一、齐桓公养士体现的兼容精神

齐桓公继位后，深感人才的重要性，他一方面重用管仲、国子、高子等杰出人才；另一方面求贤若渴，四处寻求其他人才。他求贤若渴的程度可从五访小臣稷这一事件中体现出来。

《韩非子·难一》记载，小臣稷是春秋时期著名的隐士，齐桓公去拜见他，但一连去了三次都没有见到。他的随从就说："一位大国的国君去拜访一位平民，一天去了三次都没有见到，就算了吧！"齐桓公却说："轻视爵禄的士人固然轻视国君，轻视霸业的国君自然也会轻视士人。纵使士轻视爵禄，我怎么敢轻视霸业呢？"齐桓公第五次去拜访才见到了小臣稷。齐桓公五访小臣稷说明了他对贤士的高度重视。

正因为齐桓公对士的作用有深刻的认识，因此他开国家养士之先河，注意利用国家的力量来养士。为了早日争霸中原，齐桓公接受贤相管仲招揽贤士的建议，挑选擅长外交的游说之士八十人，委派他们带着车马、衣裘和足够的钱财周游四方，笼络和招纳天下的贤能之士。"游士"招纳的多以能够为齐桓公称霸中原效力的才能之士为主。齐桓公为了让四方贤士充分发挥才能，特设"啧室之议"这一制度。什么是"啧室之议"？尹知章《管子注》说："谓议论者言语讙啧。"正如白奚所言："透过这些解释材料，士人们争先恐后、坐起喧哗、毫无顾忌地针砭时政的情景仿佛跃然于纸上。"[①]

如果说齐桓公时期所养的游士主要以外交才能为主，那么齐桓公设庭燎以待士则包括了各式各样的人才。庭燎本是周天子招待诸侯贵族的重大礼节。齐桓公继位后，特设庭燎的礼节以接见贤能之才，然而一年过去了却没有一人来应聘。这时有一位自称懂得九九算术的东野鄙人求见齐桓公，然而却遭到了齐桓公侍者的嘲讽。这位东野鄙人解释说："国君设庭燎的礼节来接纳士人却没有人来，其原

---

① 白奚：《稷下学研究：中国古代的思想自由与百家争鸣》，39页，北京，生活·读书·新知三联书店，1998。

因是他们都认为君主是天下的贤君，他们的才能比不得君主。如果国君连懂得九九算法小技能的人都接见，他们必定蜂拥而至。"齐桓公采纳了东野鄙人的建议，不到一个月，各地贤才便云集齐都临淄。齐桓公设庭燎以待士，其起点是九九之术者，那么被齐桓公所接纳的士必然是拥有一技之长的能士。

齐桓公所养之士既有外交方面的贤才，又有具有一技之长的专才。更为难能可贵的是齐桓公对所养之士能够用而不疑，这可从他重用宁戚体现出来。宁戚是一位有治国才能的士人，可惜他怀才不遇，一直不受重用。他听说齐桓公求贤若渴，于是受雇替商人赶车来到齐国，晚上在城门外住宿。恰好齐桓公要到郊外迎接客人。宁戚于是趁喂牛之际敲打牛角，以歌声表达自己的意向，其歌词为："南山上的石头洁白无瑕呀，日光照在上面灿烂夺目。生不逢尧舜在位之时，身上穿着粗布短衣，裤子还未遮盖住小腿；半夜里起来喂牛，不知道什么时候才会天亮。"这就是著名的《饭牛歌》。这首歌以白石起兴，并以此作为明君齐桓公的象征；以黑夜代表宁戚本人未逢明主、才能被埋没的岁月。齐桓公听出了唱歌之人的深意，命人把宁戚接回朝廷。之后，齐桓公接见宁戚，并重用宁戚，授以大司田之职。齐桓公重用宁戚的事例说明了他不但养士，而且重用士人，这也是他能够称霸中原的重要原因之一。

二、孟尝君养士体现的兼容精神

如果说齐桓公开国家养士先河，是春秋时期齐国国君养士的代表，那么孟尝君则是战国时期齐国私人养士的代表。

孟尝君是齐威王的孙子、靖郭君田婴的儿子，曾养士好几千人，以养士著称于世。孟尝君非常尊重士人。有一次，孟尝君招待宾客吃晚饭，有个人遮住了灯，那个宾客很恼火，认为饭食的质量肯定不相等，放下碗筷就要辞别而去。孟尝君马上站起来，亲自端着自己的饭食与他的相比，那个宾客惭愧得无地自容，就以刎颈自杀谢罪。孟尝君此举赢得了士人们的信任，士人争相为孟尝君效命。

孟尝君曾到秦国担任宰相之职，后又被秦昭王罢免。秦昭王把他囚禁起来，图谋杀掉他。孟尝君得知内情后派人求见秦昭王的宠妾谋求解救的方法。那个宠妾提出一个条件，就是要得到孟尝君奉献给秦昭王的狐白裘。这件狐白裘价值千金，天下无双，但已作为礼物奉献给秦昭王。孟尝君正为此事发愁，他门下有一位"能为狗盗者"，便悄悄溜入秦国仓库偷出了狐白裘，孟尝君把它献给了秦昭王的宠妾。这位宠妾替孟尝君说情，秦昭王于是释放了孟尝君。孟尝君脱身后怕秦昭王后悔，连夜驱车飞快离开。在半夜时分到了函谷关，按照规定只有鸡叫时才能开关门让客人出关。而此时，秦昭王已后悔释放了孟尝君，派人在后面追捕他。在此紧要关头，孟尝君的宾客中有一位"能为鸡鸣者"模仿鸡鸣。于是，当地许多鸡一齐啼叫，孟尝君趁机出示了证件逃出函谷关，脱离了险境。孟尝君就是靠着这两位会微技的士人，即所谓的鸡鸣狗盗之徒顺利回到了齐国。

孟尝君所养之士既有鸡鸣狗盗之徒，也有能力突出的人才。冯谖本为齐国的贫穷之士，听闻孟尝君好士，就投奔他。冯谖曾对孟尝君提出食无鱼、出无车、无法养家里老母等待遇问题，孟尝君一一予以满足，让冯谖食有鱼、出有车，并提供赡养其母亲的费用。一年之后，冯谖接受了到孟尝君的封地——薛邑收租收息的任务。冯谖到薛邑后，大摆酒肉宴席，把能付利息的和不能付利息的百姓都召集在一起，他在一一核对借贷契据后，给能够付给利息的定下期限；穷得不能付息的，取回他们的契据当众烧毁。冯谖烧掉契据的举动为孟尝君赢得了薛邑百姓的民心。后来，齐王罢免了孟尝君的宰相之位，孟尝君被迫回到其封地薛邑时，当地百姓扶老携幼迎接孟尝君。冯谖认为狡兔应有三窟，而此举仅为一窟。他接着为孟尝君出使魏国，劝谏魏王迎接孟尝君以弱齐，魏王被冯谖劝动，他派使者以魏相重位迎接孟尝君入魏。齐王听说魏王派使者迎接孟尝君为相，迫于形势，欲以恢复孟尝君的相位为条件使他回齐国。冯谖告诫孟尝君说："希望请求先王的祭器，在薛邑设立宗庙。"庙成之后，冯谖还报孟尝君说："'三窟'已成，您就高枕为乐吧！"《战国策·齐策四》对此事的评论，用今天的话来说就是："孟尝君相齐几十年，而无纤芥之微的祸患，是出于冯谖的谋划呀！"

士在西周时期是贵族阶级中的最低等级，也是贵族阶级中数量最多的群体。春秋战国时期，士逐渐成为各国的重要力量。各国统治者为了富国强兵，无不礼贤下士，养士之风逐渐成为潮流。齐国作为春秋五霸之首、战国七雄之一，其统治者早在春秋时期就认识到士的重要作用。齐桓公开国家养士之先河，战国时期权臣孟尝君的私人养士同样闻名于天下。齐国养士兼容并包，既有贤能之士，又有具有微技之术者，他们或帮助国家或主人解决一时的问题，或对国家或主人长久发挥着重要作用。齐人养士除齐桓公、孟尝君的养士之外，最为闻名的当数稷下学宫。

第四节　稷下学宫体现的兼容精神

稷下学宫创办于田齐齐桓公田午时期，发展、兴盛于齐威王、齐宣王时期，中衰于齐湣王时期，又中兴于齐襄王时期，最后衰亡于齐王建时期。稷下学宫历六代国君，持续约一百五十年，中间除乐毅伐齐被迫中止五六年的时间外，基本贯穿了自第二代国君齐桓公始的所有田齐国君。稷下学宫在多方面体现了齐文化的兼容精神，这可从稷下诸子和稷下学说两个方面得到集中表现。

一、稷下诸子体现的兼容精神

在稷下学宫之中，既有齐国本地的学者，如淳于髡、邹衍、田骈、田巴、尹文子、季真、颜斶、鲁仲连等，又有来自邹鲁、荆楚、三晋等地的学者，如孟轲、慎到、荀子、宋钘、儿说等。这些稷下诸子都为齐国的兴盛、为百家争鸣和学术交流做出了重要贡献。

齐人尹文子是稷下名家的著名代表人物，曾和齐湣王就"士"的名实问题进行了一场辩论。据《吕氏春秋·正名》载，尹文子拜见齐湣王时，齐湣王得意扬扬地向尹文子宣称自己喜好士。尹文子借机询问齐湣王什么是士，齐湣王不能回答。尹文子问齐湣王具备了孝、忠、信、悌四种品德的人是否是士，齐湣王回答道："这正是他所渴求的真正的士。"尹文子又问齐湣王："如果这个人'见侮不斗'，这个人是否是士？"齐湣王认为这个人"见侮不斗"，没有勇气，不能算得上是真正的士。尹文子从齐湣王对士的矛盾认识出发，认为齐湣王治国名实不符。齐国法令规定杀人的要偿命，伤人的要处以刑罚。百姓因害怕触犯法令而不敢轻易与人争强斗勇。然而作为齐国法令制定者的齐湣王又鼓励与别人争强斗勇，认为这是勇武的表现，这是他所喜好的士的重要标准之一。两者矛盾，百姓不知所措，必然引起社会的大乱。尹文子从名、实关系的角度出发，强调名实相符的重要性。

不但齐国本地的学者在稷下学宫发挥着重要的作用，齐国之外的学者同样在稷下学宫中有所创见。这其中尤以宋钘为代表。

宋钘，宋国人。他与孟子处于同一时代，且年龄稍长，是齐宣王时期著名的稷下先生。其学说以"接万物以别宥为始"为哲学基础。"接万物以别宥为始"中的"宥"，是见识不广、有所局限的意思。"别宥"，就是克服认识的主观性、片面性和局限性。宋钘认为认识事物首先要克服主观片面性，去掉已有的成见，这就是"接万物以别宥为始"的含义。他认为人的认识所受的局限是多方面的，其中最主要的就是人的主观偏见。他举了一个故事说明这个问题：从前有一个人丢失了一把斧头，他怀疑是邻居的孩子偷窃的。这个人看邻居的孩子的一举一动、一言一行都像是真正的小偷。后来，这个人从自己的谷仓中找到了丢失的斧头，他再看邻居孩子的言行举止都不是小偷的样子了。在这件事中，邻居的孩子的举动始终没有变化，但丢失斧头的人对他的看法却截然相反，这主要是因为丢失斧头的人的主观猜测引起的。有鉴于此，宋钘认为只有克服主观偏见，才能得到正确的认识，如实地反映事物的真相。

二、稷下学说体现的兼容精神

稷下学宫是战国时期百家争鸣的学术中心，其学术上的最大贡献是形成了稷下学。稷下学是稷下各学派在学术上的总称，它是稷下学士集体智慧的结晶，是"众多学派思想自由争鸣"的产物[1]。

稷下学是多个学派的集合体。它包括管子学、晏子学、稷下黄老学、齐兵学、稷下儒学、稷下阴阳五行学、稷下墨学、稷下名学、稷下纵横学等。这些学派中有的是在齐国产生的"土著"学派，如管子学、晏子学、稷下黄老学派、齐兵学、

① 孙祚民：《山东通史》，89页，济南，山东人民出版社，1992。

稷下阴阳五行学派等；有的是产生于别地，又在稷下学宫传播、发展、形成特色的学派，如稷下儒学、稷下墨学、稷下名学、稷下纵横学等。我们从中可以看出稷下学宫对本地学派和外来学派的兼收并蓄。

稷下学说的兼容精神可以从稷下黄老学派的学说中得到证明。稷下黄老学派首先是齐国的"土著"学派。它"培植于齐，发育于齐，而昌盛于齐"①，是稷下学宫中最有影响力的学派之一。正如王德敏所说，"学宫历经六代君主，长达一百五十余年，人数最多时达数千人。像这样一个悠久庞大的教育、学术机构，没有一个稳定的核心是很难维持的。关于这个核心，日本学者金谷治认为就是管仲学派。他把稷下学者首先划分为各国'游说之士'和齐国的'土著之士'两种，然后指出：'这种土著之士的立场并不是单一的，它包含着各种学派倾向。从整体来说，它分为数种立场，但其中的确存在着一个派别，即成为大同团结之中心的最强大的一派，这就是追随管仲的学派。而且正是与《管子》的创作有关的重要的存在。'……这一观点是很有见地的。从学宫人员组成来看，在目前已知的著名稷下学者中，'土著'的齐人最多，而且学宫中始终存在着一种敬仰管仲的倾向；从学宫中的学术思潮来看，黄老之学占了主导地位，而《管子》中的黄老思想又最丰富"②。

然而稷下黄老学派中不但包括以《管子》以及彭蒙③为代表的齐国的学说，还包括以慎到为代表的非齐国人的学说。

慎到，赵国人，主要生活于齐宣王、齐湣王时期。稷下黄老之学经过慎到等稷下先生的开拓，成为战国法治主义的理论基础。由此，慎到成为稷下黄老学派的主要代表人物之一。慎到的学说以势治最有代表性。《韩非子·难势》记载了慎道的势治学说：龙蛇能够在天空中飞舞，是凭借了云雾的扶托之势；一旦云消雾散，它们和地上的蚯蚓一样没有任何的能力。同样，君主能够号令百姓、"令行禁止"，并非他们的道德高尚，感召力强，而是占据着使臣民必须服从的权势。君主一旦失去权势，就和平民百姓没有差别。具体到法律方面，一方面法律是靠权势来施行，没有权势，法律就是一纸空文；另一方面，君主的权势又必须通过法律来维护，通过法律，君主的权势又可高枕无忧。

同时，慎到的法家思想还吸收了儒家思想的精华。他承认礼的治世作用，认为法、礼对于治世各有其作用：法是君主确定赏罚和分配财物的标准，礼是君主

---

① 郭沫若：《十批判书》，157 页，北京，东方出版社，1996。

② 王德敏，刘斌等：《管子十日谈》，25～26 页，合肥，安徽文艺出版社，1997。

③ 彭蒙：齐国人，齐威王、齐宣王之际著名的稷下先生，是稷下黄老学派的奠基者之一。他游学稷下学宫时，曾上说下教，广收门徒，著名的弟子有慎到、田骈等人。彭蒙的思想由于资料缺乏，我们只知其大概。其一，他的思想中包含名家学派的精华。他曾经说："雉兔在野，众人逐之，分未定也；鸡豕满市，莫有志者，分定故也。"（《尹文子·大道上》）一只野鸡或野兔出现在野外，众人争相追逐，这是名分没有确定的原因；鸡和猪充满市场，没有一个人想要占为己有，这是因为名分确定的缘故。这明显具有形名学说的特点。

施行德惠而做到适中的依据；法侧重于明是非、定赏罚，礼偏向于定名分、施恩德。两者作用虽然不同，但都是维护社会统治秩序的不可缺少的手段。

可见作为稷下黄老学派的重要代表人物的慎到，其思想不但以"因循天道"的道家理论做基础，而且具有重法、调儒的思想倾向，以至于对先秦法家最终形成产生了重大的影响。由此也可看出，稷下黄老思想坚持道家之本，又采百家之长的学术特色。

历史证明，齐国在高扬兼容精神时往往是其兴盛之时，而摒弃兼容精神时则是其衰亡乃至灭国之时。春秋时期，齐国以齐桓公称霸中原时国力最盛。此时，正是齐人大力发扬兼容精神之时。管仲辅佐齐桓公改革内政、称霸中原之时，既崇礼，又尚法；既尊重士人，又重用士人。当时实行的"三选"制在选拔人才时既体现了对礼义道德的重视，又以刑法的形式保障了这些礼义道德的顺利实施；齐桓公养士既有专门的外交人才，也有具有很高治国能力的通才。正是以齐桓公为首的统治集团以兼容天下的胸怀治理齐国，才取得称霸中原的不朽功业。再如齐威王、齐宣王以称雄天下为己任，为吸收天下人才为田氏统治服务而创办了稷下学宫。稷下学宫中的稷下学士为齐国的兴盛发挥了重大的作用，同时他们在稷下学宫内著书立说、互相争论，由此开创了百家争鸣的局面。而齐国政权衰落之时正是因为他们摒弃了兼容精神。以田氏政权为例，战国后期田氏政权由盛转衰之时，正是稷下学宫人才外流之时。当时在位的齐湣王刚愎自用，不明是非，不听稷下先生的忠言劝谏，导致慎到、接子、田骈、荀子等著名的稷下先生纷纷离开齐国。随着稷下学宫精英的出走，稷下学宫开始走向衰落。稷下先生出走是田氏政权由盛转衰的一个重要原因。齐国政权的兴衰正好说明了国家政权发扬兼容精神的重要作用。

思考题：

1. 为什么宋襄公和田穰苴都坚持仁义之战，但结局不同？

2. 齐桓公养士所体现的兼容精神表现在哪些方面？

3. 为什么说齐国在高扬兼容精神时往往是其兴盛之时，而摒弃兼容精神时则是其衰亡乃至灭国之时？

延伸阅读书目：

1. 白奚：《稷下学研究：中国古代的思想自由与百家争鸣》，北京：生活·读书·新知三联书店，1998。

2. 郭沫若：《十批判书》，北京：人民出版社，2012。

第七章 齐文化的法治精神

党的二十大报告第七部分"坚持全面依法治国,推进法治中国建设"中明确指出"我们要坚持走中国特色社会主义法治道路,建设中国特色社会主义法治体系、建设社会主义法治国家,围绕保障和促进社会公平正义,坚持依法治国、依法执政、依法行政共同推进,坚持法治国家、法治政府、法治社会一体建设,全面推进科学立法、严格执法、公正司法、全民守法,全面推进国家各方面工作法治化。"

这个报告首次单独把法治建设作为专章论述、专门部署,这充分体现了以习近平同志为核心的党中央对全面依法治国的高度重视。从理论意义上看,这进一步丰富和发展了习近平法治思想,深化了对中国共产党依法执政规律、社会主义法治建设规律、人类社会法治文明发展规律的认识,是我们党推进法治中国建设的纲领性文献。在习近平法治思想的指导下研究齐文化的法治精神,自然会更加深刻地认识齐文化的历史影响和当代价值。

齐文化重法,《管子》认为,法是治理国家的主要凭借和规范上下的基本依据,是"治民一众"的规范。法是一切行为的标准,《管子·明法解》说:"法者,天下之程式也,万事之仪表也。"法在治国理民的过程中,具有极为重要的作用。法具有多种社会功能,而其最重要的功能则是君主治国的得力工具。治国理民,不可无法。《管子·任法》强调:"法者,不可恒也。存亡治乱之所从出。"如果无法可遁,则社会必陷于混乱。

第一节 太公首诛:齐人刑罚体现的法治精神

《六韬》认为推行法治应赏罚并重,"或夺或赏""赏在于成民之生,罚在于使人无罪,是以赏罚施民而天下化矣"。赏罚并重,可教化或制约天下百姓,达到长治久安的目的。

一、太公首诛体现的法治精神

姜太公由于功劳卓著,所以在周武王初次进行分封时他第一个被封为诸侯。《史记·周本纪》云:"于是封功臣谋士,而师尚父为首封。封尚父于营丘,曰齐。"《史记·齐太公世家》云:"武王已平商而王天下,封师尚父于齐营丘。"

姜太公受封以后,面临着多方面的反对势力,如不尽快解决,就难以立足。姜太公就国之后,除面临着周边未附国时刻可能发生的军事挑战外,还面临着内部不同意见者非暴力不合作的消极对抗。于是姜太公为安邦定国采取了一系列措施:对外,用武力击退殷商旧国的军事进犯;对内,消除内部不合作者的消极对抗。

姜太公受封于东方的齐国,齐国东海边上有兄弟二人,名叫狂矞、华士,是隐居的士人,他们为人的宗旨是:"我们不臣服天子,不交结诸侯。靠自己耕作吃饭,靠自己挖井喝水,我们无求于人。不要君主给的名声,不要君主给的俸禄,我们不为做官忙碌而要从事体力劳动。"姜太公到了齐都营丘后,派官吏抓捕了他们,作为最先问斩的对象。周公旦听到这件事后,紧急派出传信专车前往,向姜太公询问说:"这两位是贤士。现在您有了封国而杀了贤士,为什么?"姜太公说:"他们不臣服天子的话,那我就不可能把他们看作臣子了;他们不结交诸侯的话,那我就不可能派他们出使了;靠自己耕作吃饭,靠自己挖井喝水,不求助于别人的话,那我就不可能用赏罚来勉励或约束他们了。况且他们不要君主给的名位,即使聪明,也不能为我所用;他们不仰望君主授予的俸禄,即使贤明,也不能为我立功。他们不愿意做官就无法管教,不接受任用就对上不忠。再说先王之所以能驱使臣民,不是依靠爵禄,就是依靠刑罚。现在爵、禄、刑、罚都不足以驱使他们,那么我将做谁的国君呢?因此,我要杀掉他们。"

二、齐人刑罚体现的法治精神

齐人刑罚所体现的是注重赏罚的法制文化观念。刑、法源自战争。作为军事家的姜太公具有刑法思想便是非常自然而又必然的事情了。《尚书》中有《洪范》和《吕刑》篇。根据杨向奎先生研究,《洪范》出于申国,而《吕刑》出于吕国。他说:"申是'神守之国',以通天为职为'神';而吕是'社稷守'以旅地为职为王;申、吕之职责既分,于是我们说《洪范》是'神守之国'的天书,而《吕刑》是社稷之守的治人法典。"他又说:"楚国文化主流来自申,那么齐国文化有浓厚的吕国色彩。"[①] 因此,《吕刑》可视为姜太公时代齐国奉行的第一部成文法典。

(一)"贵法"

贵法这一理念,首出姜太公。根据《六韬》记载,有一次,周文王问姜太公:"治国以何为贵?"姜太公回答:"贵法。"周文王又问太公道:"作为君主,应当尊崇什么人,抑制什么人,任用什么人,除去什么人?应该严禁什么事,制止什么事?"姜太公回答说:"作为君主,应该尊崇德才兼备之人,抑制无德无才之辈,任用忠诚信实之人,除去奸诈虚伪之徒。严禁暴乱行为,制止奢侈风气。所以君

---

① 杨向奎:《论〈吕刑〉》,载《管子学刊》,1990(2)。

主应当警惕六贼、七害。"周文王说："我愿意听听这些道理。"姜太公说："所谓六贼就是：一、臣僚中有人大兴土木，修建宫室台池亭榭，以供游乐观赏的，就会败坏君主的德行；二、民众中有不从事农桑，任意使气，爱好游侠，违犯法令，不服从官吏管教的，就会败坏君主的教化；三、臣僚中有结党营私，排挤贤智，蒙蔽君主视听的，就会损害君主的权势；四、士人中有心志高傲，标榜节操，气焰嚣张，在外又结交诸侯，不尊重君主的，就会损害君主的威严；五、臣僚中有轻视爵位，藐视上级，耻于为君主冒险犯难的，就会打击功臣的积极性；六、强宗大族争相掠夺，欺压贫弱的，就会损害民众的生活。所谓七害是：一、没有智略权谋，为了获得重赏高官，而恃勇强横，轻率赴战，企求侥幸之功的，君主切勿让这种人担任将帅；二、徒有虚名而无实才，言语不一，掩人之善，扬人之恶，到处钻营取巧的，君主必须慎重，切勿同这种人共谋大事；三、外表朴实，穿着粗劣，自称无为，实是沽名，自称无欲，实是图利的虚伪之人，君主切勿同他亲近；四、冠带奇特，衣着华丽，博闻善辩，高谈空论，以此为自己装点门面，身居偏僻简陋之处，专门诽谤时俗，这是奸诈之人，君主切勿宠用；五、谗言谄媚、不择手段以求官爵，鲁莽轻率、不惜性命以贪图俸禄；不顾大局，见利妄动，高谈阔论取悦君主，这种人君主切勿任用；六、从事雕文刻镂，技巧华饰一类奢侈工艺，因而妨害农业生产的，君主必须加以禁止；七、用骗人的方术、奇特的技艺、巫蛊左道、符咒妖言，迷惑欺骗善良民众的，君主必须加以制止。"

（二）"忠正奉法者，尊其位"

根据《六韬·盈虚》记载，一次周文王与姜太公谈到国家的治乱兴衰，周文王问姜太公："天下纷杂熙攘，有时强盛，有时衰弱，有时安定，有时混乱，其所以这样，是什么缘故？是由于君主贤明与不肖所致呢？还是因为天命变化自然递嬗的结果呢？"姜太公回答说："君主不贤，则国家危亡而民众变乱；君主贤明，则国家安定而民众顺服。所以，国家的祸福在于君主的贤与不贤，而不在天命的变化。"周文王问道："古时贤君的事迹，可以讲给我听听吗？"姜太公回答说："从前帝尧统治天下，上古的人都称道他为贤君。"周文王问道："他是怎样治理国家的？"姜太公回答说："帝尧统治天下时，不用金银珠玉做饰品，不穿锦绣华丽的衣服，不观赏珍贵奇异的物品，不珍视古玩宝器，不听淫侈的音乐，不粉饰宫庭墙垣，不雕饰薨楣椽榱，不修剪庭院中的茅草。以鹿裘御寒，用粗布蔽体，吃粗粮饭，喝野菜汤。不因征发劳役而耽误民众耕织。约束自己的欲望，抑制自己的贪念，用清静无为治理国家。官吏中忠正守法的就升迁其爵位。"

姜太公对帝尧推崇备至，"吏忠正奉法者，尊其位"是说管理国家首先要从上层表率做起。姜太公"贵法"思想的具体内容主要包括以下三个方面。第一，不以执法者的喜怒爱憎而枉法裁判，即"所憎者，有功必赏；所爱者，有罪必罚"。第二，反对乱用所谓"重典"，以残暴的手段滥用处罚权，甚至滥杀无辜，即"喜刑喜杀"之"狼戾"行为。第三，反对法律规定得太过繁杂，太过限制民众的活动空间，从而导致他们无所适从，即"刑繁则民忧，民忧则流亡"。

（三）"明赏罚，乐万民"

据《六韬·国务》载，在一次谈话中，周文王和姜太公曾论及社会中不同角色的人应各尽其职。在谈到君主、宰相这些重要职位时，姜太公说："君主当怒而不怒，奸臣就会兴风作浪；当杀而不杀，大乱就会随之发生；当兴兵讨伐而不讨伐，敌国就会强大起来。宰相不能富国强兵，调和各种矛盾，处理各种问题，确保君主地位稳固，整饬纲纪，核查名实，严明赏罚，使民众安居乐业，就不是好宰相。"

姜太公不排拒"利"，而且把"利"看得很重，即"重利"。他认为人的本性是趋利避害的，因此必须制定相应的政策，以满足民众对"利"的需求。对待民众利益，需"利而勿害，成而勿败"，要让他们获得好处，而不要伤害他们的利益；要促其成功，而不使之失败；国家征收赋役应该有所节制，"役不再籍，一举而得"，控制苛捐杂税，以获取人民的拥戴。

礼义，在姜太公看来，也是治国的重要手段。《六韬》佚文，记载了姜太公和周文王关于"礼义"的一段精彩对话。周文王认为"以礼义为国"，却"不能大利其民"，不知何故。姜太公的解释是，"礼"的功用在于"明长幼，别贵贱"，"义"的功用则在于"辅正治"，对于人民百姓，皆没有"大利"可言。但是，当文王提出，如果治理国家，是否可以不用礼义？姜太公的回答却是否定的。因为，如果没有了"礼义"，则无以别贤能。无法分辨真实的贤能，社会则将随俗入邪，国家必将沦入混乱的状态。所以，尽管礼义不能"定天下"，不能"强国富人"，但是终不可废。法治、利益、礼义，在这里有机统一，相辅相成，相得益彰。

第二节　田穰苴斩庄贾：齐兵法体现的法治精神

在古代兵学文化中，齐兵学的地位非常突出，它不但拥有如姜太公、管仲、田穰苴、孙武、孙膑、田单等一大批著名军事家，而且拥有《孙子兵法》《孙膑兵法》《司马法》《六韬》等兵学名著。齐国兵学自姜太公奠基之后，薪火相传，到了春秋战国时期得到了高度发展，形成了比较系统的兵学理论。《唐太宗李卫公问对》上卷记载："太公既没，齐人得其遗法。至桓公霸天下，任管仲，复修太公法，谓之节制之师，诸侯毕服。"春秋晚期，被擢用于伍闾之中的田穰苴，因统兵击败来犯之燕、晋之师，被尊为大司马。齐威王时，"用兵行威，大放穰苴之法，而诸侯朝齐。齐威王使大夫追论古者《司马兵法》而附穰苴于其中，因号曰《司马穰苴兵法》"（《史记·司马穰苴列传》）。其后，孙武、孙膑承其绪，各自撰述了杰出的兵学圣典《孙子兵法》与《孙膑兵法》，成为中国兵学文化史上的里程碑。

一、田穰苴斩庄贾体现的法治精神

春秋末期，诸侯互相攻伐。有一年，晋国入侵齐国，燕国也趁机侵犯齐国的北部地区。齐国军队连连败北，国君齐景公很是担忧。在宰相晏婴的推荐下，齐景公任命田穰苴为大将，领兵抵抗燕国和晋国的军队。田穰苴接受任命后，考虑到自己出身寒微，突然被提升为将军，恐难以服众，于是他请求齐景公派一位宠臣做监军，以帮助自己。齐景公答应派自己的宠臣庄贾担任这一职位。于是田穰苴和庄贾约好，第二天中午在军营里相见，庄贾答应了。

第二天，田穰苴早早地来到军营，竖起一根木杆，观察日影的移动，还设下漏壶，派人计量水滴——这两种工具都是用来计时的。庄贾平日里倚仗齐景公的宠信，根本不把约定放在心上，并且他以为既然是为自己的军队做监军，不必着急。亲戚朋友都来送行，庄贾就留他们一起饮酒，早就过了中午。

时间过了中午，田穰苴看庄贾还没到，于是下令撤去木杆和漏壶，进军帐宣布军令，清点士兵人数，做好出征的准备。一直到了晚上，庄贾才醉醺醺地到了军营，丝毫没把军令放在眼里。田穰苴压住胸中怒气，问庄贾为什么来得这么晚。庄贾摆一摆手，不在意地说："亲戚朋友非要给我送行，我不好推辞，于是和他们饮了几杯。"田穰苴斥责道："大将接受任务的那一天，就应该忘记自己的家人；进了军队听到号令，就应该忘记自己的亲戚朋友；战场上擂响战鼓，就应该忘记自己的性命安危，奋勇上前杀敌。现在敌国入侵，国家的安全受到了极大的威胁，战士们浴血奋战，国君也寝食不安。你却和别人饮酒道别，哪有这样的道理！"

庄贾一看田穰苴发怒，心里有点慌乱，连忙道歉，承诺下次不敢再犯。田穰苴正想树立威信，严明纪律。庄贾正好撞在枪口上。田穰苴一招手，叫来军中的军法官，问："没有按照规定的日期前来，依军法该怎么处理？"军法官答道："应该斩首。"庄贾吓得酒醒了，连忙让自己的侍从去向齐景公求救。然后，庄贾又苦苦求饶，拖延时间，想等到齐景公赦免的命令。田穰苴下令手下将庄贾捆绑起来，就地斩首示众。三军将士都被震慑住了。

没过多长时间，齐景公派来的使者到了军营，直接驾车闯了进来，举起齐景公的符节信物，要求赦免庄贾，可惜晚了一步。田穰苴对使者说："将在军中，君令有所不受。"他又转身问军法官："在军中纵马乱跑的人，怎么处理？"军法官答道："应该斩首。"使者吓得脸色都变了，他看见庄贾已经被斩，知道田穰苴言出必行。田穰苴摇摇头，说："国君的使者不能斩首。"于是下令，杀掉了使者的仆从，砍去车厢左边的木柱，并杀掉了一匹拉车的马，以示惩戒。

田穰苴于是遣使禀报齐景公，然后出发。这时的齐军，已经军容整肃，军纪严明，能够令行禁止了。田穰苴又亲自到士兵中间，从住宿、饮食、衣着到健康状况，详细了解询问，发现患病的立即送医送药，并将自己的粮饷拿出来与士兵们分享，很快赢得了将士们的信任和拥戴，军队士气高昂，愿随其慨然赴命。三天后，连伤病号都纷纷请求随队出征，发誓效命疆场。消息传到晋、燕军中，晋、燕将士都为齐军的军威所震慑。于是，晋军慌忙撤离阿、甄，燕军渡黄河北逃。田穰苴挥师追杀，很快便全部收复了被占国土城池，班师回朝。齐景公亲率诸大夫，到郊外隆重迎接、犒赏胜利之师，并任命田穰苴为掌管全国军队、军事的大司马。田穰苴任齐国大司马后，人们遂以司马穰苴称之。此后，司马就成了他的姓氏了。

二、孙武练兵体现的法治精神

据《史记·孙子吴起列传》记载："孙子武者，齐人也。"《新唐书·宰相世系表三下》说："奔吴，为将军。"他由齐国到了吴国，结识了吴王阖闾的谋臣伍子胥。由此推知，他与伍子胥年龄相差当不会太远。经伍子胥的推荐，孙武带着他著的《孙子兵法》十三篇，觐见吴王阖闾。

《孙子兵法》各种中外版本

有一天，孙武见吴王阖闾，吴王问他能不能训练女兵，孙武说："可以。"于是吴王便拨了一百多位宫女给他。孙武把宫女编成两队，用吴王最宠爱的两个妃子为队长，然后把一些军事的基本动作教给她们，并告诫她们要遵守军令，不可违背。不料孙武开始发令时，宫女们觉得好玩，都一个个笑了起来。孙武以为自己话没说清楚，便重复一遍，等第二次再发令，宫女们还是只顾嬉笑。孙武便下令把队长拖出去斩首。吴王听说要斩他的爱妃，急忙向他求情，但是孙武说："国君既然已经把她们交给我来训练，我就必须依照军队的规定来管理她们，任何人违犯了军令都该接受处分，这是没有例外的。"结果孙武还是把队长杀了。宫女们见他说到做到，第三次发令，没有一个人敢再开玩笑了。

军人以服从为天职，对长官的命令是不可随意违抗的，所谓"军令如山"就是这个道理。孙武训练军队非常严厉，丝毫不肯马虎，连吴王向他求情也不买账。

正由于他这种认真的态度，才能训练出精良的部队。我们不管做任何事，如果也能具备他这种认真的精神，相信每一件事必定都能非常圆满。

三、齐兵法体现的法治精神

齐兵法中关于法的特征和功用的有许多论述。《管子·禁藏》明确指出："法者，天下之仪也，所以决疑而明是非也，百姓所悬命也。"《管子·七法》中说："尺寸也，绳墨也，规矩也，衡石也，斗斛也，角量也，谓之法。"《管子》重视治兵，《管子·七法》提出了治兵的七项原则，即"则""象""法""化""决塞""心术""计数"，并对每一原则做了较为具体的阐述。《管子·九变》则集中强调了士卒的重要性，论述了士卒"守战至死而不德其上"的九种原因，同时，也论述了如果士卒是"不信之人""不守之民""不战之卒"，即"兵之三暗"。通过分析士卒"守战至死"的原因，强调了应如何选择、教育、管理士卒。

《六韬·兵道》强调事权要专一、行动要统一，这样才能机动灵活，不受牵制，取得战争的主动权，"凡兵之道，莫过于一。一者，能独往独来。黄帝曰：'一者，阶于道，几于神。'用之在于机，显之在于势，成之在于君。"

《司马法》中有大量的内容凸显了"以法治军"的精神。《司马法·天子之义》突出强调了对士卒的法治教化，提出"士不先教，不可用也"。《司马法》中还有大量的军礼内容，如军赋、军制（含车兵、步兵编制及兵器配备）、出师（含时令、宜社、造庙、事由、目的、军中职事等）、旌旗、鼓、徽章、誓师、校阅、献捷、献俘、军中礼仪、禁令、军威、赏罚等。这些军制、军法内容，体现了"以法治军"的精神。《司马法·定爵》强调上下共同遵守军法，"使法在己曰专，与下畏法曰法"，即统帅要自觉以军法约束自己，带头守法。

《孙子兵法》也有许多论述体现了法治精神。《孙子兵法·计》将"道"列在五事的首位，"经之以五事，校之以计而索其情"。"五事"为道、天、地、将、法。"校之以计而索其情"主要是分析"主孰有道？将孰有能？天地孰得？法令孰行？兵众孰强？士卒孰练？赏罚孰明？"，通过以上分析，即可判断战争的胜负。《孙子兵法·形》指出国君要想取得战争的胜利，需要修治法度，即"善用兵者，修道而保法，故能为胜败之政"。

《孙膑兵法》从国家政治的宏观角度，论述了一些治兵的基本原则，强调选卒、重德行、明赏罚的重要性；强调了天时、地利、人和对于用兵的重要性，并突出了人的作用，提出了"间于天地之间，莫贵于人"的观点；强调将帅用兵必须知"道"："上知天之道，下知地之理，内得其民之心"，应因地制宜；论述将军如何激励士气，如"利气""励气""断气""延气""激气"等；论述了教育、训练士卒的五个方面，即处国之教、行行之教、处军之教、处阵之教、隐而不相见利战之教，主要是加强法治教化意识，量才而用，各安其所，编制井然，使"众大可用"。

第三节 法者天下之程式也：齐法家体现的法治精神

在先秦齐国法治精神的发展过程中，以管仲为代表的齐法家，使齐文化的重法理念进一步深化。尽管当时宗法制度还占统治地位，法治尚处于形成时期，但齐国执政者们对法治已有了相当深刻的认识。管仲所代表的齐法家的法治思想和理论，就非常突出地体现了法治精神。

一、"法者，天下之程式也，万事之仪表也"

在春秋时期的法律思想中，最有时代特点的是管仲主张在政治、经济、军事上进行变革的革新思想。而管仲改革的总纲是"修旧法，择其善者而业用之。"（《国语·齐语》）

《管子·任法》对于法治的重要性是这样认识的："法者，不可恒也，存亡治乱之所从出，圣君所以为天下大仪也。"他认为法律是治理国家的天下大仪。《管子·法禁》又说："君壹置其仪，则百官守其法；上明陈其制，则下皆会其度矣。"这里的"仪、法、制、度"，强调君主治国要以法律、制度为准则，实行法律化、制度化。

管子认为需要用法律构建封建专制君主制的政体。他说："夫生法者，君也。守法者，臣也。法于法者，民也。君臣上下贵贱皆从法，此谓为大治。"（《管子·任法》）以法治国要贯穿于君、臣、民之中。"生法者，君也。""法"是由君主制定产生的。这段话清楚地表明了君、臣、民在立法（即"生法"）、司法（即"守法"）、遵守法律（即"法于法"）中各自所处的地位，其中，关键是立法权的确立。《管子》主张：君主握有立法权、决策权和人事权等。国家权力由君主一人掌握，高度集中，这是君主专制政体的特征。"守法者，臣也。"君主制定法律，从中央到地方的诸臣百吏的职责是"守法"并贯彻执行法。"法于法者，民也。"处于社会之中的"民"，以广大农民和手工业劳动者为主体。民"法于法"，就是对于生自国君、守于官吏的法令政策，只准服从，不准违抗，人民是无权的。君"生法"、臣"守法"、民"法于法"的专制君主政体，说明法律和政令是统治阶级利益和意志的集中表现。而"以法治国"，使"君臣、上下、贵贱皆从法"，实质上也就是巩固以君权为首的封建等级制的统治秩序。

二、法的权威性、公正性与公开性

（一）法的权威性

管子强调法制的严肃性，主张法律作为人们行为的最高准则，具有普遍的约束力。《管子·任法》篇说："法者，不可恒也，存亡治乱之所从出，圣君所以为天下大仪也。君臣上下贵贱皆发焉。"君主不仅不能置身法外，还应率先垂范。《管子·法法》篇强调君主应严于律己，实行"自禁"。《管子·禁藏》中说："能节宫室、适车舆以实藏，则国必富，位必尊。能适衣服、去玩好以奉本，而用必赡，身必安矣。"《管子·法法》说："有道之君，行法修制，先民服也。"管子把遵法用法作为衡量君臣是否贤明的一个标准。《管子·明法》说："不淫意于法之外，不为惠于法之内也。"

（二）法的公正性

《管子·法法》篇说："宪律制度必法道……此正民之经也。"这里所谓的道，指的是自然规律，天常地则。天地自然，无亲疏厚薄，公正无私，一视同仁。《管子·任法》说："圣君……任公而不任私……舍公而好私，故民离法而妄行……不知亲疏远近贵贱美恶，以度量断之……以法制行之，如天地之无私也……上以公正论，以法制断，故任天下而不重也。""为人君者，倍①道弃法而好行私，谓之乱。"法具有扬公道，抑私曲，"兴功惧暴"，除暴安良，兴利除弊的作用。从法的公正性出发，他要求将所有的社会阶层以及国家的活动都置于法律的约束之下，即使是君主也不能例外。

（三）法的公开性

《管子·法法》说："宪律制度必法道，号令必著明，赏罚必信密，此正民之经也。"让人民知道法律制度的具体内容，是用法律来制约人民行为的一个重要方面。《管子·立政》曰："凡将举事，令必先出。曰事将为，其赏罚之数必先明之，立事者谨守令以行赏罚。计事致令，复赏罚之所加。有不合于令之所谓者，虽有功利，则谓之专制，罪死不赦。首事既布，然后可以举事。"《管子》一书如实地记录了齐国公布成文法的活动。《管子·立政》曰："正月之朔，百吏在朝，君乃出令布宪于国……首宪既布，然后可以布宪。"管子立法的公开性思想为法家所继承，成为法家推动社会改革的重要依据。

三、立法应"因时而变，顺乎民情"

《管子》中论述了立法原则，认为必须符合"顺天道"原则。《管子·形势》以为天道不可违，四时必顺应，"得天之道，其事若自然；失天之道，虽立不安"，认为"天不变其常，地不易其则""其功顺天者天助之，其功逆天者，天围②之……顺天者有其功，逆天者怀其凶，不可复振也"。这是立法的根据、准则。《管子·禁藏》说："顺天之时，约地之宜"。顺之者昌，逆之者亡，顺则成，逆则败。《管子·四时》说："阴阳者，天地之大理也。四时者，阴阳之大经也。刑德者，四时之合也。刑德合于时则生福，诡则生祸。"

管子在承认"天不变其常，地不易其则"的同时，认为应顺应时变，重视人的能动作用。"故圣君失度量，置仪法，如天地之坚，如列星之固，如日月之明，

---

① 倍：通"背"。

② 围：通"违"。

如四时之信。"(《管子·任法》)只有这样，才能"令往而民从"。但立法也要顺乎民情，如果朝令夕改变来变去，不能取信于民，人们就不信法，不遵法，废法行私，各行其是，赏善罚恶失去了应有的效力，所以"法者，不可恒也"，要因时而变，顺乎民情。

四、"令则行""禁则止"

齐法家法治精神突出强调：令于民所好，禁于民所恶。"凡人之情，见利莫能勿就，见害莫能勿避。"(《管子·禁藏》)人们的性情普遍是"好利恶害""趋利避害"。这就要求法令、政策，应以广大臣民"好利恶害"的物质利益为其客观基础，通过法律、政令的实施以及赏罚手段的运用，来调动臣民遵照君主的意图而行动，以期"令则行""禁则止"。《管子·形势解》说："人主之所以令则行、禁则止者，必令于民之所好，而禁于民之所恶也。"这是从法令政策配制而言的，明确了君主政令与人民物质利益的"好恶"之间的内在联系。

春秋末期，齐国名相晏婴提出了"饬法修礼""谨听节俭"的法律思想。重法而又有节制，这是晏子所强调的。据《晏子春秋·内篇谏下·景公藉重而狱多欲托晏子晏子谏第一》记载，齐景公赋税沉重，使案件增多，抓捕的人装满了监狱，怨恨的人充满了全国。晏子进谏，齐景公不听从。齐景公对晏子说："掌刑狱之官，是国家的重要职官，希望委托给先生。"晏子说："君王想让我整顿监狱吗？那么，我有一个妾会写字，完全可以治理好。您想让我改变他们的思想吗？百姓没有愿意毁坏家庭生活而供残暴君王的邪僻之行的。那么，君王派官吏把他们逐一杀死就行了。"齐景公不高兴，说："让你整顿监狱就派一个小妾，改变百姓思想就让我杀了他们。像这样，先生您谈不上是善于治理国家呀。"晏子说："我听说的，和君王不一样。现在胡、戎、狄各族的人养狗，多的有十多只，少的五六只，但它们不互相伤害。现在把绑住的鸡猪之类随便扔给它们，那么相互间咬得骨断皮破的情形，马上就会出现。如果君王端正其治国之策，百姓明白他的宗旨，那么贵与贱就不会乱了礼法。现在君王拿着千钟的爵禄随便扔给左右之人，那么左右之人的争斗，比狗还厉害，但君王却不能察觉。"

第四节 齐威王烹阿大夫：齐国吏治体现的法治精神

战国时期，随着生产力的提高，"礼乐征伐自大夫出"和"陪臣执国命"的现象形成了一股不可遏止的洪流，直接威胁、冲击着周天子及诸侯国君的统治地位。田齐取代姜齐政权后，进行了一系列改革。而在政治改革中，吏治整顿是核心。

一、"官无留事，东方以宁"

据《史记·田敬仲完世家》记载，齐威王即位后，不理朝政，委政于卿大夫。

后来他在淳于髡的开导下，从醉生梦死的荒淫生活中惊醒，要一鸣惊人。他意识到，对那些贪赃枉法、陷害忠良的奸臣如不予以严惩，文武百官不可能忠于职守，尽智竭力。于是他向身边的大臣调查，在地方官吏中，谁忠于职守，政绩最突出，谁又是不得民心、最差的官吏。众臣中不少人都说阿大夫是最好的，而即墨大夫是最坏的。齐威王便派人到当地做秘密调查，结果与身边那些大臣说的完全相反。齐威王召集满朝文武大臣，阿大夫、即墨大夫及其他地方官吏也被召集到朝廷。齐威王对即墨大夫说："自从你赴即墨就职以来，我常常收到诽谤你的报告。但最近派人调查，却发现你为政清廉，治理有方，政绩突出。土地得以开辟利用，百姓生活安定，丰衣足食，安居乐业。你勤政为民，治理即墨，却有人经常说你的坏话，这是因为你不送礼行贿，不巴结上司的缘故吧！"于是赏即墨大夫封邑万户，予以奖励。齐威王对阿大夫说："自从你任阿邑长官以来，我几乎天天都听到赞颂你的话，可是经过仔细调查，发现阿邑田地荒芜，百姓生活贫穷困苦，他们不敢说话，却在背地埋怨、叹息。赵国攻占鄄城，你不率兵救援；卫国侵占薛陵，你也不过问。为了升迁，你只知道行贿送礼，巴结上司，欺压百姓，不理政务。现在我终于明白，那些为你唱赞歌的，原来都是你花钱买来的。"齐威王下令，将阿大夫和那些受贿替他唱赞歌的大臣一律处以烹刑。于是举国上下十分震惊，人人不敢说假话，务尽其诚，社会风气大变，齐国走向大治。

二、齐国吏治整顿体现的法治精神

（一）奖惩严明

从齐威王奖惩严明的历史典故中我们可以看到君主赏罚严明的重要性。就是有功者赏，有罪者罚，赏罚分明，严刑重赏，齐威王这种不偏听偏信，探查真实情况，基于事实上的严刑重赏，使得"齐国震惧，人人不敢饰非，务尽其诚。齐国大治。诸侯闻之，莫敢致兵于齐二十余年"（《史记·田敬仲完世家》）。齐威王在即墨大夫、阿大夫两人之间不偏不倚，用同样的形式实际调查了他们的治理情况。一旦事情的原委水落石出之后，他的处理方案也是赏罚分明，并且果断高效。同时这个处理结果还在一定范围内做了公开通报，起到了极好的示范、警示作用。齐威王既奖励了正直有为的官员，又严厉打击了结党营私、混淆视听的腐败官吏，同时还杜绝了类似事件的发生。齐威王在这件事情的处理上是高效、正确、一举多得的。

（二）各尽其职

据《史记·田敬仲完世家》记载，邹忌凭弹琴的技艺谒见齐威王，齐威王喜欢他而让他住在王宫右室。有一天，齐威王弹琴，邹忌推开门进来说："琴弹得真好啊！"齐威王勃然不悦，放下琴按着剑说："先生刚被留下，没有深察情况，怎么知道我琴弹得好呢？"邹忌说："那大弦浑厚而且像春天般和暖，象征着君王；那小弦明晰而且清亮，象征着国相；手指控弦很紧，而又很舒缓地放开，象征着政令；和谐的声音，高低相辅相成，回旋曲折而不互相干扰，象征着四时。我因此知道您的琴弹得好。"齐威王说："你很精通音律啊。"邹忌说："何止音律，大凡治理国家、安定人民的道理都蕴含在音律之中。"齐威王又勃然不悦说："要是谈到五音调配成律的道理，确实没有人赶得上先生。至于治理国家、安定人民，又跟丝竹管弦有什么关系呢？"邹忌说："那大弦浑厚而似春天般温暖，是国君；那小弦明晰而清亮，是国相；控弦紧而又舒缓地放开，是政令；和谐而鸣，高低相成，回旋曲折而不干扰，是四时。声音往复而不紊乱，是政治清明；上下前后连接沟通，是延续国祚不致灭亡，所以说琴声调和则国家治理。治理国家，安定人民，没有比五音的道理更加明白的了。"齐威王说："讲得好！"

（三）守法是吏治清明的保障

古往今来，法律都被视作维护国家稳定的有力武器。《韩非子·有度》说："国无常强，无常弱。奉法者强则国强，奉法者弱则国弱。"无论什么时代，哪个国家，只有颁布法令，且能够保证法令得到执行，才能得到治理。否则，一旦法令废弛，国家就会出现动乱。《管子》特别强调了律法规范不仅对人民、一般官吏起作用，而且对君主也有约束的作用，这是十分难能可贵的。《管子·七臣七主》说："夫矩不正，不可以求方。绳不信，不可以求直。法令者，君臣之所共立也。"法律政令，是治理人们的规矩绳墨。《管子》特别强调"法令者，君臣之所共立也"，法的规范性要求法令只能有一个唯一的、统一的标准。《管子·法禁》强调："君壹置其仪，则百官守其法；上明陈其制，则下皆会其度矣。君之置其仪也不一，则下之倍法而立私理者必多矣。"要毋纵毋枉，平等公允，首先要制定法规。一旦制定了法规，就要严格按法规办事。对违犯者，一定要给予相应的惩罚，否则，就会出现"无刑罚，则主无以威众"的混乱局面。

思考题：

1. 试述齐文化法治精神的主要体现。

2. 你认为齐文化法治精神中有哪些主要方面对当今的法治建设仍具借鉴价值？

延伸阅读书目：

1. 临淄区齐文化研究中心：《管子通译》，济南：齐鲁书社，2017。

2. 孙开泰：《法家史话》，北京：中国大百科全书出版社，2000。

第八章　齐文化的奋斗精神

　　党的二十大报告提出了五个必由之路，即"坚持党的全面领导是坚持和发展中国特色社会主义的必由之路，中国特色社会主义是实现中华民族伟大复兴的必由之路，团结奋斗是中国人民创造历史伟业的必由之路，贯彻新发展理念是新时代我国发展壮大的必由之路，全面从严治党是党永葆生机活力、走好新的赶考之路的必由之路。"同时提出三个务必，即"全党同志务必不忘初心、牢记使命，务必谦虚谨慎、艰苦奋斗，务必敢于斗争、善于斗争，坚定历史自信，增强历史主动，谱写新时代中国特色社会主义更加绚丽的华章"。此之"团结奋斗"与"艰苦奋斗"强调的是一种"奋斗精神"，这种奋斗精神在齐文化中有着充分的体现。

　　齐国在先秦各诸侯国中，开国最早，亡国最晚，历史最为悠久。齐国纵横史册八百余年，既有曲折荆棘，又有波澜不惊，更有江河万滔、傲视群雄。一部齐国史，可以说就是一部国家振兴、由弱到强的艰苦奋斗史，还是一部抢抓机遇、追逐梦想的成就史。西周时期，姜太公受封方百里之地，"地负海舄①卤，少五谷而人民寡"，姜太公因地制宜，推行一系列政策，奠定了齐国富强的基础。管仲辅佐齐桓公，在政治、经济、社会、科技、教育等各个领域进行了大刀阔斧的改革，成就了"九合诸侯，一匡天下"的伟业。田氏大斗借、小斗收，经几代努力后，最终取代了姜氏政权，续写了齐国的辉煌历史。齐国走出了一条由小国到大国，由弱国到强国，由贫国到富国的道路。细究齐国辉煌的发展历程，背后有太多的困难与危机，几乎每个阶段的发展，都是齐国君臣上下勠力同心，排除万难的过程，是齐国百姓凭借拼搏和智慧，绝处逢生的过程。每个时期的成就，都离不开流淌在齐人血脉中代代传承的团结求强、追求卓越的奋斗精神！

第一节　从齐之逐夫到周师齐祖：一个伟人的不屈抗争精神

一、坎坷经历磨意志

　　据《史记·齐太公世家》记载，姜太公为"东海上人"。《孟子·尽心上》说，

---

　　① 舄：通"潟"，土地含过量的盐碱。此句出自《汉书·地理志》。

"太公辟纣，居东海之滨"。姜太公为了躲避商纣王的残暴统治，来到东海之滨居住。可见，齐地应是姜太公祖籍，一个人在最危难、最无助的时候，首选的避风港湾理应是他最熟悉的家乡，家乡能给他以灵魂深处的慰藉，给他以无比的踏实感，能使他在人生低谷之时，整理思路，从而重整旗鼓，有朝一日重出江湖。

姜太公的祖先曾经做过四岳官，因为辅佐大禹治水有功，在禹夏之际被封于吕，有的被封于申。夏、商两代，吕、申有的封给旁姓子孙，有的后代成为平民，到了姜太公出生时，家道中落，完全成为贫民家庭了。据《韩诗外传》记载："太公望少为人婿，老而见去。"由此可知，姜太公在年轻时候，曾做了相当长一段时间赘婿。赘婿指就婚、定居于女家的男子，以女之父母为父母，所生子女从母姓，承母方宗嗣。姜太公不善于营生，种田，收不回种子；捕鱼，捞不回网纲。他在妻家可谓是一无所长，受尽冷嘲热讽，最后不得不在一片责骂声中离开妻家，真正惶惶如丧家之犬，找不到一点出路。

姜太公年轻时期经历颇为坎坷，不仅生活困窘不堪，而且还饱受屈辱和非议，几乎完全是在打击中成长的。苦难对于弱者来说，是怨天尤人，是落寞丛生，是万丈深渊，是灭顶之灾；但对于强者来说，是百折不回，是不屈不挠，是勇往直前，是凤凰涅槃。正是有了早年的生活苦难，才让他磨炼了心性，锻炼出了坚强的意志。备受他人奚落，让他很早就接触各色人等，思想上比同龄人成熟得多，更容易看清世态炎凉，因此，明白唯有靠自己的强大，才能为自己谋得前途。

二、磻溪垂钓待机遇

姜太公离家之后过上了颠沛流离的生活，这次的奔波，不单单为了生计，而是在对天下大势做出判断后的智慧选择。他目睹商朝的残暴无道，看到了百姓的苦难和卑微，判断商朝已然失去民心，大势已去，灭亡是必然结局。他又得知周国的西伯侯施行仁政，网罗人才，甚得民心，因此决定投奔。经过再三思虑，姜太公没有选择直接前去毛遂自荐，而是决定先谋取更多觐见的政治资本。因此他来到了朝歌，来到了孟津。朝歌是商朝的国都，孟津扼守朝歌之咽喉，姜太公以屠牛、卖饮为幌子，搜集商纣王的政治、军事情报，观察、熟悉中原的地理形势，从而为制定讨伐商纣王的战略做足准备。搜集到了足够的资料后，他需要将这些资料进一步梳理，形成完整而有逻辑的计划，于是他选择了归隐。

隐居的地方他选在了秦岭之阴的渭水之滨，这里幽静僻雅，古柏参天，最适合静心养性，最适合沉下心来，整理资料，潜心研究，制订规划。另外，从地理位置上来看，这里地近周室，便于捕捉觐见的机遇。姜太公于是一面潜心整理资料，一面悠闲地钓鱼，胸中虽有千壑而表面却波澜不惊。姜太公钓鱼，钓得出山佐周的机会，此故事就发生在这里。传说，周文王当年还是西伯侯之时，带领随从来到磻溪①边上，忽然发现一位鹤发童颜的老人在溪边悠然垂钓，奇怪的是他钓鱼但却直钩无饵。西伯侯上前询问老人，老人侃侃而谈："源头水深，水就流动，水流动，鱼就能在里面生存。树根扎得深，树干和枝叶旺盛，果实就能成长，这都是自然之理。君子之间能够亲密合作，就能互相信任，共同缔造伟大事业。不知我的直言直语是否会令贵人反感呢？"西伯侯听到这位老人语出不凡，于是，态度更为诚恳，言辞更为恳切："老人家，您句句说到我的心里。我想，得天下难，治天下更难，如何能使国家长治久安，让天下归心呢？我真是很想听听您的高见！"

老人陷入沉思，用手中的鱼竿轻轻地划了一个弧，捋了捋胡须，这才微微张口："天下不是一个人的天下，而是天下人所共有的天下。能同天下人共同享有天下利益的，就能够得到天下；而独占天下利益的，就会失去天下。天有四时，地有财富，能和人们共同享有的，就是仁爱。避免人们不必要的死亡，解除人们遇到的困难，解救人们的灾患，救济人们的危急，就是德行。人们都厌恶死亡而希望活着，喜好德行而追求利益，能为百姓谋利的，就是王道，奉行仁爱、德行、王道的人，天下百姓就会归附他。"

西伯侯听后大喜，心想："此人不正是我苦苦寻求的宰辅之才吗？"于是恭敬地将这位老人请上自己的马车，为其亲自驾车。传说，姜太公端坐车上，昂昂而行。大队人马走到渭水岸边的集贤村，不料，西伯侯肩上套绳断了。车停后，姜太公问道："请问大王这一程拉了我多少步？"西伯侯答道："八百零八步。"姜太公说道："好，那么我保你江山八百零八年。"传说故事虽有虚构成分，但却反映了西伯侯礼遇姜太公的真实情况。姜太公亦不负知遇之恩，出山之后，被西伯侯拜为军师，委以重任，开始了辉煌的政治生涯。姜太公不仅是西伯侯的军师，帮助他联络各方诸侯，以组成联军，讨伐商纣，还帮助其修德理政，使得周国内政风和美，人心向善。

三、周师齐祖美名扬

世界上的事情总是变幻莫测，西伯侯未能完成倾商大业，带着无限的遗憾，带着对儿子姬发继承未竟事业的美好期许，永久地离开了世界，谥号文王。周文王死后，周武王继位，拜姜太公为军师，对他尊崇备至，礼遇有加，言必称"师尚父"。周武王继位后做的第一件大事就是"观兵孟津"，此次观兵是为了试探各诸侯国的态度和对商纣王的反应，实际上是为灭商做准备的军事演习和检阅。观兵孟津后，人心向周、纣王四面楚歌的形势已经形成。两年后，周武王和姜太公发兵伐商，通告各诸侯国向朝歌进军，在距离商都不远的牧野与商军决战，周军

---

① 磻溪：在今陕西宝鸡市东南。相传是姜太公钓鱼的地方，是渭水之滨的溪潭，"磻溪垂钓"又称"渭水垂钓""渭滨垂钓"。

姜太公磻溪（渭滨）垂钓图

士气高涨，商军却外强中干、临阵倒戈，周军趁机攻占朝歌，商纣王自焚身亡，周武王夺取天下，建立周朝。

商灭周兴，为了藩屏周室，周武王采取了分封制，分封天下诸侯国，姜太公被以首功封到齐地营丘。当时，齐地方国众多，势力强盛，如莱国、谭国、蒲姑国等，这些地方邦国世代居住东夷，势力盘根错节，殷商时期就从未真正被征服过。周朝建立后，为了建立稳固的统治基础，周武王派姜太公到齐地，以稳定东部边境。姜太公临危受命，担负起靖边的大任。他到齐地建国的过程注定不可能是一帆风顺的，而是充满了风险和不确定性。姜太公首先是遇到了莱夷的武力抗争，他先礼后兵，两军交战，败退莱人，占领营丘，定都建齐。姜太公建齐后，仅仅是建立了一个政治上的合法政权，然而，如何稳定这一政权，使其步入正常发展轨道，是摆在姜太公面前的一个重大而急迫的问题。要解决这一重大问题，面临着种种的难题。只有化解难题，逢山开路，才能不断向前，开辟新路。

当时齐地的自然条件比较恶劣，滨海地薄，人烟稀少，劳动力缺乏。姜太公初来乍到该何去何从？是望而却步，止步不前？是既来之则安之，向命运低头？抑或是别开生面，绝处逢生？毫无疑问，开国之君姜太公选择了后者，他既没有因前方之路布满荆棘而胆怯，更没有选择平庸和按部就班。姜太公考察齐国地形后，发现齐国有发展工商经济的许多有利因素，由此确立了"通商工之业，便鱼盐之利"的工商立国方针，重点发展丝麻纺织业和渔盐业。齐国制造的冠带衣履畅销天下，盐流通列国，齐国逐步由偏僻荒凉的小国、穷国发展为雄踞于东方的大国、富国。

姜太公要稳定统治，必须有赖于各类人才进入政权，为政权稳定和发展出谋划策。然而，齐地士人却恰恰给姜太公出了一个大难题，采取非暴力不合作的态度，与姜太公的新生政权做对抗。据《韩非子·外储说右上》记载，东海的狂矞、华士二人达成协议，"无上之名，无君之禄，不事仕而事力"[①]。二人是齐地负有盛名的贤者，其公然对抗新生政权的行为，无疑会形成反面的效应，进而酿成人心不稳，对政权产生不信任感的坏局面。如何处理这样的突发应急事件，正是对姜太公政治素质、政治能力，以及是否具备掌控全局能力的一大考验。当断不断，反受其乱，太公立即处理，"使执而杀之，以为首诛"（《韩非子·外储说右上》）。杀掉不肯臣服的狂矞、华士二人，消除了齐地士人的观望之心，为此后人才政策的顺利推行铺平了道路。

姜太公建都之前，东夷族的一支莱夷族就在潍淄流域创造了灿烂的文化，经济文化极为发达，东夷文化的早熟形成了东夷人独特的礼俗，对于姜太公今后推行的政令、经济发展政策都会产生影响，如果调适不好，甚至会引发动乱。姜太公创造性地推行"因其俗，简其礼"的民族政策，尊重东夷人的文化传统，允许继续保留其民族特色。这种政策灵活而柔和，更容易为东夷人所接受，避免了暴力抵抗和暴力冲突。东夷人一方面享受到姜太公政权发展经济带来的红利，另一方面可以参与政治，同时又不必改变自己的传统和习俗，因此渐渐就自觉接受了姜太公政权的统治。与此同时，一种新型文化，融合了西周农业文化、东夷土著文化以及新型工商文化的多元文化——齐文化诞生了。姜太公则是此种文化的缔造者，是当之无愧的周师齐祖！

姜太公出身平平，经历坎坷，磨难练就了他不惧风霜、笑对人生、淡定从容的本领，不管遇到什么困难和挫折，都不改初心，不畏困难，勇于进取，他始终怀揣梦想，追求卓越！正是雄心与抱负，支撑着他纵使被万人唾弃，生活陷于绝境，仍背井离乡，孤身跋涉渭水之滨，于垂钓之间埋首伏案，获经纶满腹，如此方得文韬武略。姜太公一路推波斩浪，化险为夷，从底层贫民到位极人臣再到一国之君，终于成就"周师齐祖"之美名，靠的正是永不言弃，敢于和命运比高的抗争精神！

第二节　从国将不国到首霸伟业：一代君臣的拼搏创业精神

一、襄公之乱与小白奔莒

齐襄公，姜姓，吕氏，名诸儿，是齐僖公的长子。齐僖公去世后，齐襄公继

---

① （清）王先慎：《韩非子集解》，315 页，北京，中华书局，1998。

承君位。齐襄公有庄公和僖公的称霸野心，却无庄、僖的雄才大略。齐襄公继位之始，借助庄、僖余威，穷兵黩武，大动干戈，企图称王称霸，完全违背了庄、僖保卫周王室，让诸侯国各自安宁，共同抵御戎狄的初衷，不仅引起诸侯国的不满，而且给国内百姓带来了无穷的灾难，惹得民怨沸腾。齐襄公无道，还与同父异母的妹妹文姜私通，乱伦害国。一次鲁桓公携夫人文姜出使齐国，齐襄公与文姜的不伦之恋败露。文姜蛇蝎心肠，竟与齐襄公合谋害死鲁桓公，使得齐鲁自此交恶。

齐襄公荒淫无道终于为自己招来了杀身之祸，做了十二年国君后就死于一场残酷的宫廷政变中。宫廷政变的主谋便是公孙无知、连称、管至父及连称的堂妹。公孙无知是齐襄公的堂兄弟，齐僖公在世时十分受宠，遭到齐襄公嫉恨，齐襄公登位后取消公孙无知的一应特殊待遇，公孙无知心中愤恨，却无可奈何。连称和管至父二人都是齐国的大夫，同时被派往葵丘戍守。临行时，正是瓜熟季节，齐襄公设宴送行，齐襄公正吃着一块儿瓜，就随口答应他们，说："到明年瓜熟的时候派人替代你们。"驻守了一年，齐襄公的命令并没有下来。连称、管至父对戍守生活叫苦不迭，派人送给齐襄公一个瓜，提醒齐襄公派人替代，齐襄公不仅不信守诺言，反而断然拒绝，命令二人继续戍守。二人心生不满，于是联合连称的堂妹以及公孙无知，策划叛乱。他们趁齐襄公狩猎时，暗中派人轮番恐吓，致使齐襄公受伤，紧接着集结家兵，冲进宫中，杀死齐襄公，拥立公孙无知为君。公孙无知也是昏庸残暴之人，仅仅在继位后第二年，也就是公元前685年，就在游猎时被杀。连锁性的宫廷政变导致齐国出现无君的局面，当时有资格继位的合适人选有两个，一位是公子纠，一位是公子小白。公子纠正在鲁国避难，公子小白正在莒国避难。

早在齐襄公继承君位后不久，小白就在鲍叔牙的陪同下逃到齐国。据《史记·齐太公世家》记载，齐襄公不听谏言，多次诓骗大臣，还滥杀无辜，弟弟们唯恐祸及自身，便在家臣陪同下出逃他国。小白在鲍叔牙的陪同下奔往莒国，开始了艰难的流亡和避难之旅。

二、一箭之仇与管仲拜相

公子小白虽然逃到莒国，但并不意味着切断了与齐国的联系，恰恰相反，他时刻密切注意齐国的动向。齐国上卿高氏和国氏就是他在齐国的耳目。高氏和国氏位高权重，一言九鼎，对齐国局势有着敏锐的观察力和判断力。公孙无知死后，二人即刻密报小白，通知其回国即位。即位之路布满了血雨腥风，小白在鲍叔牙的陪同下，正兴奋而警觉地奔走在莒齐大道上，猛然被一支冷箭射中而倒地。小白倒地后，部下都慌作一团，哭声、叫声震天动地。放暗箭的管仲暗中观察一会儿，发现小白确实已死，便派人飞快地通报公子纠和鲁庄公。公子纠得知小白已死，便放松警惕，行程慢了下来，这就给小白即位赢得了宝贵的时间。等公子纠一行到达齐国边境，遇到的竟然是严阵以待，打着齐桓公旗号的武装齐兵，公子纠和鲁庄公这才如梦初醒，恍然大悟，大呼上当。公子纠回到鲁国后，深感愤恨，鲁庄公出兵伐齐以助公子纠登位，齐鲁交战，鲁师败绩，公子纠被杀，管仲则被鲁国囚禁起来。至此，齐桓公君位终于得以稳定。

齐桓公君位稳定后，第一件需要做的事情，就是选立一个自己信任的人为相，辅佐他治理好齐国。在他眼里，第一人选自然是鲍叔牙。齐桓公对鲍叔牙有特殊的感情，鲍叔牙于他而言，既是师傅，又是功臣，陪他经历了人生中最艰难的岁月。第二件急待处理的事情，就是杀掉管仲，以报一箭之恨。据《管子·小匡》记载，出乎齐桓公所料的是，当他找到鲍叔牙，密谈立相之事时，鲍叔牙却严词拒绝了。一向口齿伶俐的齐桓公，此时张口结舌，问这是为何？鲍叔牙回答，因为有更适合的人选，那就是管仲。齐桓公深感震惊："管仲射中我的衣带钩，几乎使我丧命。"鲍叔牙回答："此一时，彼一时，那时是各为其主，尽其职责。如若能营救管仲，任其为相，他日必定能为齐国做出一番大事业。我与管仲自幼是至情至诚的朋友，我对于他的了解，胜过他自己对自己的了解。您若只安于现状，我和高傒就可以了。然而，如今诸侯逐鹿，天下纷争，你死我活，只有图霸一个选择，别无出路。要想安天下，则非我能力所及，只有管仲可以做到。管仲到哪国去为政，哪国便能强大，因此绝不可失去管仲，必须要将他从鲁国牢狱中拯救出来，我荐举管仲为相。"齐桓公思索良久后，决定放下个人恩怨，与鲍叔牙商讨营救管仲之策。

经过周详计划和妥善安排，鲁国同意齐国使者带囚犯管仲回国。管仲刚进入齐国，便看到远远一大波人马，原来是齐桓公率领部下亲自迎接。齐桓公接到管仲，带领他入庙祭拜，昭告天地，祭祀祖先，拜管仲为相。由一死囚身份转眼成为大国之相，管仲何其幸也。拥有生死之交鲍叔牙，又遇到大胸怀、大智慧的齐桓公，他内心感叹世事无常，感叹命运起伏，更感激至交好友，感激机遇垂青，不仅给予重生之机会，更给予施展抱负之广阔天空，顿感肩头责任之重大，立志定要辅佐君王称霸诸侯。据《管子·大匡》记载，管仲任相后，与齐桓公有过一段对话。管仲对齐桓公说："君王免于臣下之死，是臣下的无比幸运。然而臣下之所以没有随公子纠而死，是因为我有要安定社稷的愿望。社稷不安定，而我却享受齐国的俸禄而不殉死，这是我绝对不敢也不该做的事情。"齐桓公问："如何使得社稷安定呢？"管仲回答："君王如果能称霸天下，社稷自然就能安定。君王如果不能称霸天下，那么社稷就无法安定。"管仲自信有能力闯出一片天空，鲍叔牙也相信他的能力，齐桓公又给以全方位的信任和百分之百的支持，委以重任，他有如插上了翅膀，在诸侯争霸的天空中振翅高飞。

三、选贤任能与春秋首霸

管仲任相后，向齐桓公举荐了一批有能有德的贤良之士，这批人在齐国称雄道路上发挥了举足轻重的作用。据《管子·小匡》记载，管仲与齐桓公品评百官，管仲指出，在外交礼仪、外交言辞、进退举止等方面，隰朋是最娴熟的，应当任命他为大行，负责外交事务等；开垦田地，广聚粮食、民众和财物，最大程度发挥地利，宁戚最在行，请立他为大司田，负责农业事务等；使得平原辽阔，草原适合放牧，道路畅通，士兵不拖沓，有勇有谋而能视死如归，王子城父最擅长，应当任命他为大司马，负责军事事务等；断狱公正，免于无辜和无罪之人，宾胥无都能做到，应当立他为大司理，负责律法事务等；敢于犯颜直谏，刚正不阿，不屈服于权贵，东郭牙始终能做到，请立他为大司谏，负责规劝谏诤事务等。

在众贤臣的倾力辅佐下，在桓、管大刀阔斧的改革推动下，齐国彻底改变了民不富、兵不强、国不安的状况，渐渐具备了称霸的实力。仅仅具备称霸的实力是不够的，还需要取得周王室的认可，以及各诸侯国的信服。齐国相继伐鲁、服宋，形成以齐为首的八国联盟，并接连与诸侯国进行会盟。周惠王给予齐桓公"伯"的封号①，标志着齐桓公霸主地位取得了合法地位。之后，齐国帮助燕国征伐山戎，还率领盟国救卫，自觉担当起霸主的责任。可见，齐国春秋霸主地位，是综合国力竞争的结果，同时又是担当和责任赢得的众望所归。

《易经·系辞下》有"君子藏器于身，待时而动"之说，意思是本领在身，智慧在心，机遇来临，就能大展身手，纵横捭阖，施展抱负。齐国从内乱丛生、政局迭变、内忧外患，到政治稳定、国家富强，逐步走上称霸道路，取得春秋首霸之伟业，靠的不是运气，而是功在平时，靠的是无论何时、无论何地，始终坚持拼搏，永葆上进与奋斗的活力！《吕氏春秋·直谏》记载了"勿忘在莒"的故事。原来齐桓公、管仲、鲍叔牙、宁戚等人齐聚一堂，大摆宴席，为齐桓公贺寿。宴饮正欢间，众人纷纷起来说祝酒词，庆贺齐国昌盛，繁荣富裕。可是在这个时候，鲍叔牙很不合时宜地说话了，他说，"使公毋忘出奔在于莒也，使管仲毋忘束缚而在于鲁也，使宁戚毋忘其饭牛而居于车下"。齐桓公听后拜服，宴席结束后，齐桓公再次向鲍叔牙拜谢道："倘使国家君臣上下都能不忘初心，不忘最初的困难，齐国社稷就能永保无忧了。"

第三节 从流亡公子到田氏代姜：一个家族的奋斗不止精神

一、流亡公子陈完奔齐"创业"

陈完，即田完，战国时期田氏齐国的始祖。陈完原是陈国的公子，陈厉公妫跃之子，他的出生如同其他著名人物一样，被蒙上了神秘色彩，据《史记·田敬仲完世家》记载，陈完出生时，正值周太史经过陈国，陈厉公让他用《周易》为

---

① 《史记·周本纪》载："惠王十年，赐齐桓公为伯"。

儿子算卦，得到的卦象是观卦变否卦。周太史解释说："这叫作'是为观国之光，利用宾于王'。这个人恐怕要取代陈国而享有国家了吧？但是不发生在本国，恐怕会发生在别国。他的昌盛又不在本人，而在他的子孙。如发生在别国，一定是在姜姓国家。姜是太岳的后代。山岳高大是与天地相配的。但事物不能两个方面都一般大，大概要等到陈国衰亡，他的后代就要昌盛了吧？"陈完娶妻之时，齐懿仲想把女儿嫁给陈完为妻，为此事进行占卜，占卜的结果说："这叫作凤凰飞翔，和谐的鸣声锵锵。有妫氏的后代，将在姜氏那里成长。五代之后就要昌盛，和正卿的地位一样。八代之后，地位之高没人比得上。"齐懿仲于是把女儿嫁给陈完为妻。占卜既是古代社会生活的重要部分，也是一种重要的文化现象。殷商甲骨卜辞告诉我们，殷商时期，人们相信神的旨意，因此事无巨细都要请示神意。春秋时期去商未远，占卜传统依然影响着时人，因此，关于陈完的卜卦之事，应当是存在的。而关于他及其后代将成就一番伟业，甚至代替姜齐政权的具体卜卦的内容，恐怕多是后人的附会之词。

陈完虽然出身公族，然而不幸遇上陈国内乱。齐桓公十四年（公元前672年），陈宣公废嫡立爱，把太子御寇杀害了。陈完平素与御寇交好，担心祸及己身，于是逃到了齐国。齐国时值霸业肇兴，急需用人，齐桓公对陈完的到来非常欢迎，意图封他为卿。陈完听后备感惶恐，婉言谢绝，陈完说："我是寄居在外的小臣，能蒙受您的宽恕，赦免我的罪过，就是君主的恩惠了，怎敢再有奢望呢。"谢绝卿位，经受得住高官厚禄的诱惑，并非陈完天生不喜欢权力与金钱，而是他的清醒、智慧和胸怀给予他的力量，让他明白拒绝，或者说以退为进，于己更为有利，是他分析了齐国的实际情势而做出的智慧选择。当时，高氏和国氏两家天子命卿，还有齐国公族的势力仍很强大，如果未能做出一番成就，就骤然接受卿的任命，很容易遭受诸方势力的嫉恨，置自己于险恶的境地。而不接受高位，不仅会给齐桓公留下绝佳印象，而且会在齐国上下赢得非常好的口碑，这是陈完很快能在齐国立足的一大原因。

后来，齐桓公让陈完做了掌管百工的工正。投之以桃，报之以李。陈完非常感激齐桓公的收留之德，知遇之恩，他担任工正之后，勤勤恳恳、兢兢业业地工作，使得齐国的"工盖天下""器盖天下"（《管子·七法》），为齐桓公称霸天下做出了自己的贡献。为了加强对齐国官府手工业技术的指导，陈完又组织经验丰富、文理兼通的管理人员和工匠们编订了《考工记》一书。陈完虽然做出了卓越的成绩，受到了齐桓公的赞赏和齐国上下的认可，然而他从来没有忘记自己的身份，虽然出身高贵，却始终是寄居他国。他做一切事，都会小心谨慎，按礼办事，从不越矩，表现出了一个贵族的高超修养。一次，陈完招待齐桓公饮酒，高兴间不觉夜幕悄然降临，齐桓公感到意犹未尽，于是命令下人，点上烛继续喝酒。陈完听后，毕恭毕敬地起身做了一揖说："臣只知道白天招待君主，不知道晚上陪饮，因此恕难奉命。"陪同君主喝酒，是完成了礼仪，礼仪完成后，如果再继续放纵无度，那就超过了限度而变为无礼。陈完此行为，保全了君臣二人的礼仪。鉴于陈完的贵族身份，又知礼晓义，对齐国还做出了杰出的贡献，齐桓公赐予他很多田地作为采邑，陈完便以田为氏，因此又名田完。所谓采邑，是国君封赐给卿大夫作为世禄的田地，又叫"封邑""食邑"，受封的卿大夫对采邑内的百姓有管辖权，并征收赋税，终身享有采邑土地并且可以世袭。与此相应，卿大夫必须效忠君主，并承担进贡和战时提供兵员的义务。陈完向田完的过渡，代表着身份地位的转变，他不再是那个寄人篱下的落魄逃亡贵族，终于在齐国开辟出了属于自己的一片天地，自此，陈氏家族悄然兴盛。

二、姜氏政权的衰落

陈氏家族的兴盛，是与姜氏政权衰微并行的。齐灵公、齐庄公不讲信义，任性自私，齐景公号称中兴之君，然放纵无度，与民争利，滥施刑罚，导致天怒而民怨，姜氏政权大失民心。

先来看齐灵公，齐灵公固执己见，枉顾规制，任意废立太子；好武斗狠，却又胆小如鼠，招致晋国军队兵临城下，烧杀抢掠，齐国与之征战四年，却一败涂地。齐灵公对外用兵不利，内政上也无所作为，还有一个奇怪的嗜好，喜欢看后宫女子女扮男装。后宫女子为了迎合灵公，经常身穿男子衣裳，上行而下效，宫外女子也竞相效仿，引为时髦。一时间，全国女子皆男装，步行于大街小巷，一发不可收拾。齐灵公得知这一情况后，惊讶不已，决定刹住这股风气，于是派出一批官员负责监督，禁止女扮男装，若有违背，将会被撕破衣物，扯断腰带。然而，派出的官员越来越多，撕破的衣服与日俱增，风气却屡禁不止。齐灵公大伤脑筋，在晏婴的建议下，从禁止宫内女扮男装开始，不出一个月，终于止住了这股风气。

据《史记·齐太公世家》记载，齐灵公立了鲁国女子颜懿姬的儿子公子光，也就是后来的齐庄公为太子。但是后来，他为了取悦宠姬戎姬，意图废公子光而立公子牙，遭到公子牙生母仲姬的反对。原来，仲姬不受宠，为了保护儿子不受伤害，将公子牙托付给戎姬，以受庇护。尽管如此，仲姬却无僭越之心，她深明大义，劝说齐灵公不要废太子。她说："公子光居于太子之位，并且已经以太子身份参加了诸侯会盟，现在无缘无故废掉他，不顾其他诸侯国的看法，属专横行为，您一定会因此而后悔的。"齐灵公却一意孤行，说："废谁立谁全凭我说了算！"他还是废了公子光，立公子牙为太子，并任命高厚为太傅，辅佐公子牙。

与齐灵公的胆小乖张相比，他的儿子齐庄公更是荒诞不已、不守信用。齐庄公即位之前做过太子，也就是公子光，后来被齐灵公废掉，派往即墨。公子光被废的痛苦，远非一般人从高处跌落所经受的痛苦所能相比，他既要承受巨大的心理落差，又要承担随时被夺掉性命的危险，时刻处于政治斗争的旋涡中，不是你死便是我亡，神经紧绷，性格变得越来越孤僻与奇怪。后来齐灵公病重，大夫崔杼、庆封将公子光从即墨接回，杀了公子牙母子，齐灵公气得吐血而亡。公子光即位，是为齐庄公。即位后，齐庄公竟不讲体面，与大臣崔杼之妻东郭姜①私通，频繁地出入崔杼家，甚至有一次故意将崔杼的帽子赏赐给别人，侮辱崔杼。崔杼由此对齐庄公心怀愤恨，开始寻找机会报复。齐庄公作为齐国君主，不仅无所担当，反而肆意妄为，为一个女人而欺辱臣子。这个臣子还不是普通臣子，而是当初扶他登上君位的重臣。齐庄公的行为，不仅让崔杼愤怒，而且让其他得知内情的大臣心寒。功臣尚且受到如此不公对待，更遑论普通臣子，人们对齐庄公感到失望，只是碍于君臣身份敢怒不敢言。齐庄公的行为已经算得上引火自焚，自取灭亡了！

果然，崔杼与齐庄公近侍贾举勾结起来，千方百计寻找机会杀死齐庄公。原来，贾举曾经遭到齐庄公的鞭打，后来又受到重用，但是却已经心怀不轨了。有一次，莒国国君朝见齐国，齐庄公设宴招待，崔杼故意推说有病，齐庄公假意前去问候，实则是寻找机会与东郭姜幽会。齐庄公在外唱歌，试图引起东郭姜的注意。此时，贾举假传庄公命令，授意随从在外等候，不得进入院内，自己却进入院子并将院门紧紧关闭。崔杼手下徒众手持兵器一拥而上，吓得齐庄公登上高台，祈求免死，众人不答应；齐庄公又请求在太庙自杀，众人仍然不答应，推说："国君的臣子崔杼病得很厉害，不能聆听命令。这里靠近王宫，奉命追捕夜间淫乱之人，并没有收到其他的命令，因此不能听命。"② 齐庄公慌乱之间，想跳墙逃走，却被射中，掉在墙内，被杀死。

齐灵公、齐庄公两任国君昏庸腐败，致使齐国内乱丛生，姜齐政权受到极大削弱，加上外部的军事打击，齐国日渐衰落下去。与此同时，陈氏家族借公势衰微，大权旁落之机，一面挑起公室矛盾，一面收买人心，日渐强大。

三、大斗借、小斗收，田氏终代姜

得民心者得天下，失民心者失天下。田氏家族的兴盛与田氏锲而不舍地争取民心有很大的关系。晏婴出使晋国，私下对叔向说："齐国到了末世了，我不能不说齐国可能属于田氏了。田氏虽无大的功德，但能借公事施私恩，有恩德于民，人民拥戴。"齐景公时期，齐国大夫田僖子，即田乞，适应新形势的要求施行新政，将齐国的量制由四进制改为五进制，向人民借贷粮时用新制，而还贷时用旧制。齐国过去有四种量器，即豆、区、釜、钟，四升为一豆，各自翻四倍，成为一釜，十釜为一钟。田氏将豆、区、釜三种量器加大了四分之一，借贷时用大量器，还贷时用小量器收回。如此，田氏得到了齐国人民的拥护和爱戴。百姓心向田氏，归向田氏，田氏家族日益强大。面对田氏的收买民心，齐景公不加制止，越发无能为力。齐景公问晏婴解决问题的办法。晏婴答道："只有礼可以制止这

---

① 东郭姜：东郭姜原本是棠邑大夫棠公的妻子，因此又称棠姜。东郭姜的弟弟东郭偃是崔杼的家臣，棠公死后，东郭偃驾车载着崔杼前来吊唁，崔杼看上了东郭姜的美貌，不顾礼法，娶了东郭姜。齐庄公亦因爱慕东郭姜的美貌而与之私通。

② 《左传·襄公二十五年》。

个。如果符合礼，家族的施舍不能赶上国家，民众就不迁移，农夫就不挪动，工商之人就不改行，士就不失职，官吏就不怠慢，大夫不占取公家的利益。"齐景公说："对呀，但我不能做到了。我从今以后知道礼可以用来治理国家了。"晏子在这里面对面地对齐景公讲了田氏为什么要代姜氏的原因，并提出了阻止田氏代齐的策略，那就是以礼治国，使士、农、工、商四民各守其职，各守其业，大夫不得以公肥私，擅自作威作福，也不得施惠于采邑之外，行阴德，收买人心。齐景公很赞许晏子的主张，但已无能为力，为时已晚了。他虽也采取了一些限制田氏家族发展的措施，但不甚得力，没有从根本上解决问题。

田成子，即田常，是田乞的儿子，是田氏向姜氏夺权过程中的又一关键人物。田常是齐简公时期的大臣，与监止为左右相。他很有野心，继承其父田乞的政策，继续采用大斗出、小斗进的政策，受到了百姓的热烈欢迎。《史记·田敬仲完世家》反映了这一状况："齐人歌之曰：'妪乎采芑，归乎田成子！'"意思是，连目不识丁的老妇人采芑菜，都愿意真心诚意地奉送给田成子，可见田常在百姓心目中的地位与威望之高。如此一来，田常惹来了监止的不满，监止在齐简公避难鲁国时陪侍在侧，备受宠信。田常为了躲避祸端，先下手为强，于公元前481年，通过政变的方式杀死了监止和齐简公，立齐简公弟骜为齐平公，自任相国。田常杀了齐简公以后，害怕各国诸侯联合诛杀自己，就把侵占鲁国、卫国的土地全部归还，西边同晋国、韩氏、魏氏、赵氏订约，南方与吴国、越国互通使臣，建立功德，施行赏赐，亲近百姓，因此齐国又安定下来。田成子对齐平公说："施行恩德是人们所希望的，由您来施行；惩罚是人们所厌恶的，请让臣去执行。"这样做了五年，田成子实现了大权独揽。同时，他不断排除异己，扩张领地，把鲍氏、晏氏、监止和公族中较强盛的全部诛杀了，并分割齐国从安平以东到琅邪的土地，作为自己的封地。他的封地比齐平公享有的领地还要大。田氏专国政之后，三传至太公和，太公和相齐到齐康公时，康公淫于酒色，不理朝政，被田和迁到东海之滨，食一城之地，奉其先祀。齐康公死后，姜齐灭亡。公元前386年，田和因魏文侯请于周天子，被立为诸侯，田氏终代齐，齐国正式进入田齐统治时期。

齐桓公死后，齐国君主大多非庸即暴，公室衰微，权臣和佞臣当道，玩术弄权，废君立君，姜氏政权逐渐衰微。在姜氏政权衰微的同时，田氏家族悄然兴盛，从陈完逃难到齐国开始，就铭记身份，谨小慎微，兢兢业业，为后代发展创下了良好的开端和基础。之后，历经田文子须无、田桓子无宇、田僖子乞、田成子常，历代田氏后人善于韬光养晦，暗结人心，坚持不懈，静待时机，等待姜氏自取灭亡的时刻，顺应时势，取而代之。总之，没有坚韧不拔，没有奋斗图强，就没有田氏代齐！

由此可见，无论是姜太公的个人成就，还是桓、管霸业带来的国家辉煌，抑或是田氏家族的振兴，背后都离不开艰苦卓绝的奋斗精神，正是齐文化的奋斗精神支撑起了个人、家族和国家的强盛。总之，奋斗精神贯穿整个齐文化发展历程，是齐文化精神中的一颗璀璨明珠，光彩夺目，照耀古今，是需要格外珍视的宝贵遗产。

思考题：

1. 简述姜太公由齐之逐夫到周师齐祖的历程。
2. 简述桓、管君臣的奋斗精神。
3. 试述田氏代姜的原因。

第九章　齐文化的尚智精神

　　党的二十大报告中多处提到智慧问题，比如"中国共产党和中国人民为解决人类面临的共同问题提供更多更好的中国智慧、中国方案、中国力量，为人类和平与发展崇高事业作出新的更大的贡献"，复如"中华优秀传统文化源远流长、博大精深，是中华文明的智慧结晶"，再如"我们要站稳人民立场、把握人民愿望、尊重人民创造、集中人民智慧，形成为人民所喜爱、所认同、所拥有的理论，使之成为指导人民认识世界和改造世界的强大思想武器"，不胜枚举。上述表达的尚智精神恰恰是齐文化的主要精神之一。

　　《史记·齐太公世家》说："（齐）其民阔达多匿知①，其天性也。"《史记·货殖列传》说："（齐人）足智，好议论。"《汉书·地理志》说："（齐）其士多好经术，矜功名，舒缓阔达而足智。"《淮南子·要略》说："（齐）民多智巧。"由此可见，崇尚智慧，重视谋略，是齐人的一个显著特点，也是齐文化的一种基本精神。

　　在齐国八百年的历史长河中，曾经孕育了中国智谋家的鼻祖姜太公、才华盖世的管仲、足智多谋的晏婴、滑稽善辩的淳于髡等灿若群星的历史名人；曾经产生了我国最早的百科全书《管子》、兵学圣典《孙子兵法》等大批优秀的文化典籍；曾经出现了我国乃至世界第一个智囊机构稷下学宫。他（它）们作为齐文化的主体或载体，创造或包含了丰富的智慧和谋略，并培育了齐人机智的性格和尚智的精神。

　　齐文化的尚智精神体现在处世、政治、经济、军事以及外交等各个领域，其内容之丰富、风格之显明，在先秦时代，是其他诸侯国难以比肩的。下面我们主要通过具体实例，逐一展开说明。

第一节　有道留之：用智慧书写精彩人生的篇章

　　每个人的人生都不是一帆风顺的，更不是轻易成功的，人生的机遇往往只为那些机智的头脑准备着。

　　孙膑，是中国历史上伟大的军事家，但他的人生之曲折也是令人唏嘘的。他

---

　　① 知：通"智"。

最终依靠自己过人的智慧，改变了人生的颓势，书写了精彩的篇章。

孙膑生于齐国阿、鄄之间，是孙武的后代，曾与庞涓是同学，一起学习兵法。庞涓被魏惠王任用为将军后，感到自己的才能不如孙膑，便派人把孙膑召到魏国，处以膑刑。孙膑在魏国受尽了屈辱和折磨，后来，齐国使者到魏国，孙膑暗中见齐使，说明原委，齐使便秘密地把他带回齐国。

孙膑到齐国后，并没有立即找到施展才智的机会。有一次，他去观看齐国将军田忌与齐威王赛马。双方的马力相差不远，都是分为上、中、下三等。可是比赛时连赛三场，田忌三场皆输。后来孙膑不失时机地给田忌出了个主意：用他的下等马对威王的上等马，用他的上等马对威王的中等马，用他的中等马对威王的下等马。结果田忌输一赢二，以二比一取得了比赛的胜利。

"田忌赛马"是孙膑人生的重大转折。田忌由此看到孙膑的确有很高的智慧，便把他举荐给齐威王。齐威王与孙膑谈论兵法，甚为赏识，便任命他为军师。从此，孙膑终于找到了充分发挥自己才智的舞台。公元前354年，他在桂陵之战中创造了"围魏救赵"的传奇；公元前341年，他在马陵之战中通过"减灶诱敌"大败魏军，魏将庞涓被迫自杀，既为齐国立了功，又为自己报了仇。《史记·孙子吴起列传》说："孙膑以此名显天下，世传其兵法。"

由此可见，没有谁的人生是能随随便便成功的，成功要靠自己的智慧，用智慧去摆脱困境，用智慧去寻找机遇。而靠智慧迎来人生巅峰的齐人，绝不仅仅孙膑一人。"邹忌弹琴论政"又是绝好的一例。

公元前356年，齐威王即位。他迷恋弹琴，不理朝政。一晃九年过去了，国家日趋衰败。一天，有个叫邹忌的齐人走进王宫。邹忌对侍臣说："听说大王爱弹琴，我特地前来拜见，为大王抚琴。"侍臣禀报齐威王，齐威王很高兴，立即召见邹忌。

邹忌走进内宫聆听齐威王弹琴。听完后，他连声称赞道："好琴艺呀！好琴艺！"齐威王连忙问道："我的琴艺好在哪里？"邹忌躬身一拜道："我听大王从那大弦弹出来的声音十分庄重，就像一位名君的形象；我听大王从那小弦弹出来的声音清晰明朗，就像一位贤相的形象；大王运用的指法十分精湛纯熟，弹出来的音符都十分和谐动听，就像一个国家明智的政令一样。"

邹忌接着说道："弹琴和治理国家一样，必须专心致志。七根琴弦，好似君臣之道，大弦音似春风浩荡，犹如君也；小弦音如山涧溪水，好似臣也；应弹哪根弦就认真地去弹，不应弹的弦就不要去弹，这正如君臣各尽其责，才能国富民强、政通人和。"

齐威王说："你的乐理说到了我的心坎里，但是光知道弹琴的道理还不够，请先生试弹一曲吧。"邹忌于是离开琴位，两手轻轻舞动，只摆出弹琴的架势，却并没真的去弹。齐威王见邹忌如此这般，恼怒地说："你为何只摆空架子不去真弹琴呢？难道你欺君不成？"

邹忌答道："臣以弹琴为业，当然要悉心研究弹琴的技法。大王以治理国家为务，怎么可以不好好研究治国的大计呢？这就和我抚琴不弹、摆空架子一样。抚琴不弹，就没有办法使您心情舒畅；国家不治理，也就没有办法使百姓心满意足。"

齐威王听后很受震动，他严肃地说："先生以琴进谏，使我茅塞顿开。"并立即让邹忌住进国宾馆。第二天，齐威王沐浴之后，穿上接待贵宾的服装，把邹忌请来，正式谈论国家政事。邹忌的建议让齐威王大受启发，于是拜邹忌为相。

邹忌本不受齐威王重视，但他凭借过人的才智取得了齐威王的信赖，不仅迎来了自己人生的巅峰时刻，而且辅佐齐国重新走上富国强兵之路。自己的人生要用自己的智慧书写，这是齐人给我们的启示，也是齐文化精神的深刻内涵。"冯谖弹剑而歌"更加充分地佐证了这一点。

冯谖本是齐国的一个穷人，因家境贫困难以养活自己，便来投奔孟尝君。孟尝君身边的人就拿粗茶淡饭给他吃。住了不久，冯谖就背靠柱子，弹着剑把唱道："长剑呀，咱们回去吧，这里吃饭没有鱼。"身边的人把这件事告诉孟尝君。孟尝君吩咐道："给他一般门客的待遇，让他吃鱼吧。"

又住了不久，冯谖又弹着他的剑把唱道："长剑呀，咱们回去吧，这里出门没有车坐。"身边的人又把这件事告诉孟尝君。孟尝君说："给他配上车，让他享受一等门客的待遇。"于是冯谖驾车带剑，向他的朋友夸耀："孟尝君尊我为上客。"

这样过了一段日子，冯谖再次弹着剑把唱道："长剑呀，咱们回去吧，在这里无以养家。"左右的人都厌恶他，认为他贪得无厌。孟尝君问道："冯先生有父母吗？"身边的人回答说："有个老母亲。"孟尝君就派人去供养他的母亲。从这以后，冯谖再也不唱牢骚歌了。

冯谖之所以频发牢骚，是因为他是个智慧超群的人。智慧超群的人理应得到更高的回报。冯谖正是利用自己超群的智慧，赢得了应有的地位和尊重。而孟尝君对他的宽容和赏识，也让他下定了"士为知己者死"的决心。后来冯谖通过替孟尝君收租，树立了孟尝君的威信。在孟尝君遭齐王猜忌时，成功游说齐王。另外通过"薛国市义""营造三窟"等活动，为孟尝君立下了汗马功劳。他不仅使孟尝君的事业久盛不衰，也让自己功成名就，被誉为极具眼光的战略家。

孙膑、邹忌、冯谖……一个个闪光的名字折射出齐人的尚智精神，同时告诉我们：人生成功的钥匙掌握在自己手中，只要善用、巧用自己的智慧，就一定能为自己的人生演奏出精彩的乐章。

齐人的人生智慧还不止于此。在积极谋求成功机遇的同时，齐人又藏"智"于"拙"，坚守原则，只为有道之世奉献自己的智慧，而在无道之世，宁肯隐于江湖，遁于山林。齐国的开国之君姜太公就有这样的大智慧。

相传姜太公曾在商纣王朝中做官，但纣王暴虐无道，姜太公便决绝地离他而去，周游列国，受尽磨难。后来听说姬昌贤明，便在渭水之滨佯装垂钓，等待机会得遇姬昌。直到72岁，姜太公才重出江湖，辅佐周文王、周武王夺取天下、治理天下。

孔子说："道不同，不相为谋。"（《论语·卫灵公》）齐人渴望用自己的才智书写人生、奉献社会，但又不下降其志、辱没其身，而是心存道义、爱憎分明。天下有道，则积极入世；天下无道，则逍遥出世。无论是孙膑、邹忌，还是冯谖，都是在认准"有道之世"的前提下，才毛遂自荐、尽忠效力的。"无道去之，有道留之"，这是一种高超的人生智慧，深刻的处世哲学。齐人尚智而讲道义，尚功而有准则，这是他们难能可贵的品质，值得今人学习。

第二节　百姓为天：用智慧探寻政治治理的良策

齐人不仅善于用智慧谋求个人的成功，更善于用智慧探索治国的良策。如果说前者只是齐人的"小心机"，那么后者就是齐人的"大谋略"。

齐人在正世理民、经邦治国的实践中，勤于思考，勇于实践，继承传统但不泥古，追求创新但不虚幻，与时变，同俗化，给后人留下了一笔丰富的政治遗产。特别是他们在神权政治的"幽灵"依然徘徊不去的背景下，萌生了"重人事而轻鬼神"的思想；在"封略之内何非君土，食土之毛谁非君臣"的君主制时代，提出了"社稷是主""百姓为天"的主张。这些思想具有开创历史的意义，闪烁着齐人夺目的智慧之光。

《说苑·建本》曾有一段记载，齐桓公问管仲："对于君王来说何为贵？"管仲回答："天为贵。"齐桓公于是仰头看天。管仲说："所谓天，并非苍苍莽莽的天空，统治者以百姓为天。给百姓利益国家就安定，辅助百姓国家就强盛，反对百姓国家就危险，背离百姓国家就灭亡。"管仲"以百姓为天"的思想，正是我国民本主义的滥觞。《管子·霸言》说："霸王之所始也，以人为本。"在中国历史上，这是第一次明确提出"以人为本"，强调要提高普通人的社会地位，把他们作为治国之根本。并进一步提出，以人为本的关键是富民、爱民。富民的要义是发展生产，尤其是发展国民经济的支柱产业——农业，另外还要适度消费，赋敛有度；爱民的要义是得民心，"政之所兴，在顺民心；政之所废，在逆民心"（《管子·牧民》），要关心人民的生活，为人民解除疾苦。

管仲不仅是这样认识的，也是这样实践的。"齐桓公散谷"的故事就是一个很好的例证。有一次，齐桓公担忧地对管仲说："大夫们多数都是兼并财产而不肯分出一点，使五谷在仓库中腐烂而不肯散发给贫苦百姓。"管仲说："请您下令召城阳大夫来问罪。"齐桓公问："这是为什么？"管仲说："城阳大夫的宠妾穿着华丽服装，连家里养的鹅和鹜都吃黄米饭。他的家里经常敲钟鼓、吹笙号，大摆宴席，而同姓的兄弟却没有衣服来御寒，没有食物来果腹，这样的人让他在其位置，能为国家尽忠吗？"

齐桓公听后就召来城阳大夫，摘了他的官帽，封了他的大门，不让他随意外出。那些受封赏的官宦之家见到这种情景后，争先恐后发放存积的粮食给远亲近邻，还有的功臣之家广纳城中贫病孤苦和不能自立的人，分给他们救济粮。管仲用"杀一儆百"的策略告诉那些王公贵族：体恤百姓是官吏最起码的德行，不能做到这一点理应受到惩罚。从那以后，国中再没有饥饿的百姓。

在春秋前期，管仲即敏锐地意识到：民心向背决定着政治兴衰和国家存亡。他大胆否定了一个有意志的至高无上的天的存在，而以民众取代之，认为民众是立国之本。在此基础上，他进一步阐明了君民关系，把民众摆到重要的位置。这种认识是先进的、深刻的，代表着历史的进步和时代的呼声。

其实，早在管仲之前，齐国的开国之君姜太公就产生了朴素的民本思想。反映姜太公思想的《六韬·文师》提出："天下者非一人之天下，乃天下人之天下也。同天下之利者则得天下，擅天下之利者则失天下。"《六韬·明传》提出："义胜欲则昌，欲胜义则亡。"《六韬·盈虚》提出："祸福在君不在天时。"所有这些观点都认为，国君必须严以自律，励精图治，顺应民意，与民同利。

继姜太公、管仲之后，晏婴也是一位具有民本思想的杰出政治家。据《左传·昭公二十年》载，鲁昭公二十年（公元前522年），齐景公先得疥疮，后患疟疾，一年都没有痊愈，诸侯国纷纷遣使前来问病。这时，佞臣梁丘据和裔款认为，齐景公之病，罪在主管祭祀的祝官、史官失职，没能尽心竭力地向鬼神祈福消灾，因而建议齐景公诛杀祝官、史官以辞谢客使。

晏婴闻听此事，坚决反对这种荒唐和残酷的做法。他对齐景公说："如果是有德行的君主，国家和宫里的事情都没有荒废，上下没有怨恨，举动没有违背礼仪，他的祝、史向鬼神陈述实际情况，就没有惭愧之心了。如果碰上放纵的国君，里外偏颇邪恶，上下怨恨嫉妒，举动邪僻悖理，放纵欲望满足私心，砍伐民力，掠夺百姓积蓄，天怒人怨，还不肯改悔，他的祝、史陈说实际情况，这是报告国君的罪过……"齐景公问："那怎么办？"晏婴回答说："君王如果要诛戮祝、史，只有修养德行然后才可以。"齐景公很高兴，让官吏放宽政令，毁掉关卡，废除禁令，减轻赋税，免除对官府所欠的债务。

晏婴同管仲一样，不相信鬼神能主宰人事，而坚信统治者只有行仁德之政，体恤百姓，予民利益，才能国泰民安，天下太平。同样是在齐景公统治时期，齐国大夫田釐子向百姓征收赋税时用小斗收进，赐给百姓粮食时用大斗送出，暗中对百姓施以恩惠，而齐景公也不加禁止。

田氏用这种办法"阴谋修德"，得到了齐国的民心。因此他们的家族越来越强大，对百姓的影响力也越来越大。晏婴多次向齐景公进谏，齐景公却听不进去。晏婴敏感地预测道："齐国的政权最终要归到田氏手中！"果不出所料，田僖子的后代田常任齐相后，仍然效法其先祖的做法，"以大斗出贷，以小斗收"，深得齐国百姓拥戴，最终，姜齐政权转归田氏手中。

这个故事生动地诠释了荀子的名言："君者，舟也；庶人者，水也；水则载舟，水则覆舟。"早在春秋战国时期，齐人就深刻地意识到民心向背对于一国政治的决定性作用，并将以民为本的理念充分运于治国理政的实践。这充分显示了齐人的政治智慧以及齐文化的尚智精神。

第三节　轻重之术：用智慧谋求经济运作的妙方

春秋战国时期，齐国之所以成为五霸之首、七雄之一，一个非常重要的原因就是经济基础的强大。齐国的精英们在致力于齐国经济发展的过程中，总结经验，不断创新，探索出一套独到的发展经济的良方。这些经济运作智慧不仅在当时有效地提振了齐国的经济水平，使齐国富甲天下，而且在后世备受推崇，在中国历史上产生了深远的影响。

以《管子》的"轻重之术"为例。"轻重之术"是《管子》关于商品调节、货币流通和控制物价的理论和方法，主要包括以下几个方面。第一，敛之以轻，散之以重，以重射轻，以贱泄平。即国家对人民所轻者，予以购进；对人民所重者，予以抛售。这样既可稳定物价，又可使政府从中获利。第二，对粮食、盐、铁等重要商品进行控制。即对这些事关国计民生的物资进行垄断、专卖，既可从中获得高额利润，又可稳定国家的经济基础。第三，垄断货币。即由国家掌握并铸造、发行一定数量的货币，并通过货币的收放来控制主要商品的价格，最终控制整个市场。第四，资源国有。即山林、川泽、草莱等自然资源由国家所有，既能满足人民对重要物资的需求，又能增加国家的财政收入。第五，国家掌握外贸主动权。即对本国缺少而又特别重要的商品，要保证它们不外流；对本国有剩余的商品，应采取低价策略，鼓励出口，对外倾销；对本国的特产，则垄断价格，高价出口。

齐国历史上巧用"轻重之术"的精彩案例不胜枚举。例如，《管子·轻重丁》记载了"石璧之谋"。齐桓公欲朝拜周天子，但为贺献费用不足而发愁。管仲就献计说，请下令在阴里筑城，要求有三层城墙，九道城门。此项工程专门用于玉匠雕制石璧，一尺的定价一万钱，八寸的定价八千钱，七寸的定价七千钱，石圭定价四千钱，石瑗定价五百钱。石璧如数制成后，管仲就去朝见周天子说："敝国之君想率领诸侯前来朝拜先王宗庙，观礼于周室，请天子发布命令，要求天下诸侯凡来朝拜先王宗庙并观礼于周室的，都必须带上彤弓和石璧。"周天子爽快地答应了管仲的请求，并向各诸侯国发出了号令。于是，天下诸侯都载着黄金、珠玉、五谷、文采、布帛来到齐国以换取石璧。齐国就借贡宝之名，高抬石璧价格。结果，齐国阴里的石璧流于天下，而天下财物则汇于齐国。齐国以此获得了丰厚的经济收入，此后八年没向百姓征收税赋而财用充足。

又如，《管子·轻重丁》有一段关于"菁茅之谋"的记载，齐桓公听说周天子财用不足，多次下令向各诸侯国征收，但得不到诸侯国的响应，于是就问管仲有没有好的办法。管仲给齐桓公出主意说："让周天子的官吏把长江、淮河之间的菁茅产地封禁并看守起来，然后再向天下诸侯下令，凡随从天子在泰山祭天、在梁父山祭地的，都必须携带一捆菁茅作为祭祀之用的垫席。不按照命令行事的，不得随从前往。"这样一来，天下诸侯为了能随从周天子到泰山祭天、到梁父山祭地，便都带着黄金争先恐后地到菁茅产地奔走求购。江淮的菁茅价格一下子上涨了十倍，一捆可以卖到百金。周天子在朝仅仅三天，黄金就从四面八方汇聚而来。由此，周天子七年没有向诸侯索取贡品。

与上述"菁茅之谋"具有异曲同工之妙的还有"楚鹿之争"的案例。据《管子·轻重戊》记载，齐桓公向管仲讨教征服楚国的计策时，管仲建议用高价购买楚国的生鹿。按照管仲的建议，齐桓公先是建起了百里鹿苑保护区，储存起国内六成的粮食，然后派左司马伯公率民夫铸币，派中大夫王邑带两千万钱到楚国大量收购生鹿。楚王听说此事后，认为这是获取财富的大好机会，就下令楚国的百姓放弃农业生产而从事猎鹿，靠卖生鹿国库增加了五倍的存钱。正当楚人自鸣得意之际，齐国声言鹿已购足，关闭了关口。楚国因百姓忙于捕鹿而放弃了农业生产，结果粮食价格猛涨百倍仍不够用，齐国就将储存的粮食拿到芊地出售，使楚人投奔齐国者十之有四。

无论"石璧之谋""菁茅之谋"，还是"楚鹿之争"，都是利用"轻重之术"囤货居奇，人为制造需求，然后达到获取暴利的目的。这不仅能从经济上增长自己的财富，还能从政治、军事上削弱敌人，甚至拖垮敌人。由此可见，巧妙的经济行为就如同无声的命令、无形的刀戈，兵马未动已达到令敌方臣服的目的，正如《孙子兵法》所说的"不战而屈人之兵"。此正是齐人的智慧所在，也是齐文化的精神所系。

《管子》非常重视发展生产、适度消费，反对奢侈、腐化、挥霍无度，认为"取于民有度，用之有止，国虽小必安；取于民无度，用之不止，国虽大必危"（《管子·权修》）。但在特定的情况下，又强调"侈靡之术"。《管子·侈靡》记载，有一次齐桓公问管仲："如何根据时代的不同而改变政策？"管仲回答说："莫善于侈靡。"就是说，最好的办法是提倡侈靡消费，饮食、车马、游乐、丧葬等生活消费都应该奢侈。他甚至提出把蛋彩绘后再煮了吃，把木柴雕刻后再焚烧。

这在中国古代是一种极为罕见的经济学说。中国古代社会是一以贯之的农业社会，而农业社会的特点是小投入、小生产，一家一户、自给自足，财富积累有限，不可能出现经济的大规模增长。在这种经济土壤中孕育的中国历代思想家，绝大多数提倡勤俭节约、适度消费，反对侈靡浪费、挥霍无度，认为只有这样才能维持社会的良性发展。而《管子》的侈靡思想，是极为独特的、超前的，只有当历史的车轮推进到以市场经济为主导的阶段，这种鼓励消费、刺激消费的思想才成为经济发展的共识。例如，改革开放以来，我国一直把鼓励消费、增加投资、扩大出口作为拉动经济增长的"三驾马车"。而《管子》提出把蛋彩绘后再煮了吃、把木柴雕刻后再焚烧，在时人看来也许极为荒唐，但现在看来却很有道理，这就类似当今提倡拉长产业链、提高附加值的经济理论。

由是观之，我们不能不因齐人高超的经济思想和卓越的经济智慧而深深叹服！这些广泛运用于现代社会的经济理论，早在 2600 多年前就被齐人提出并运用于实践，齐文化在经济领域的尚智精神由此可见一斑。

第四节　上兵伐谋：用智慧获取军事斗争的胜利

齐国具有悠久的兵学传统，其开国之君姜太公被推为兵家智谋的"鼻祖"。《史记·齐太公世家》说："其事多兵权与奇计，故后世之言兵及周之阴权皆宗太公为本谋。"《六韬》以姜太公与周文王、周武王对话的形式，分《文韬》《武韬》《龙韬》《虎韬》《豹韬》《犬韬》六部分，对各种战争条件下所采用的战略战术进行了充分的论述，书中最突出的是智谋权术思想。

春秋末期齐人孙武所著《孙子兵法》十三篇，总结了大量的战争实践经验，提出了一系列带有普遍意义的战争思想，在我国历代军事活动中起过重要的指导作用。《孙子兵法》在唐初传入日本，被誉为"兵学圣典"。明代传入欧洲各国，有多种文字译本传世。在世界军事史上，《孙子兵法》享有极高的声誉，与克劳塞维茨的《战争论》齐名，但成书却比《战争论》早两千多年。今天，《孙子兵法》的智谋被广泛运用到各国政治、经济、军事、外交等领域。

齐国历史上连续不断的军事斗争，造就了一大批优秀的军事家，产生了不少流传千古的军事著作。除了上面所提《六韬》《孙子兵法》外，还有司马穰苴的《司马法》、孙膑的《孙膑兵法》。另外，《管子》《荀子》中也有大量的军事谋略。所有这些，构成了齐文化尚智精神在军事领域的主要表现。

《孙子兵法·谋攻》云："凡用兵之法，全国为上，破国次之；全军为上，破军次之；全旅为上，破旅次之；全卒为上，破卒次之；全伍为上，破伍次之。是故百战百胜，非善之善者也；不战而屈人之兵，善之善者也。故上兵伐谋，其次伐交，其次伐兵，其下攻城。"由此可见，齐人虽然崇尚军事智谋，但并不把通过战争取胜视为制胜的最上策。战争毕竟是最为激烈、最为残酷的政治对抗形式，无论胜利还是失败，都要付出惨重的代价，都会给国家经济和人民生活带来严重的影响。因此，齐人认为最高的军事智慧是"不战而屈人之兵"，即通过运用计谋，在战场之外打败敌人。即使必须发动战争，也想方设法把战争的烈度降到最低点，以最小的代价获取最大的胜利。其中"围魏救赵"就是这样一个经典战例。

魏国军队围攻赵国都城邯郸，双方战守年余，在赵衰魏疲之时，齐国应赵国的请求，派田忌、孙膑率兵八万解救赵国。孙膑向田忌建议：现在魏国精锐部队都集中在赵国，魏国内部空虚，如果乘机直捣其国都大梁，魏军必然回撤；此时再在撤军途中设下埋伏，魏军必然大败。田忌采纳了孙膑的建议，在桂陵大败魏军。这一"围魏救赵"谋略的要义就是对于凶猛的强敌要避其锋芒，对于疲弱之师要连续痛击，最终以较小的代价最大限度地打击敌人。

孙膑在"马陵之战"中也运用了类似的谋略。公元前341年，魏惠王命庞涓伐韩。韩国抵挡不住魏军的强大攻势，被迫向齐国求援。孙膑建议齐威王采取"以逸待劳"之计，先口头答应，实际却按兵不动，"坐山观虎斗"。韩国全力抵抗魏军，五战皆输，再次告急，此时魏军也遭到严重消耗。齐国抓住韩、魏俱疲的时机，决定派兵救韩。但根据孙膑的建议，齐国此次出兵并没有直接去韩国解围，而是把进攻的矛头直指魏国。魏惠王命庞涓火速从韩国回师，追击齐军。

孙膑根据魏军一向骄傲轻敌、急于求成的弱点，向主将田忌建议用减灶的方法诱其深入。按照预定计划，齐军与魏军刚一接触，便立即后撤，让魏军连追三天。庞涓看到齐军的锅灶由第一天的十万个减至第三天的三万个，以为齐军逃亡严重，便丢下步兵，只率骑兵日夜兼程追赶齐军。孙膑判断魏军将于当天日落后进抵马陵，而马陵附近道路狭窄、地势险要，便命万名射手埋伏在道路两旁，还叫人把路旁一棵大树的皮剥掉，在树干上写上"庞涓死于此树之下"。

桂陵之战图

魏国的追兵果然在预定时间进入埋伏区域。庞涓见到树干上写的字，还没醒悟过来，就遭遇齐军袭击。庞涓自知败局已定，羞愧自杀。齐军乘胜追击，共歼灭魏军十万余人，并俘获魏太子申。

在这场著名的战役中，"减灶诱敌"的计谋是其制胜的关键。这一战例告诉人们：用兵作战不可锋芒毕露，威风张扬，而要藏形示弱，千方百计迷惑敌人，引诱它主动出战，过度消耗，然后抓住时机一举歼灭之。

"田单智摆火牛阵"又是一个巧施连环计、以弱胜强的绝妙战例。公元前284年，燕昭王以乐毅为将，并联合秦、魏、韩、赵等国大举伐齐。乐毅率领燕军很快攻下了齐都临淄，夺取了齐国七十多座城邑和大部分国土，齐湣王被杀。齐人拥立法章为王，即齐襄王，在莒城与燕军对垒，田单也坚守着即墨。

田单在燕军进攻安平时，让本族人将兵车伸向两边的车轴锯短，以免在撤退时相互牵制，确保全族安全撤至即墨，在军民中树立了很高的威望。当即墨守将战死、城中无主时，军民便推举田单为将。田单运用高超的智谋，终于克敌复国。

首先，田单离间燕国君臣关系，使燕惠王以骑劫代乐毅为将。接着，田单派人到燕军中散布说，如果燕军把俘虏的鼻子割掉，并令其出阵时走在前面，守城的齐军一见就不敢出城打仗了。骑劫信以为真，竟将俘虏的鼻子全部割掉，推到阵前恐吓齐军。哪知适得其反，城中军民见燕军如此残暴，群情激愤，发誓宁愿战死，也绝不做俘虏。随后，田单又派人到燕军中散布说，齐人最怕燕军挖他们的祖坟。一旦祖坟被挖，城中军民必然寒心，哪里还会有斗志？于是骑劫不仅下令挖了齐人的祖坟，还焚尸扬灰，威逼齐人投降。城中军民见此情景，无不义愤填膺，决心同燕军决一死战。田单见时机成熟，又派人诈言齐军要投降，以松懈燕军的戒备。

等万事俱备之后，田单又挑选了一千多头牛，牛身上披着被子，被子上画着大红大绿、稀奇古怪的花样。牛角上捆着两把尖刀，尾巴上系着浸透了油的苇束。一天夜里，田单下令凿开十几处城墙，把牛队赶到城外，并把牛尾巴上的苇束点燃。牛被烧得性子发作起来，拼命朝着燕军兵营冲去。齐军的五千名"敢死队"队员拿着大刀长矛，紧跟着牛队，冲杀上去。城里的老百姓都来到城头，拿着铜盆起劲地敲打起来。

一时间，震天动地的呐喊声夹杂着鼓声、盆声，惊醒了在睡梦中的燕国军队。许多士兵一看这阵势吓得腿都软了，哪里还有力气抵抗！别说那一千多头牛角上捆的尖刀扎死了多少人，那五千多名"敢死队"队员砍死了多少人，就是燕国军队自己乱窜狂奔踩死的人也不计其数。就这样，只用几个月工夫，田单就收复了被燕国占领的所有城池，恢复了齐国的统治。

上述三个战例，都使用了避实就虚、以逸待劳、诱敌深入、以弱胜强的计谋，是齐人"上兵伐谋"军事智慧的杰出表现。当然，"上兵伐谋"说者易，行者难，这需要指挥者具有强大的军事动员能力。而要实现这种军事动员能力，又需要军事指挥者拥有"令行禁止"的权威。只有这样，才能做到以弱胜强、"不战而屈人之兵"。这是齐人军事智慧的精髓，也是齐文化尚智精神的辩证体现。

第五节　尊王攘夷：用智慧开辟竞争天下的捷径

春秋战国时期，周室衰微，群雄并峙，倾轧兼并。大国之间冲突不断，外交活动纵横捭阖。每个有实力的诸侯国都试图在云谲波诡、变幻莫测的国际舞台上谋求一席立足之地，寻找一种争霸之策。而齐国作为春秋五霸之首、战国七雄之一，一直扮演维持天下秩序的角色，拥有"尊王攘夷"的特殊地位。

"尊王攘夷"的始作俑者是管仲。春秋时期，齐桓公在管仲的辅佐下，借助周天子的权威来震慑和威服诸侯，并帮助周天子树立威望打击不愿臣服的四夷。对内则积极改革政治，发展经济，加强军事，不断提升齐国的实力，扩充齐国的疆界。

公元前651年，齐桓公以"尊王攘夷"为号召，在葵丘大会诸侯，参加会盟的有齐、鲁、宋、卫、郑、许、曹等国的国君，周襄王也派代表参加，并对齐桓公极力表彰。

据《管子·小匡》记载，葵丘会盟时，周天子派大夫宰孔送来祭肉，并告诉齐桓公不必下堂拜受。管仲对齐桓公说："为君不行君礼，为臣不行臣礼，这是祸乱之源。"齐桓公不情愿地反问："想当初，夏、商、周三代受命为王，与这有什么不同吗？"管仲回答："古人受命为王的，总有龙龟降临，河出图，洛出书，地出乘黄神马，现在这三种祥瑞都没有出现，纵然受命为王，岂不是一种错误吗？"齐桓公听后非常惶恐，急忙出去接待宾客说："天威近在咫尺，我虽然奉天子之命而不必下堂拜赐，但是唯恐颠倒了礼义，为天子增加羞辱。"

齐桓公的礼义之举，使他在天下诸侯中赢得了更高的威望，博得了更大的号召力，因而成为春秋时期第一个霸主。而这出以"尊王攘夷"成就霸业的精彩大戏的导演者就是管仲。为此，孔子称赞管仲的功绩说："微管仲，吾其被发左衽矣。"朱熹亦称赞管仲曰："尊周室，攘夷狄，皆所以正天下也。"最值得称道的是，当时齐国的实力虽已天下无敌，但管仲仍提醒齐桓公要谨守礼义，谦逊低调，韬光养晦，最大限度地利用现有秩序达到自己的目的，尽量避免天下陷于纷争和战乱。这是齐人将"上兵伐谋""不战而屈人之兵"的军事智慧运用于外交领域的结果。

虽然握有过硬的经济、军事实力，但却轻易不露锋芒，而更多地运用礼义作为外交的手段，这是齐国在竞争天下中制胜的重要法宝。据《管子·小匡》记载，桓、管时期，齐国对于归附它的诸侯国采取"轻其币而重其礼"的政策。天下诸侯用瘦马和犬羊作为觐见齐君的礼物，齐国则用良马回报；用素绸和鹿皮作为觐见齐君的礼物，齐国则用花锦和虎豹皮回报。各诸侯国的使者，总是空囊而来，满载而归。用爱来钓取，用利来吸引，用信来结交，用武来威慑，天下诸侯国都服从了齐国。因为诸侯都喜欢齐桓公的仁爱，又贪图齐桓公的货利；相信齐桓公的仁义，又害怕齐桓公的武力。

刚柔相济，以柔为主；恩威并施，以恩为主。齐国正是参透了国与国之间、人与人之间交往的特点和本性，所以才能在竞争天下的过程中拔得头筹。还有一个类似的故事。据《管子·小匡》记载，齐桓公取得政权后，在管仲的辅佐下进行了改革，国力迅速增强，进而想称霸诸侯。有一天，齐桓公问管仲："外交和内政都安排好了，这回可以创建霸业了吧？"管仲回答："不可以。因为邻国还没有同我们亲善。"齐桓公问："怎么与他们亲善呢？"管仲回答："审查我们的边境，归还侵占各国的土地，订正邻国的封界，不要接受他们的货财，而要好好地拿出皮币，不断慰问各国诸侯，这样来安定四邻，邻国就同我们亲善了。"齐桓公又问："盔甲兵器都十分充足了，我想南征，应依靠何国为主？"管仲回答："以鲁国为主。应归还侵占他们的常、潜两地，使齐国大海有屏障，小海有墙垣，环山有栅壁。"齐桓公问："我要西征，应依靠何国为主？"管仲回答："以卫国为主。应归还侵占他们的土地，使齐国大海有屏障，小海有墙垣，环山有栅壁。"齐桓公问："我要北征，应依靠何国为主？"管仲回答："以燕国为主。应归还侵占他们的土地、柴夫和吠狗，使齐国大海有屏障，小海有墙垣，环山有栅壁。"

正因为实行了"亲邻国"的政策，齐国与四邻关系大大改善，三年而社会稳定，四年练兵成功，五年就出兵了。齐人智慧地告诉我们：要想做天下霸主，光有经济、军事实力是远远不够的。还要善于用仁义、德行收买人心，争取舆论支持，塑造国家的正面形象。只有万事俱备，并顺应了历史潮流，才能真正地、长久地赢得天下。

总之，齐人的外交智慧主要以尊重现有秩序为号召，注意照顾他国尊严、安抚他国关切，以实力为必要的威慑，以仁义为常规的手段，巧妙撬动整个棋局。在寻求国家崛起的过程中，不过分展露实力，不轻易暴露意图，而是更多地运用国家"软实力"达到自己的目的，实现自己的利益。齐文化中这些卓越的外交智慧，不仅在当时取得了明显的成效，而且对于今日的中国来说，也具有极为重要的启迪价值和借鉴意义。

思考题：

1. 谈谈你对齐国智谋文化的认识。
2. 怎样理解"以仁为本、以谋为用"在创业中的作用？
3. 怎样理解"小成靠智、大成靠天"？

延伸阅读书目：

1. 孙武：《孙子兵法》，陈曦译注，北京：中华书局，2018。
2. 宣兆琦、张士友：《齐国智谋经典》，济南：山东人民出版社，1996。

第二编　鲁文化的精神

第十章　鲁文化的仁爱精神

仁的基本含义，是人与人相亲爱。汉代许慎《说文解字》曰："仁，亲也。从人从二。"[①] 宋代徐铉注曰："仁者兼爱，故从二。"《论语·颜渊》中樊迟问仁，孔子回答曰："爱人。"《墨子·经说下》曰："仁，仁爱也。"[②]《庄子·天地》曰："爱人利物之谓仁。"[③] 先圣先贤们对"仁"的认识，都以"爱"为其内核。仁爱，是鲁文化的主流核心思想。

第一节　孔子的仁爱思想

孔子以仁为思想核心，时时处处以仁为标准。记载孔子言行的万余字的《论语》中，"仁"字共出现 109 次。如果做大致分类的话，我们可以将其分为以下几个方面。

一、修身以仁，自觉行仁

孔子强调以仁德修身，要求人们首先立志于仁。《论语·里仁》说："苟志于仁矣，无恶也。"如果一个人立志于行仁，就不会有什么恶行了。然后时时执着于仁，"君子去仁，恶乎[④]成名？君子无终食之间违仁，造次必于是，颠沛必于是。"君子抛掉了仁道，怎么能够成就好名声？君子哪怕是一顿饭的时间也不会离开仁道，仓促匆忙时执着于仁道，颠沛流离时仍执着于仁道。《论语·颜渊》记载了颜渊问仁的故事。

> 颜渊问仁。子曰："克己复礼为仁。一日克己复礼，天下归仁焉。为仁由己，而由人乎哉？"颜渊曰："请问其目。"子曰："非礼勿视，非礼勿听，非礼勿言，非礼勿动。"颜渊曰："回虽不敏，请事斯语矣。"

---

① （汉）许慎：《说文解字》，161 页，北京，中华书局，1963。
② （清）孙诒让：《墨子间诂》，391 页，北京，中华书局，2001。
③ 陈鼓应：《庄子今注今译》，350 页，北京，商务印书馆，2007。
④ 恶（wū）乎：于何处，怎样。

颜渊问什么是仁。孔子说："克制自己，使言行归合于礼就是仁。一旦人人克己复礼，天下的一切就都归于仁了。修养仁德全靠自己，还靠别人吗？"颜渊说："请问修养仁德的具体条目。"孔子说："不符合礼的事不看，不符合礼的话不听，不符合礼的话不说，不符合礼的事不做。"颜渊说："我颜回虽然不聪敏，但请让我按照这话努力去做吧。"

孔子注重仁和礼的高度统一，仁是内在，礼是外在，礼是仁在行为上的具体表现。一个人如果不讲究文明礼仪，就很难说他是个仁人。

孔子所说的"为仁由己"，意思是修养仁德全靠自己，应自觉地修养仁德。又说："仁远乎哉？我欲仁，斯仁至矣。"（《论语·述而》）仁离我们并不远，想行仁，时时处处都有践行仁的机会。孔子又进一步做了如下劝导。

> 民之于仁也，甚于水火。水火，吾见蹈①而死者矣，未见蹈仁而死者也。
> （《论语·卫灵公》）

意思是民众对于仁德的急需，超过对水和火的急需。我见到过踏进水火里因而死了的人，而从未见到过践行仁德因而死了的人。这是针对某些人对行仁存有顾虑而说的。民众急需仁，我们要勇于践行仁，为民众谋利益。为仁就是做人，既要做一个志向远大的人，又要做一个遵守基本做人伦理的人。

二、孔子的仁行、仁人标准

孔子的仁行标准，最基本的就是"爱人"，对别人心存亲爱，心存友善。那么落实在行动上，就是孔子所认可的仁。

> 子张问仁于孔子。孔子曰："能行五者于天下为仁矣。""请问之。"曰：
> "恭，宽，信，敏，惠。恭则不侮，宽则得众，信则人任焉，敏则有功，惠则
> 足以使人。"（《论语·阳货》）

子张问孔子怎么做才是仁。孔子说："能在天下实行五个方面，就可以说是仁了。"子张说："请问是哪五个方面？"孔子说："恭敬，宽厚，诚信，勤敏，恩惠。恭敬就不会受到侮辱，宽厚就会得到民众，诚信就会得到别人的任用，勤敏就会有成就，施恩惠就能够使唤得动别人。"

> 子贡曰："如有博施于民而能济众，何如？可谓仁乎？"子曰："何事②于

---

① 蹈：践踏，实行。
② 事：止，仅。

仁！必也圣乎！尧、舜其犹病①诸！夫仁者，己欲立而立人，己欲达而达人。能近取譬，可谓仁之方也已。"（《论语·雍也》）

子贡说："如果有人能广泛地施惠于民，并能在贫困时救济大众，怎么样？可以说是达到仁了吗？"孔子说："哪里仅是仁道！那一定是圣德了！恐怕尧舜也担心难以做到呀！有仁德的人，自己想立身于世也要帮助别人立身于世，自己想发达成功也要帮助别人发达成功。能够就近从自身做比方（将心比心，推己及人），就可以算是行仁的方法了。"

仲弓问仁。子曰："出门如见大宾，使民如承大祭。己所不欲，勿施于人。在邦无怨，在家无怨。"仲弓曰："雍虽不敏，请事斯语矣。"（《论语·颜渊》）

仲弓问什么是仁。孔子说："出门待人要像接见贵宾一样敬慎，使唤老百姓要像承当大的祭典一样小心。自己不想要的，不要强加给别人。这样，在国中做事就不招致怨恨，在家中做事就不招致怨恨。"仲弓说："我仲雍虽然不聪敏，但请让我按照这话努力去做吧。"

子曰："志士仁人，无求生以害仁，有杀身以成仁。"（《论语·卫灵公》）

孔子说："志士仁人，没有因贪生而损害仁道的，却有牺牲自身而成全仁道的。"

关于仁行标准，孔子还谈到这些方面："仁者先难而后获，可谓仁矣。"（《论语·雍也》）"仁者不忧②。"（《论语·子罕》）"仁者必有勇。"（《论语·宪问》）"刚、毅、木、讷，近仁。"（《论语·子路》）刚强、坚毅、质朴而言辞不轻易出口，接近于仁。"仁者，其言也讱③。"（《论语·颜渊》）孔子提倡"讷""讱"，是针对"巧言令色鲜矣仁"的人而说的。

孔子认为，仁是做人的最高标准，因此，他不轻易以仁许人。遍观《论语》，多处记载弟子问某人某行为是否达到了仁，孔子大都不轻易认可。比如孟武伯问子路、冉求是否仁，子张问令尹子文是否仁，他都不予肯定回答。而他只是对伯夷、叔齐、微子、箕子、比干、管仲等人以仁相许。

（子贡）入曰："伯夷、叔齐何人也。"（子）曰："古之贤人也。"（子贡）曰："怨乎？"（子）曰："求仁而得仁，又何怨。"（《论语·述而》）

---

① 病：担忧，为难。
② 不忧：乐观。
③ 讱（rèn）：言不轻易说出，说话谨慎。

孔子说伯夷、叔齐是贤人，有仁德，是对他兄弟二人互相谦让孤竹国君位的行为的肯定。在礼崩乐坏、为争夺君位相互残杀①的春秋时期，肯定这种让德就显得十分有现实意义。同时，他还把泰伯的让德赞为"至德"："子曰：'泰伯②，其可谓至德也已矣！三以天下让，民无得而称焉。"（《论语·泰伯》）孔子说："泰伯，可以说是有最高道德的了！他多次把天下让给弟弟季历③，民众找不到恰当的词语来称赞他。"

《论语·微子》记载，

> 微子④去之，箕子⑤为之奴，比干⑥谏而死。孔子曰："殷有三仁焉。"

商纣王昏庸残暴，哥哥微子启离开了他，叔父箕子装疯做了奴隶，叔父比干因强谏被剖心而惨死。孔子把面对暴君采取"离去""装疯""强谏"等行为的三位大贤，褒奖为仁人。

《论语·宪问》记载，

> 子路曰："桓公杀公子纠，召忽死之，管仲不死。"曰："未仁乎？"子曰："桓公九合诸侯，不以兵车，管仲之力也。如其仁！如其仁！"

子路说："齐桓公杀了公子纠，召忽为他而死，管仲不为他死，这不够仁吧？"孔子说："齐桓公九次会盟诸侯，不动用兵车武力，都是管仲的力量。这就是他的仁！这就是他的仁！"

> 子贡曰："管仲非仁者与？桓公杀公子纠，不能死，又相之。"子曰："管仲相桓公，霸诸侯，一匡天下，民到于今受其赐。微⑦管仲，吾其被发左衽矣。岂若匹夫匹妇之为谅⑧也，自经⑨于沟渎而莫之知也？"

子贡说："管仲不是仁人吧？齐桓公杀了公子纠，他不但不以身殉主，反而又辅佐

---

① 《史记·太史公自序》载："《春秋》之中，弑君三十六，亡国五十二，诸侯奔走，不得保其社稷者，不可胜数。"
② 泰伯：周太王古公亶父的长子。
③ 季历：周文王姬昌之父。
④ 微子：商纣王的哥哥，名启。
⑤ 箕子：商纣王的叔父，名胥余。
⑥ 比干：商纣王的叔父。
⑦ 微：无，没有。
⑧ 谅：信。
⑨ 自经：自缢，自杀。

齐桓公。"孔子说："管仲辅佐齐桓公，使他称霸诸侯，一匡天下，民众直到今天还受到他的恩赐。如果没有管仲，我们恐怕会沦落到落后的地步，披散着头发，左开着衣襟。难道他要像普通男女那样愚守小信，自缢于沟渠而不为人知吗？"这里孔子赞美了管仲舍小义、重大义之品德。倘若管仲像召忽那样为公子纠而死，也只不过是主仆之义，也就谈不上后来的齐国强盛，民众幸福了。

由此可见，具有让德、反对暴君、不守小信而讲大义之人，才符合孔子的仁人标准。由此，我们根据孔子的仁行、仁人标准来考量，即可清楚如何践行仁道，如何做仁人义士。

孔子针对不同的学生，对仁的含义的回答不同，这是为什么呢？因为一方面仁是一个博大精深、多维多元的伦理道德系统；另一方面，孔子"因材施教"，对不同秉性且理解能力有差异的学生，设身处地地为他们着想，给予符合学生接受能力的回答，使学生能够结合自身实际听得懂、理解得了，这本身就是一种对学生的深深的爱。

三、仁人爱物，施政以仁

《论语·述而》记载："子钓而不纲①，弋不射宿②。"这是说孔子用钩钓鱼，而不用网捕鱼；用箭射鸟，而不射归巢栖息之鸟。《论语》举此二例，目的是彰显孔子的仁德。捕鱼不以网，一是主张少捕，二是主张不捕幼小。捕鸟不射宿，也是考虑到宿鸟易捕，同时，久居巢中的鸟，多在孵化或哺育幼鸟。如果射杀了这样的鸟，一群幼鸟就会活活饿死。

孙钦善在评述《论语·述而》一章时表示，"《孟子·尽心上》说：'亲亲而仁民，仁民而爱物。'本章即反映了孔子的爱物美德。这种美德表现为遵守古代取物有节的社会公约，《大戴礼·曾子大孝》：'草木以时伐焉，禽兽以时杀焉。夫子曰："伐一木，杀一兽，不以其时，非孝也。"'贾谊《新书·礼》：'不合围，不掩群，不射宿，不涸泽，豺不祭兽，不田猎，獭不祭鱼，不设网罟……取之有时，用之有节，则物蕃多。'"③ 李泽厚说："旧注常以此来讲'取物以节'，不妄杀滥捕，乃理性经验，但这里着重的更是仁爱感情。"④ 孔子特别重视推行仁政，他有如下一个十分形象的比喻。

> 为政以德，譬如北辰居其所而众星共之。（《论语·为政》）

孔子说："当政者用仁德来治国理政，就好像北极星安居其所，而众星就井然有序

---

① 纲：网。
② 宿：栖宿在窝里的鸟。
③ 孙钦善：《论语本解》，95 页，北京，生活·读书·新知三联书店，2009。
④ 李泽厚：《论语今读》，230～231 页，北京，生活·读书·新知三联书店，2008。

地环绕着它。"统治者施仁政，为民谋福利，才能得到民众的真诚拥护。孔子认为不仅要施仁政，还要施德政。

> 道之以政，齐之以刑，民免而无耻；道之以德，齐之以礼，有耻且格。
> （《论语·为政》）

孔子说："用政令教导民众，用刑法整顿民众，民众往往就会逃避制裁而无耻辱感；用道德教导民众，用礼仪整顿民众，民众就会有知耻之心而自觉纠正不良思想行为。"

《论语·颜渊》记载了季康子问政的故事。

> 季康子问政于孔子曰："如杀无道，以就有道，何如？"孔子对曰："子为政，焉用杀？子欲善而民善矣。君子之德风，小人之德草。草上之风，必偃。"

季康子向孔子问为政之道，说："如果惩杀无道的坏人，成就有道的好人，怎么样？"孔子回答说："您治国理政，哪里用得着杀人？您自己想要从善，带头仁善，老百姓也就从善了。为政者的道德好比风，老百姓的道德好比草。风吹到草上，草一定随风倒伏。"这是要求统治者做好德行表率。

《孔子家语·好生》记载了子路与孔子之间关于君子的对话。

> 子路戎服见于孔子，拔剑而舞之，曰："古之君子，以剑自卫乎？"孔子曰："古之君子，忠以为质，仁以为卫，不出环堵之室，而知千里之外，有不善则以忠化之，侵暴则以仁固之，何持剑乎？"子路曰："由乃今闻此言，请摄齐以受教。"①

子路身穿军服见孔子，舞着剑对孔子说："古时的君子，大概都是用剑自卫吧？"孔子说："古时的君子，大都以忠诚忠信为本质，以仁义来守卫，不出家园，而知千里之外，有不善良者，就用忠诚忠信教化之，有侵害残暴者，就用仁义劝阻之，何用持剑守卫呢？"子路说："仲由我今天聆听到您这番话，请让我提起衣摆，恭恭敬敬拜倒在您堂下接受教诲吧。"

《论语·季氏》记载了"季氏将伐颛臾"的故事。

> 季氏将伐颛臾。冉有、季路见于孔子曰："季氏将有事于颛臾。"孔子曰："求！无乃尔是过与？夫颛臾，昔者先王以为东蒙主，且在邦域之中矣，是社

---

① （三国魏）王肃注：《孔子家语》，25 页，上海，上海古籍出版社，1990。

稷之臣也。何以伐为?"冉有曰:"夫子欲之,吾二臣者皆不欲也。"孔子曰:
"求!周任有言曰:'陈力就列,不能者止。'危而不持,颠而不扶,则将焉用
彼相矣?且尔言过矣,虎兕出于柙,龟玉毁于椟中,是谁之过与?"冉有曰:
"今夫颛臾,固而近于费。今不取,后世必为子孙忧。"孔子曰:"求!君子疾
夫舍曰欲之而必为之辞。丘也闻有国有家者,不患寡而患不均,不患贫而患
不安。盖均无贫,和无寡,安无倾。夫如是,故远人不服,则修文德以来之。
既来之,则安之。今由与求也,相夫子,远人不服,而不能来也;邦分崩离
析,而不能守也;而谋动干戈于邦内。吾恐季孙之忧不在颛臾,而在萧墙之
内也。"

季康子将要讨伐颛臾①。冉有、子路进见孔子,说:"季氏将对颛臾发动战争。"
孔子说:"冉求!这恐怕是你的过失吧!颛臾,从前先代君王已封它做东蒙山的主
祭者,而且在鲁国疆域之内,是国家的臣属,为什么要讨伐它呢?"冉有说:"季
老夫子想讨伐它,我们两个臣下都不想这么做。"孔子说:"冉求!良史周任有句
话说:'能在所任职位上施展才力就干下去,不能的话就辞职。'譬如看见盲人遇
到危险而不去护持,将要跌倒而不去搀扶,那又何必用你这个帮扶的人呢?并且
你的话也是错误的,老虎野牛从笼子里跑出来,龟甲美玉在匣子里放坏了,这是
谁的过错呢?"冉有说:"现在颛臾,城墙坚固而且离费邑很近,如果今天不取得
它,后世它一定会成为子孙的忧患。"孔子说:"冉求!君子最憎恨那种不直说自
己想要而一定编些托词的做法。我孔丘听说,有国的诸侯或有家的大夫,不怕财
富少,而怕分配不均;不怕人民少,而怕不安定。大概分配平均了,也就没有贫
穷了;民众和谐团结了,也就不显得人少了;国家安定,就不容易倾覆。正因为
这样,所以远处的人不服,就修文德以招徕他们。既然来了,就好好安顿他们。
如今你仲由和冉求,相助季氏,远处的人不服,不能招徕他们;国家分崩离析,
而不能守护,反而谋划在国内大动干戈;我担心季氏的担忧不在颛臾,而在自己
的门屏之内。"这里所说的"修文德",就是修仁德。为政者修好仁德,广泛施行
仁德,老百姓自然"近者悦,远者来",用不着动用武力去征伐。

《礼记·檀弓下》记载了孔子过泰山的所见所感。

孔子过泰山之侧,有妇人哭于墓者而哀。夫子式②而听之,使子路问之
曰:"子之哭也,壹似重有忧者。"而曰:"然。昔者吾舅死于虎,吾夫又死
焉,今吾子又死焉!"夫子曰:"何为不去也?"曰:"无苛政。"夫子曰:"小
子识之!苛政猛于虎也。"

---

① 颛臾(zhuān yú):国名,故址在今山东省费县西北。
② 式:轼,车前的横木。

孔子路过泰山脚下，有一个妇人在墓前哭得很悲伤。孔子扶着车前的横木听妇人的哭声，让子路前去问那个妇人。子路问道："您这样哭，实在像连着有了几件伤心事似的。"妇人就说："没错，之前我的公公被老虎咬死了，后来我的丈夫又被老虎咬死了，现在我的儿子又死在了老虎口中！"孔子问："那为什么不离开这里呢？"妇人回答说："这里没有残暴的政令。"孔子说："年轻人要记住这件事，苛刻残暴的政令比老虎还要凶猛可怕啊！"为政以德中的仁，立足于人民能够活下去，是对天下苍生的大爱，对人类生存延续的大爱！

这些故事非常生动，让孔子仁爱友善的伟大形象，耸立在我们面前，使人们的"仰之弥高，钻之弥坚"的崇敬之感油然而生！

第二节　曾子的仁爱思想

曾子作为孔子的学生，尊师重道，注重仁德修养，注意行为规范，终成孔子弟子中最有思想建树的代表之一。

一、注重仁德修养

曾子重视修身，长期坚持自省自律的修身习惯。他的具体观点如下。

> 吾日三省吾身——为人谋而不忠乎？与朋友交而不信乎？传不习乎？（《论语·学而》）
>
> 同游而不见爱者，吾必不仁也；交而不见敬者，吾必不长[1]也；临财而不见信者，吾必不信也。三者在身曷怨人！怨人者穷，怨天者无识。失诸己而反诸人，岂不亦迂哉！[2]（《曾子全书·三省》）
>
> 君子修礼以立志，则贪欲之心不来；君子思礼以修身，则怠惰慢易之节不至；君子修礼以仁义，则忿争暴乱之辞远。君子之所贵乎道者三：动容貌，斯远暴慢矣；正颜色，斯近信矣；出辞气，斯远鄙倍矣。（《曾子全书·忠恕》）
>
> 君子攻其恶，求其过，强其所不能，去私欲，从事于义，可谓学矣。[3]（《曾子十篇·曾子立事》）
>
> 见善恐不得与焉，见不善者恐其及己也。（《曾子十篇·曾子立事》）
>
> 君子己善，亦乐人之善也；己能，亦乐人之能也；己虽不能，亦不以援人。（《曾子十篇·曾子立事》）

---

① 不长：不恭谨宽厚，不像长者。
② 汪晫：《曾子全书》，28页，上海，上海古籍出版社，1990。
③ （清）阮元注：《曾子十篇》，1～2页，北京，中华书局，1985。

君子不先人以恶，不疑人以不信。不说人之过，成人之美，存往者，在来者，朝有过夕改则与之，夕有过朝改则与之。（《曾子十篇·曾子立事》）

君子见利思辱，见恶思诟①，嗜欲思耻，忿怒思患，君子终身守此战战也。（《曾子全书·守业》）

君子必慎其独②也。十目所视，十手所指，其严乎！富润屋，德润身，心广体胖，故君子必诚其意。（《曾子全书·明明德》）

曾子的自省、自律、慎独思想，成为世人的座右铭，此外，他以仁为尊的思想也影响着后人。

是故君子以仁为尊。天下之为富，何为富？则仁为富也；天下之为贵，何为贵？则仁为贵也。昔者，舜匹夫也，土地之厚，则得而有之；人徒之众，则得而使之：舜唯以得之也。是故君子将说富贵，必勉于仁也。昔者，伯夷、叔齐死于沟浍之间，其仁成名于天下。夫二子者，居河济之间，非有土地之厚，货粟之富也；言为文章，行为表缀于天下。是故君子思仁义，昼则忘食，夜则忘寐，日旦就业，夕而自省，以役其身，亦可谓守业矣。（《曾子十篇·曾子制言中》）

他尊奉仁义，曾说："凡行不义，则吾不事；不仁，则吾不长③。奉相仁义，则吾与之聚群；向尔④寇盗，则吾与虑⑤。"（《曾子十篇·曾子制言下》）

相传《大学》是曾子所作，其主题就是修身、齐家、治国、平天下，其言："一家仁，一国兴仁；一家让，一国兴让；一人贪戾，一国作乱。""自天子以至于庶人，壹是皆以修身为本。"

二、以行仁为人生志向

曾子坚守仁道，曾说："负耜而行道，冻饿而守仁。"（《曾子十篇·曾子制言中》）在此篇中，他又对"守仁"做了进一步阐述。

君子无悁悁于贫，无勿勿于贱，无惮惮于不闻，布衣不完，疏食不饱，蓬户穴牖，日孜孜上仁。（《曾子十篇·曾子制言中》）

---

① 诟：诟病。
② 慎其独：谨慎自己独处时不做坏事。
③ 不长：不以他为长上。
④ 向尔：接近。
⑤ 虑：忧虑。

君子不要忧闷于贫困，不要忧愁于低贱，不要忧惧于不闻达，即使穿着破衣烂衫，吃着野菜粗食，住着茅草简房，也要天天专心一意地崇尚、追求仁道。《盐铁论·地广》评价君子时说："古之君子守道以立名，修身以俟时，不为穷变节，不为贱易志。惟仁之处，惟义之行。临财不苟，见利反义。不义而富，无名而贵，仁者不为也。故曾参、闵子不以其仁易晋楚之富，伯夷不以其行易诸侯之位，是以齐景公有马千驷而不能与之争名。"

曾子主张读书人要胸怀宽宏，意志坚毅，以行仁为己任，为之奋斗终身。

> 士不可以不弘毅，任重而道远。仁以为己任，不亦重乎？死而后已，不亦远乎？（《论语·泰伯》）

弘毅，《汉语大词典》释曰："宽宏坚毅。谓抱负远大，意志坚强。《论语·泰伯》：'士不可以不弘毅，任重而道远。'朱熹集注：'弘，宽广也。毅，强忍也。非弘不能胜其重，非毅无以致其远。'"

曾子为何要求士弘毅呢？是因为士任重道远。什么样的任最重呢？答案是仁。实践仁是最重的，因为仁者要"爱人"，要"泛爱众"，而"爱人""泛爱众"不是只停留在口头上，而是要躬行实践之。爱人、爱众要有行动：如救民众于水火，为民众谋幸福，为社会图安定、图发展等。责任重大，若没有远大的志向抱负则根本谈不上践行仁，而且实践仁是终身的事，缺乏坚强的毅力是坚持不到"死而后已"的。正是在这种宏大志向的促使下，曾子才生出修身、齐家、治国、平天下的宏伟的人生目标。

三、以孝为仁德之本

曾子重孝，他把孝的内涵扩大，认为人的一切德行都与孝密切相关。他说："居处不庄，非孝也；事君不忠，非孝也；莅官不敬，非孝也；朋友不信，非孝也；战阵无勇，非孝也。五者不遂，灾及于亲，敢不敬乎？"（《曾子全书·养老》）又说："夫孝者，天下之大经也。"在这种认识的主导下，仁、义、忠、信等德行都要以是否符合孝来衡量。他说："民之本教曰孝，其行之曰养。养可能也，敬为难；敬可能也，安为难；安可能也，久为难；久可能也，卒为难。父母既殁，慎行其身，不遗父母恶名，可谓能终矣。仁者，仁此者也；义者，宜此者也；忠者，忠此者也；信者，信此者也；礼者，体此者也；行者，行此者也；强者，强此者也。乐自顺此生，刑自反此作。"（《曾子全书·养老》）

相传《孝经》是曾子所作。《孝经》把孝政治化，把孝视为德政之本。该书确定了天子、诸侯、卿大夫、士、庶人的孝道规范，要求天子广敬博爱，在敬爱自己双亲的同时，还要敬爱百姓；要求诸侯"在上不骄""保其社稷，和其民人"；要求卿大夫一切言行都要遵从先王之法，忠于君王；要求士以事父之诚来事君，主张"以孝事君则忠，以敬事长则顺。忠顺不失，以事其上，然后能保其爵禄，而守其祭祀"；要求庶人"用天之道，因地之利，谨身节用，以养父母"。如此，《孝经》便确定了"以孝治天下"的基本理念。实际上，"以孝治天下"的思想内涵，就是以仁德治天下。

第三节　孟子的仁爱思想

孟子是孔子之孙子思门人的弟子，继承并发扬了孔子、曾子①的思想，有"亚圣"之称，与孔子并称为"孔孟"。孟子也同孔子、曾子一样，十分重视仁爱，《孟子》一书中"仁"字出现 157 次。归纳之，我们可将其分为以下几个方面。

一、仁德的修养

（一）主张养心、养气

孟子说："养心莫善于寡欲。其为人也寡欲，虽有不存焉者，寡矣；其为人也多欲，虽有存焉者，寡矣。"（《孟子·尽心下》）意思是说：修养心性的方法没有比减少欲望更好的了。人如果能欲望不多，纵使善性有所丧失，也不会丧失很多；如果欲望太多，纵使善性有所保存，也是很少的。养心的关键在寡欲，良知常受欲望的蒙蔽，所以利令智昏。孟子所说的养心，就是养仁义之心。

又说："我善养吾浩然之气……其为气也，至大至刚，以直养而无害，则塞于天地之间。其为气也，配义与道；无是，馁也。是集义所生者，非义袭而取之也。"（《孟子·公孙丑上》）意思是说：我善于培养我的浩然之气……这种气，最伟大，最刚强。用正义去培养它，一点不加伤害，它就会充满天地之间。这种气，必须与义和道配合；缺乏它，就没有力量了。这种气，是由义的经常积累所产生的，不是偶然的义行为所能取得的。他主张"穷则独善其身，达则兼善天下"（《孟子·尽心》）。

（二）主张恻隐之心、不忍人之心

孟子说："无恻隐之心，非人也；无羞恶之心，非人也；无辞让之心，非人也；无是非之心，非人也。恻隐之心，仁之端也；羞恶之心，义之端也；辞让之心，礼之端也；是非之心，智之端也。人之有是四端者，犹其有四体也。有是四端而自谓不能者，自贼者也。"（《孟子·公孙丑上》）

所谓恻隐之心，就是同情心。孟子认为，没有同情心，不能算是人。富有同情心，才符合人的本性。富有同情心，才能对人仁善。

孟子说："人皆有不忍人之心。先王有不忍人之心，斯有不忍人之政矣。以不忍人之心，行不忍人之政，治天下可运之掌上。"（《孟子·公孙丑上》）意思是说，

---

① 曾子是子思的老师。

每个人都有怜悯体恤别人的心情。先王有怜悯体恤别人的心情，于是就有了怜悯体恤百姓的政治主张。用怜悯体恤别人的心，去施行怜悯体恤百姓的政治，治理天下就可以像在手掌心里面运转东西一样容易了。孟子所说的不忍之心就是仁心，不忍之政就是仁政。

二、崇尚仁政，重民爱民

仁政是孟子最关注的政治理念，他说："不仁而得国者，有之矣；不仁而得天下者，未之有也。"（《孟子·尽心下》）意思是：不仁的人得到一个国家，有这样的情况；不仁的人却得到天下，是从来没有过的。又说："天子不仁，不保四海；诸侯不仁，不保社稷；卿大夫不仁，不保宗庙。"（《孟子·离娄上》）又说："惟仁者宜在高位。不仁而在高位，是播其恶于众也。"（《孟子·离娄上》）他要求君主带头行仁义，说："君仁，莫不仁；君义，莫不义。"（《孟子·离娄下》）又说："如有不嗜杀人者，则天下之民皆引领而望之矣。"（《孟子·梁惠王上》）如果有一位不好杀人的君主，那么，天下的老百姓都会伸长着脖子期待他的解救了。

孟子面对战国时代列国攻伐、互相残杀、民不聊生的动乱世道，提出以民为本的仁政思想："民为贵，社稷次之，君为轻。是故得乎丘民①而为天子，得乎天子为诸侯，得乎诸侯为大夫。"（《孟子·尽心下》）意思是：百姓最重要，国家次要，君主更次要。因此，得到众百姓之心的人做天子，得到天子之心的人做诸侯，得到诸侯之心的人做大夫。

他当面劝谏邹穆公：

> 凶年饥岁，君之民老弱转乎沟壑，壮者散而之四方者，几千人矣；而君之仓廪实，府库充，有司莫以告，是上慢而残下也。（《孟子·梁惠王下》）

他指斥当政者：

> 争地以战，杀人盈野；争城以战，杀人盈城。（《孟子·离娄上》）
> 坏宫室以为污池，民无所安息；弃田以为园囿，使民不得衣食。（《孟子·滕文公下》）

他指斥好战的梁惠王说：

> 庖有肥肉，厩有肥马，民有饥色，野有饿莩，此率兽而食人也！兽相食，且人恶之；为民父母，行政，不免于率兽而食人，恶在其为民父母也？（《孟子·梁惠王上》）

---

① 丘民：百姓。

故事是这样的：有一次孟子和梁惠王谈论治国之道。孟子问梁惠王："用木棍打死人和用刀子杀死人，有什么不同吗？"

梁惠王回答说："没有什么不同。"

孟子又问："用刀子杀死人和用政治害死人有什么不同？"

梁惠王说："也没有什么不同。"

孟子接着说："现在大王的厨房里有的是肥肉，马厩里有的是壮马，可老百姓面有饥色，野外躺着饿死的人。这是当权者在带领着野兽来吃人啊！大王想想，野兽相食，尚且使人厌恶，那么当权者带着野兽来吃人，怎么能当好老百姓的父母官呢？孔子曾经说过，始作俑者①，他是断子绝孙、没有后代的吧！您看，用人形的土偶来殉葬尚且不可，又怎么可以让老百姓活活地饿死呢？"

同时，他还向梁惠王提出"仁者无敌"说：

> 王如施仁政于民，省刑罚，薄税敛，深耕易耨，壮者以暇日修其孝悌忠信，入以事其父兄，出以事其长上，可使制梃②以挞秦楚之坚甲利兵矣。彼③夺其民时，使不得耕耨，以养其父母；父母冻饿，兄弟妻子离散。彼陷溺其民④，王往而征之，夫谁与王敌？故曰："仁者无敌。"（《孟子·梁惠王上》）

他建议齐宣王给民以恒产：

> 明君制民之产，必使仰足以事父母，俯足以畜妻子；乐岁终身饱，凶年免于死亡；然后驱而之善，故民之从之也轻。今也制民之产，仰不足以事父母，俯不足以畜妻子；乐岁终身苦，凶年不免于死亡。此惟救死而恐不赡⑤，奚⑥暇治礼义哉？（《孟子·梁惠王上》）

仁政的基础是"制民之产"，让老百姓生活上有保障，这是政治稳定的基石。

孟子反对暴政，称历史上的暴君为独夫民贼，赞成"汤放桀""武王伐纣"的正义行动，说："贼仁者谓之'贼'，贼义者谓之'残'。残贼之人谓之'一夫'。闻诛一夫纣矣，未闻弑君也。"（《孟子·梁惠王下》）他肯定人民有推翻暴君的权力，肯定救民于水火的正义战争。孟子推崇的仁政是对孔子仁爱思想的深化，社会意义巨大。

---

① 始作俑者：最早开始用木偶或土偶陪同死人下葬的人。
② 制梃：制造木棒。
③ 彼：指秦楚。
④ 陷溺其民：秦楚使民众陷于深渊中。
⑤ 赡（shàn）：足够。
⑥ 奚：何。

三、强调民众之间仁爱友善

孟子希望人与人之间相亲爱、相友善。

> 人人亲其亲、长其长，而天下平。（《孟子·离娄上》）
>
> 老吾老，以及人之老；幼吾幼，以及人之幼，天下可运于掌。（《孟子·梁惠王上》）
>
> 孩提之童，无不知爱其亲者；及其长也，无不知敬其兄也。亲亲，仁也，敬长，义也；无他，达之天下也。（《孟子·尽心上》）
>
> 亲亲而仁民，仁民而爱物。（《孟子·尽心上》）

他告诫人们切勿有暴行。

> 吾今而后知杀人亲之重也。杀人之父，人亦杀其父；杀人之兄，人亦杀其兄。然则非自杀之也，一间耳。（《孟子·尽心下》）

意思是：我现在才知道杀害别人的亲人的严重性了。如果杀害了别人的父亲，别人也要杀害你的父亲。如果杀害了别人的哥哥，别人也要杀害你的哥哥。这和自己亲手杀死自己的父亲和哥哥只有一点点差别罢了。

除孔子、曾子、孟子之外，荀子、墨子也很重仁。

荀况，赵国人，游学于齐，三次出任齐国稷下学宫祭酒，后为楚兰陵[1]令。韩非、李斯都是他的学生。

荀况注重修养，修养仁善之德，其《荀子·修身》中有具体的阐释。

> 见善，修然必以自存也；见不善，愀然必以自省也。善在身，介然必以自好也；不善在身，菑然必以自恶也。[2]

意思是：见到好的品行，一定要用它来省察自己是否有；见到不好的品行，一定要用忧惧的心情来检查自己。如果自己的身上有好的品行，一定要坚定地去珍惜它；如果自己的身上有不良的品行，一定要像被脏东西污染了一样厌恶它。

人与人之间的友善是全社会和谐的基础。今日社会主义核心价值观要求公民每一个人都要"爱国，敬业，诚信，友善"，深意在此。

---

① 今山东兰陵县。
② （清）王先谦：《荀子集解》，20～21页，北京，中华书局，1988。

荀况强调君要爱民，君爱民，才能得到民众的爱戴和拥护。

> 君者，民之原也。原清则流清，原浊，则流浊。故有社稷者而不能爱民，不能利民，而求民之亲爱己，不可得也。民之不亲不爱，而求其为己用，为己死，不可得也。（《荀子·君道》）

他主张仁人治国政。

> 仁人在上，则农以力尽田，贾以察尽财，百工以巧尽械器，士大夫以上至于公侯，莫不以仁厚知能尽官职，夫是之谓至平。（《荀子·荣辱》）

有仁德的人处在君主的位置上，那么农民就努力种田，商人就会凭着他的洞察力尽心理财，各种工匠就会凭着他的精巧技艺制造器械，士大夫以上至于公侯没有谁不以仁厚、智能尽职尽责，这才是最大的公平。

墨子，名翟，鲁国人，墨家学派创始人。在仁爱方面，他主张兼爱。所谓兼爱，近似于广爱，对人不分等级，不分厚薄亲疏，皆相亲爱。

《墨子·兼爱》中，首先分析天下相乱的原因，就是人与人之间"不相爱"。

> 臣子之不孝君父，所谓乱也。子自爱，不爱父，故亏父而自利；弟自爱，不爱兄，故亏兄而自利；臣自爱，不爱君，故亏君而自利，此所谓乱也。虽父之不慈子，兄之不慈弟，君之不慈臣，此亦天下之所谓乱也。父自爱也，不爱子，故亏子而自利；兄自爱也，不爱弟，故亏弟而自利；君自爱也，不爱臣，故亏臣而自利。是何也？皆起不相爱。
>
> 虽至大夫之相乱家，诸侯之相攻国者亦然。大夫各爱其家，不爱异家，故乱异家以利其家；诸侯各爱其国，不爱异国，故攻异国以利其国。天下之乱物，具此而已矣。察此何自起？皆起不相爱。

他找到了天下大乱的原因，继而劝导天下的人们"兼相爱"。

> 若使天下兼相爱，爱人若爱其身，犹有不孝者乎？视父兄与君若其身，恶①施不孝？犹有不慈者乎？视弟子与臣若其身，恶施不慈？故不孝不慈亡②有。犹有盗贼乎？故视人之室若其室，谁窃？视人身若其身，谁贼？故盗贼亡有，犹有大夫之相乱家，诸侯之相攻国者乎？视人家若其家，谁乱？视人

---

① 恶（wú）：怎。
② 亡：无。

国若其国，谁攻？故大夫之相乱家，诸侯之相攻国者亡有。若使天下兼相爱，国与国不相攻，家与家不相乱，盗贼无有，君臣父子皆能孝慈，若此，则天下治。故圣人以治天下为事者，恶得不禁恶而劝爱。故天下兼相爱则治，交相恶则乱。故子墨子曰："不可以不劝爱人者，此也。"

意思是：假如天下人都能相亲相爱，爱别人就像爱自己，还能有不孝的人吗？看待父亲、兄弟、君上像自己一样，怎么会做出不孝的事呢？还会有不慈爱的人吗？看待弟弟、儿子、臣下像自己一样，怎么会做出不慈的事呢？所以不孝不慈都没有了。还会有盗贼吗？看待别人的家像自己的家一样，谁会盗窃？看待别人就像自己一样，谁会害人？所以盗贼没有了，还有大夫相互侵扰家族，诸侯相互攻伐封国吗？看待别人的家族就像自己的家族，谁会侵犯？看待别人的封国就像自己的封国一样，谁会攻伐？所以大夫相互侵扰家族，诸侯相互攻伐封国，都没有了。假如天下的人都相亲相爱，国家与国家不相互攻伐，家族与家族不相互侵扰，盗贼没有了，君臣父子间都能孝敬慈爱，像这样，天下也就治理了。所以圣人以治天下为己任，怎么能不禁止彼此相恶而不劝导彼此相爱呢？所以，天下人能彼此相爱才会太平，彼此相恶就会混乱。所以墨子说：不可以不劝爱人的道理，就在这里。

通观鲁地先贤的仁爱思想，可知仁爱美德对人的重要性。一个人如果没有仁善之心，那么他是否还有资格做人呢？社会也是如此，倘若失去了仁爱，那必定是人与人之间感情淡漠，互不关心，坑蒙拐骗，甚至像孟子所说的："仁义充塞，则率兽食人，人将相食。"（《孟子·滕文公下》）

"爱人者，人恒爱之"。中国共产党之所以得到人民的真心拥护，是因为洞悉历史上的"史鉴"，一切来自人民，一切为了人民，凝聚着对人民的爱。党的二十大报告强调"凝聚人心，凝聚民力"，正是中华优秀传统文化中"仁爱"思想的当代弘扬。习近平主席在纪念孔子诞辰2565周年国际学术讨论会上强调："和平与发展是当今时代的主题，也是事关各国人民幸福安康的两大问题。世界各国人民都希望生活在祥和的氛围之中，期盼战争、暴力远离人类。世界各国人民也都希望生活在安康的环境之中，期盼饥饿、贫困远离人类。然而，现实世界并不像人们希望的那么美好，局部战争依然此起彼伏，贫困饥饿依然广泛发生，连绵战火、极度贫困依然在威胁着许多人的生命，特别是许多妇女儿童依然在战争和贫困的阴影下苦苦挣扎。想到这些不幸的人们，我们心中充满了同情和责任。国际社会应该携手努力，一起来维护世界和平、促进共同发展。只有这样，和平才有希望，发展才有希望。"仁爱是和平的思想基础，没有仁爱之心，何言和平！

思考题：

1. 儒家为何把"仁"作为思想核心？

2. 请谈谈当今社会仁爱缺失的种种表现。

3. 如何弘扬和践行儒家的仁爱思想？

延伸阅读书目：

1. 杨清虎：《儒家仁爱思想研究》，北京：民主与建设出版社，2017。

2. 张洪波：《儒家仁爱思想与公民道德建设》，《安庆师范学院学报》（哲学社会科学版），2009（4）。

3. 王玉英：《孔子仁爱思想与大学生的做人教育》，《辽宁行政学院学报》，2006（6）。

4. 黎千驹：《孔子的仁爱思想及其当代价值研究》，《湖北师范大学学报》（哲学社会科学版），2018（3）。

第十一章　鲁文化的忠孝精神

　　忠，其基本意义是忠诚。若言所忠诚的对象，一般指忠于君国，忠于人民，忠于家庭，忠于朋友，忠于事业等。

　　孝，指善事父母。《尔雅》释"孝"说："善事父母为孝。"《说文解字》也说："孝，善事父母者，从老省、从子，子承老也。"后来，孝的意义稍宽，指尊亲敬老之善德。人们常说的"孝道"，是指奉养父母、老人的准则规范。孝亲敬老，是中华民族的传统美德，素有"百善孝为先"之说。

　　曾子认为，忠与孝具有密切的关系。《大戴礼记·曾子本孝》说："忠者，其孝之本与！"孔广森补注："孝贵忠诚，无饰伪也。"《大戴礼记·曾子大孝》说："居处不庄，非孝也；事君不忠，非孝也；莅官不敬，非孝也；朋友不信，非孝也；战阵无勇，非孝也。五者不遂，灾及乎身，敢不敬乎！"《大戴礼记·曾子立孝》说："君子之孝也，忠爱以敬，反是乱也。"阮元注："忠则必爱，有礼故敬。子夏曰：'事父母能竭其力。'"曾子重视忠和孝的沟通，强调忠、信、敬等都是孝的表现和特征。

　　考察齐鲁先圣先贤，大都是忠、孝楷模，他们的忠孝精神，对于今天的我们，仍具有很重要的借鉴和启示意义。

第一节　孔子的忠孝精神

一、孔子论忠

　　孔子非常重视忠诚品质的培养。《论语·述而》中概括了孔子的教育内容，"子以四教：文、行、忠、信。"孔子教育的内容有四大方面：文化知识、做事能力、忠诚、守信。

　　孔子主张人的一言一行都要忠诚信实。

　　　　君子有九思：视思明，听思聪，色思温，貌思恭，言思忠，事思敬，疑思问，忿思难，见得思义。（《论语·季氏》）

君子有九种用心的地方：看，要注意看明白；听，要注意听清楚；脸色，要注意温和；容貌态度，要注意恭敬；说话，要注意忠诚；办事，要注意敬慎；有疑问，要用心询问；发怒时，要想到后患；见到利益，要想到道义。

樊迟问仁，子曰：

> 居处恭，执事敬，与人忠。虽之夷狄，不可弃也。（《论语·子路》）

弟子樊迟问怎么做才是仁，孔子说："居家恭顺，办事认真敬慎，待人忠诚厚道。具备了这样的仁德，即使到了边远夷狄之地，人家也不会背弃你。"

子张问行，子曰：

> 言忠信，行笃敬，虽蛮貊之邦，行矣。言不忠信，行不笃敬，虽州里，行乎哉？立则见其参于前也，在舆则见其倚于衡也，夫然后行。（《论语·卫灵公》）

弟子子张问如何才能使自己到处行得通，孔子说："说话忠诚信实，行为笃实恭敬，即使在蛮貊之国，也行得通。说话不忠诚信实，行为不笃实恭敬，即使在本乡本土，能行得通吗？站立时就好像看见'忠信笃敬'四字参列在面前，坐在车里就好像看到这几个字靠在车的横木上，做到这样，然后才能行得通。"

子张问政，子曰：

> 居之无倦，行之以忠。（《论语·颜渊》）

子张问为政之道，孔子说："身居官位不懈倦，执行政令要忠诚。"
那么，怎样做才能使臣下忠诚呢？孔子说：

> 君使臣以礼，臣事君以忠。（《论语·八佾》）

他要求国君礼待臣下，臣下以忠事君。君臣之间的关系是相互的，倘若国君不以礼待臣，那么臣下也不会忠心事君。这与孟子所言近似："君之视臣如手足，则臣视君如腹心；君之视臣如犬马，则臣视君如国人；君之视臣如土芥，则臣视君如寇仇。"（孟子·离娄下）

他要求君主做忠孝的表率，要敬业爱民。

> 季康子问："使民敬、忠以劝，如之何？"子曰："临之以庄则敬，孝慈则忠，举善而教不能则劝。"（《论语·为政》）

季康子问："要使民众恭敬、忠诚和勤勉努力，应该怎么办？"孔子说："当政者对待民众庄重，民众就会恭敬；对待父母（乃至天下父母）孝慈，民众就会忠诚；举用贤能之人，教育不够贤能之人，民众就会勤勉努力。"《论语·学而》中还记载了孔子对当政者的提议。

> 子曰："道千乘之国，敬事而信，节用而爱人，使民以时。"

孔子说："领导治理拥有千辆兵车的国家，应当恭敬从事，诚信不欺，节约用度，爱护人民，役使民众要选择适宜之时。"

孔子是这样要求的，也是这样做的。他忠于君国，忠于民众，忠于朋友，忠于事业。

> 君命召，不俟驾行矣。（《论语·乡党》）

国君有命召唤，孔子不等驾好车就急匆匆先步行而往。

孔子说："出则事公卿，入则事父兄。"（《论语·子罕》）他认为，作为子弟，服侍长上是很自然的。他曾说："君子之事上也，进思尽忠，退思补过，将顺其美，匡救其恶，故上下能相亲也。"（《孝经·事君章》）又说："事君，敬其事而后其食。"（《论语·卫灵公》）通常情况下，明君代表着国家，忠君就等于忠于国家。

他把忠恕作为一以贯之的道，时时以忠诚、仁恕律己。他把"老者安之，朋友信之，少者怀之"作为人生志向，时时以忠于民众励己。他在盛赞"博施于民而能济众"为圣贤品质的同时，发出"己欲立而立人，己欲达而达人"① 的响亮呼吁。为了改变乱世，他积极救世，凭着"知其不可而为之"的一股犟劲，周游列国十四年，宣传治世主张。匡地遭围，陈国绝粮，被人讥为"四体不勤，五谷不分"，被人骂作"丧家之犬"。面对隐士们的劝说，他以"鸟兽不可与同群"相回应，并说："天下有道，丘不与易也。"正是因为天下无道，孔子才坚定地致力于改易世道人心的艰难伟业。在忠于事业方面，他"发愤忘食，乐以忘忧，不知老之将至"；在对待学生方面，他"循循善诱""诲人不倦"；在对待朋友方面，他主张"忠告而善道之"；在践行仁德方面，他主张"志士仁人，无求生以害仁，有杀身以成仁"；这些，无不彰显出他为人忠诚之美德。

《孟子·尽心下》记载了孔子忠于国家的故事。

---

① 己欲立而立人，己欲达而达人：自己想立身于世也要帮助别人立身于世，自己想发达成功也要帮助别人发达成功。

> 孔子之去鲁，曰："迟迟吾行也，去父母国之道也。"去齐，接淅而行，去他国之道也。

意思是，孔子离开鲁国时说："我们慢慢地走吧，这是离开祖国的态度。"离开齐国时，不等把米淘完就走，这是离开别国的态度。这故事生动彰显了孔子眷恋祖国的情怀。

二、孔子论孝

孔子重视孝道，对于孝，他讲了很多，如："弟子入则孝，出则悌，谨而信，泛爱众，而亲仁。"（《论语·学而》）"父在观其志，父没观其行，三年无改于父之道，可谓孝矣。"（《论语·学而》）"父母在，不远游，游必有方。"（《论语·里仁》）"孟懿子问孝。子曰：'无违。'樊迟御，子告之曰：'孟孙问孝于我，我对曰，无违。'樊迟曰：'何谓也？'子曰：'生，事之以礼；死，葬之以礼，祭之以礼。'"（《论语·为政》）"孟武伯问孝。子曰：'父母唯其疾之忧。'"（《论语·为政》）

孔子要求：作为子女，无论在家还是在外，要时刻不忘孝敬父母，敬顺长上。父亲去世，子女不得轻易改变父亲生前立下的规矩。父母年老，子女尽量不远游；如果迫不得已要远游，也一定告知父母所去的具体地方（以免父母牵挂，以便父母召唤）。子女要担忧父母的疾病，因为疾病会导致父母痛苦和死亡。不违背孝道之礼，生、死、祭，都要循礼而行。

最能体现孔子孝道思想境界的，是以下两则。

> 子游问孝。子曰："今之孝者，是谓能养。至于犬马，皆能有养。不敬，何以别乎？"（《论语·为政》）

意思是说：今天有些人谈到孝，认为做到能养就是孝了。这种要求太低了，连狗和马等有灵性的动物都能做到长幼间的相养，作为人，在赡养老人时如果体现不出"敬"来，那与狗、马等有何区别？

乌鸦反哺其母之佳话以及动物中众多相养的真实例子，证实动物确实能做到长幼间的相互养活（先是长养幼，后是幼养长）。动物能相养，人更应该相养。人若在赡养老人时体现不出"敬"来，那与动物有何区别？关键要看这个"别"字，孔子强调的是人与动物的区别。孔子的境界高，对人在孝的方面要求高，在对待老人方面，只做到"养"是不够的，还要做到"敬"，不能停留在动物的水准上。

> 子夏问孝。子曰："色难。有事，弟子服其劳；有酒食，先生馔，曾是以为孝乎？"（《论语·为政》）

"色难"的意思是：侍奉父母，长期做到和颜悦色很难。汉代郑玄注曰："言和颜悦色，是为难也。"杨伯峻在《论语译注》中译道："儿子在父母前经常有愉悦的容色，是件难事。"凡有长期侍奉老父老母经历的儿女，大概都有切身感受，孔子大概就是根据众多儿女的这种感受，发出的这一实实在在的感叹，同时也是对做儿女的向"孝"的更高境界的要求。"有事，弟子服其劳；有酒食，先生馔"，孔子认为仅仅做到这些，太容易了，是一般人都能做到的，达不到"孝"的程度，所以他用反诘的语气"曾①是以为孝乎"加以反问。孔子认为，做子女的对待父母，在让其吃饱穿暖的情况下，重要的是要做到"恭敬"，要和颜悦色，让老人打心眼里舒适，这才算是真正做到了孝。与上则所主张的相同，只做到"养"不行，还要做到"敬"。侍奉父母和颜悦色，正是"敬"的最好表现。

孝子侍母图

三、孔子的孝行故事——合葬父母

孔子的父亲叔梁纥，与原配夫人施氏共生九个女儿。后纳妾，生一男，叫孟皮②。为有一个健康的继承人，纥决定再娶。听说颜襄家有三个女儿，他便托媒人上门提亲。媒人征求三个女儿的意见，大女儿、二女儿考虑到年龄悬殊③而拒绝，唯有小女儿颜徵在不介意年龄而应允。婚后不久，生孔子。不幸的是，孔子刚满三岁，父亲就死了。母亲年轻守寡，含辛茹苦地养育孔子。孔子少年懂事，也主动帮母亲分担，种庄稼、种菜、放牧、做丧祝④等。他曾说："吾少也贱，故多能鄙事。"（《论语·子罕》）在生活的重压下，母亲积劳成疾，于孔子十七岁时去世。为尽孝道，孔子决定将母亲与父亲合葬。但是，传说孔子不知父亲葬在何

①　曾（zēng）：竟，难道。
②　孟皮腿脚有残疾。
③　纥已六十多岁。
④　丧祝：助人办理丧事。

处，向邻居打听，也没得到结果。于是，他便把母亲的棺材停放在五父之衢①，以引起人们的注意。果然不久，当年车夫的母亲告诉了他父亲的墓地。《史记·孔子世家》记载："孔子母死，乃殡五父之衢，盖其慎也。陬人挽父之母诲孔子父墓，然后往合葬于防焉。"防，指防山，在曲阜东十三公里处。防山北麓，即孔子父母的合葬处，名为"梁公林"。

第二节　曾子的忠孝精神

一、曾子注重忠和孝的关系

曾子认为，忠和孝有着密切的关系。他说：

> 忠者，其孝之本与！（《大戴礼记·曾子本孝》）

忠是孝的根本，没有忠诚品质，虚假客套，难说能惦尽孝道。又说：

> 君子立孝，其忠之用，礼之贵。（《大戴礼记·曾子立孝》）

黄怀信《大戴礼记汇校集注》解此语说："言君子之所以立孝道者，以其为忠君之所用，礼法之所贵也。"曾子又说：

> 君子之孝也，忠爱以敬，反是，乱也。尽力而有礼，庄敬而安之；微谏不倦，听从而不怠；懽欣忠信，咎故不生，可谓孝矣。尽力无礼，则小人也；致敬而不忠，则不入也。是故礼以将其力，敬以入其忠，饮食移味，居处温愉，著心于此，济其志也。（《大戴礼记·曾子立孝》）

这是说，君子的孝，应基于忠爱之心来敬，要尽力有礼，保持庄敬的态度而使老人心情安适。老人如有错处，应委婉劝谏。老人如果一时想不通，也不要厌烦。有条件的话，应经常给老人改善饮食，让老人感到住处温暖愉快。孝子在这些方面用心，有助于老人心志精神的愉悦。

曾子还把孝的概念扩大，认为庄、忠、敬、信、勇等品质都是孝行的表现，倘若做不到这些，就可能"灾及乎身"，辱及父母。所以，要敬慎对待。他说：

> 居处不庄，非孝也；事君不忠，非孝也；莅官不敬，非孝也；朋友不信，

---

① 衢：四通八达的道路。

非孝也；战阵无勇，非孝也。五者不遂，灾及乎身，敢不敬乎！（《大戴礼记·曾子大孝》）

因此，曾子时时把忠、信作为省察的重要方面："吾日三省吾身——为人谋而不忠乎？与朋友交而不信乎？传不习乎？"（《论语·学而》）

二、曾子对孔子孝道思想的发展

作为孔子的学生，曾子宗其师，对孝又有较全面的论述和发挥。在孔子以后的儒学发展中，曾子可以说是儒家孝理论的集大成者。曾子不仅以孝著称，而且在孝道理论方面无论从广度还是深度都继承和发展了孔子的孝道思想。曾子思想以孝为核心，开创了儒家的孝治派。有人认为，《孝经》是曾子所作。《大戴礼记》中收有《曾子本孝》《曾子立孝》《曾子大孝》《曾子事父母》等论孝专篇，可见，在孔子弟子中，曾子对儒家孝道思想的发展贡献很大。

他忠实其师，主张：

大孝尊亲，其次不辱，其下能养。（《大戴礼记·曾子大孝》）

这等于给孝分了等级，把尊敬父母视为"大孝"，要求人们在"能养""不使父母受辱"的前提下，追求"大孝"的境界。继而他又说：

民之本教曰孝，其行之曰养。养可能也，敬为难；敬可能也，安为难；安可能也，久为难；久可能也，卒为难。父母既殁，慎行其身，不遗父母恶名，可谓能终也。夫仁者，仁此者也；义者，宜此者也；忠者，中此者也；信者，信此者也；礼者，体此者也；行者，行此者也；强者，强此者也。乐自顺此生，刑自反此作。夫孝者，天下之大经也。夫孝，置之而塞于天地，衡之而衡于四海，施诸后世而无朝夕，推而放诸东海而准，推而放诸西海而准，推而放诸南海而准，推而放诸北海而准。（《大戴礼记·曾子大孝》）

他把孝看作"民之本教"、放诸四海而皆准的"天下大经"，鼓励人们向着敬、安、久等不易达到的大孝目标进取。即使父母死了，也要"慎行其身，不遗父母恶名"。仁、义、忠、信、礼等一切德行，都要以孝为根本。

曾子论孝的另一特点是朴素实在。他说：

往而不可还者，亲也；至而不可加者，年也。是故孝子欲养，而亲不待

也。木欲直，而时不待也。是故椎①牛而祭墓，不如鸡豚逮亲存也。（《韩诗外传》）

意思是说，故往而不可再生还者，是父母的生命；到了一定的限度而不可再增加的，是父母的年龄。所以孝子想以后再尽赡养之心，而父母的年龄不会等待；这和树木想直而时间不会等待是一个道理。所以，与其在父母死后击杀大牛去祭坟，还不如让父母活着的时候吃到小鸡、小猪呢。

这种朴素至诚之言，让人听得入心。很多做子女的，父母在世时，常因忙、路途远、生活条件差等理由，疏于对父母的赡养，总幻想着以后再尽孝，但是，父母的年龄不能等待。一旦父母离世，儿女则悔恨不已，然已晚矣。天下做儿女的人，大都有"子欲养而亲不待"之遗憾。因此，曾子警示天下做儿女的人：要抓紧时间行孝。

三、曾子孝行故事

（一）耘瓜受杖

《孔子家语·六本》记载了"耘瓜受杖"的故事。曾子耘瓜，误伤瓜根。父亲曾晳大怒，抡起大杖击其背，曾子仆地而不省人事，过了好一会儿才苏醒过来。醒后他欣然而起，跪在父亲面前说："刚才我得罪于大人，大人用力教训我，不会累着吧？"父亲不理，曾子就退回房去，抚琴而歌，欲令曾晳闻之，知其身体未被打伤。孔子听说此事，非常生气，吩咐门弟子说："曾参到我这里来，不要让他进门！"曾参自以为无罪，使人请教孔子。孔子说："你们没听说过吗，从前瞽叟有个儿子叫舜，舜事奉瞽叟时，欲使之，未尝不在身边，索而杀之，未尝可得，小棍击打则待过，大杖则逃走，所以瞽叟不犯不父之罪，而舜不失烝烝之孝。今曾参事父，委身以待暴怒，死而不避，这样，既身死而陷父于不义，其不孝孰大焉？你不是天子之民吗？杀天子之民，其罪如何？"曾参听后说："我曾参罪大矣。"于是面见孔子而谢过。

在把握孝顺的度上，曾子有些过分，孔子适时教诲，纠正其偏失。

（二）蒸藜休妻

《孔子家语·七十二弟子解》记载：曾子后母对曾参无养育之恩，而曾参却对后母供养不衰。有一天，妻子因给后母蒸藜不熟，曾参便要休掉她。有人劝说："你这不符合'七出'休妻的理由。"曾子反驳说："蒸藜这么小的事，她都做不好，何况大事乎？"遂出之，终生不再娶。儿子曾元劝他再娶，他告诉儿子说："高宗因听信后妻谗言而放逐儿子孝己，致使其忧苦而死；尹吉甫因听信后妻谗言，而把儿子伯奇放逐于野。我上不如高宗，中不如尹吉甫，岂知能避免不做同类错事吗？"

---

① 椎（chuí）：用棰击打。

这则故事虽然突出了曾子对后母之孝，但也有过分之嫌：按常理来说，蒸藜不熟，哪能到了休妻的地步？儿子曾元劝其再娶，也出乎常人所料。

第三节 孟子的忠孝精神

一、孟子的忠谏精神

孟子之忠，主要体现在忠谏方面，即发现君主有过，敢于直谏。这种犯颜谏诤精神，无疑是对国家民众的忠诚。他说：

> 欲为君，尽君道；欲为臣，尽臣道。二者皆法尧舜而已矣。（《孟子·离娄上》）

劝谏好战的梁惠王，不违农时，体恤民众，广施仁政：

> 不违农时，谷不可胜食也；数罟①不入洿池②，鱼鳖不可胜食也；斧斤以时入山林，材木不可胜用也。谷与鱼鳖不可胜食，材木不可胜用，是使民养生丧死无憾也。养生丧死无憾，王道之始也。
>
> 五亩之宅，树之以桑，五十者可以衣帛矣。鸡豚狗彘之畜，无失其时，七十者可以食肉矣。百亩之田，勿夺其时，数口之家可以无饥矣。谨庠序之教，申之以孝悌之义，颁白者不负戴于道路矣。七十者衣帛食肉，黎民不饥不寒，然而不王者，未之有也。
>
> 狗彘③食人食而不知检，涂有饿莩④而不知发，人死，则曰："非我也，岁也。"是何异于刺人而杀之，曰"非我也，兵也。"王无罪岁，斯天下之民至焉。
>
> 王如施仁政于民，省刑罚，薄税敛，深耕易耨；壮者以暇日修其孝悌忠信，入以事其父兄，出以事其长上；可使制梃⑤以挞秦楚之坚甲利兵矣。
>
> 彼夺其民时，使不得耕耨以养其父母，父母冻饿，兄弟妻子离散。彼陷溺其民，王往而征之，夫谁与王敌？故曰："仁者无敌。"王请勿疑。（《孟子·梁惠王上》）

---

① 数罟（cù gǔ）：细密的网。
② 洿（wū）池：水塘。
③ 彘（zhì）：猪。
④ 莩（piǎo）：饿死的人。
⑤ 梃：棍棒。

他劝谏邹穆公，凶年饥岁，应开仓赈民，推行仁政：

> 凶年饥岁，君之民老弱转乎沟壑，壮者散而之四方者，几千人矣！而君之仓廪实，府库充，有司莫以告，是上慢而残下也。曾子曰："戒之！戒之！出乎尔者，反乎尔者也。"夫民今而后得反之也。君无尤焉！君行仁政，斯民亲其上，死其长矣①。（《孟子·梁惠王下》）

他劝谏滕文公，民众的事情刻不容缓，要给民众固定的产业：

> 民事不可缓也。《诗》云："昼尔于茅，宵尔索绹；亟其乘屋，其始播百谷。"民之为道也，有恒产者有恒心，无恒产者无恒心。苟无恒心，放辟邪侈，无不为已。及陷乎罪，然后从而刑之，是罔民也。焉有仁人在位罔民而可为也？是故贤君必恭俭礼下，取于民有制。（《孟子·滕文公上》）

民众的事情是刻不容缓的。《诗经》中说："白天赶紧割茅草，晚上立即绞绳索；抓紧时间修房屋，开年又要种百谷。"民众有一个基本的生活道理：有固定产业的人才有一定的道德观念，无固定产业的人就没有一定的道德观念。如果没有一定的道德观念，就会肆意为非作歹。等到他们犯了罪，然后施以刑罚，这等于欺罔陷害百姓。哪里有仁爱的国君在位，却干出欺罔陷害百姓的事呢？所以贤明的君主必须谦恭俭朴，礼贤下士，征集赋税有合理的定制。细细品味，其拳拳忠君爱民之心，跃然纸上，溢于言表。

二、孟子的孝道主张

一般认为，孔门以曾子最能传孝道，而子思是曾子的学生，孟子又是就学于子思之门人，所以孟子受先儒的影响，对孝道思想又有了很好弘扬和发展。孟子的孝道思想，既有高屋建瓴的一面，又有具体细微的一面。就高屋建瓴的一面而言，孟子主张：

> 老吾老，以及人之老；幼吾幼，以及人之幼。（《孟子·梁惠王上》）

意思是说：尊敬自家的老人，从而推广到尊敬别家的老人；爱护自家的孩子，从而推广到爱护别家的孩子。若人人具有了这种无私之孝慈，才会孝行满天下，慈爱满天下。

他推崇周文王的养老政策。

---

① 死其长矣：肯为长上而死。

孟子曰："伯夷辟①纣，居北海之滨，闻文王作，兴曰：'盍归乎来，吾闻西伯善养老者。'太公辟纣，居东海之滨，闻文王作，兴曰：'盍归乎来，吾闻西伯善养老者。'天下有善养老，则仁人以为己归矣。五亩之宅，树墙下以桑，匹妇蚕之，则老者足以衣帛矣。五母鸡，二母彘，无失其时，老者足以无失肉矣。百亩之田，匹夫耕之，八口之家足以无饥矣。所谓西伯善养老者，制其田里，教之树畜，导其妻子使养其老。五十非帛不暖，七十非肉不饱。不暖不饱，谓之冻馁。文王之民，无冻馁之老者，此之谓也。"（《孟子·尽心上》）

孟子提出性善论，进一步完善儒家孝道的哲学基础。孟子接受孔子仁的思想，强调人人都能达到仁的主观因素，"人人皆可为尧舜"，从而提出人的本质是性善的理论。人性是天赋的，孝的善德当然也是天赋的，人人都是生而具备的。

具体而言，他既强调"尊""养"，又重视"事""守"。他说：

孝子之至，莫大乎尊亲；尊亲之至，莫大乎以天下养。（《孟子·万章上》）

他认为孝的极点，就是尊敬父母亲；尊敬父母亲的极点，就是拿天下可以拿到的东西来奉养父母。在孝这方面，孟子认同曾子的做法。

事，孰为大？事亲为大。守，孰为大？守身为大。不失其身而能事其亲者，吾闻之矣；失其身而能事其亲者，吾未之闻也。孰不为事？事亲，事之本也；孰不为守？守身，守之本也。曾子养曾皙，必有酒肉。将彻②，必请所与。问："有余？"必曰："有。"曾皙死，曾元养曾子，必有酒肉。将彻，不请所与。问："有余？"曰："亡矣。"将以复进也。此所谓养口体者也。若曾子，则可谓养志也。事亲若曾子者，可也。（《孟子·离娄上》）

在"养"方面，他推崇曾子对父亲曾皙既养其身又养其志的做法。关于"养志"，赵岐的注解说："将彻，请所与，问曾皙所欲与子孙所爱者也。必曰有，恐违亲意也，故曰养志。"孙奭疏曰："盖曾子知父欲有余者与之所爱之子孙，故徇而请其所与，问有余，故复应之曰有，是其遂其亲之志意，而不违者也，故曰养志也。"说得通俗点，"养志"就是顺从、满足老人的心意。

孟子还把"慕父母"情结视为大孝至孝的范围。他说：

大孝终身慕父母。五十而慕者，予于大舜见之矣。（《孟子·万章上》）

---

① 辟：躲避。
② 彻：撤下。

> 尧舜之道，孝悌而已矣……舜其至孝矣，五十而慕。（《孟子·告子下》）

所谓慕父母，就是依恋父母。在这方面，他推崇舜，舜到了五十多岁时，还常常依恋着父母。儿女到了五六十岁还依恋父母，证明亲情浓厚，亲情保鲜持久。他把不孝的情况分为以下五种。

> 世俗所谓不孝者五：惰其四肢，不顾父母之养，一不孝也；博弈好饮酒，不顾父母之养，二不孝也；好货财，私妻子，不顾父母之养，三不孝也；纵耳目之欲，以为父母戮，四不孝也；好勇斗狠，以危父母，五不孝也。（《孟子·离娄下》）

孟子总结"五不孝"的目的，是希望人们戒除之，好好赡养父母，不危父母，"人人亲其亲，长其长，而天下平"（《孟子·离娄上》）。

三、孟子的孝行表现

《韩诗外传》记载了孟子欲休妻的故事。

> 孟子妻独居，踞。孟子入户视之，白其母曰："妇无礼，请去之。"母曰："何也？"曰："踞。"其母曰："何知之？"孟子曰："我亲见之。"母曰："乃汝无礼也，非妇无礼。《礼》不云乎？'将入门，问孰存。将上堂，声必扬。将入户，视必下。'不掩人不备也。今汝往燕私之处，入户不有声，令人踞而视之，是汝之无礼也，非妇无礼也。"于是孟子自责，不敢去妇。①

孟子的妻子独自一人在屋里，箕踞②，很不雅观。孟子进屋看见妻子这个样子，很生气，向母亲说："这个妇人不讲礼仪，请准许我把她休了。"孟母说："什么原因？"孟子说："她箕踞。"孟母问："你怎么知道的？"孟子说："我亲眼看见的。"孟母说："这是你不讲礼仪，不是你妻子不讲礼仪。《礼经》上不是这样说吗？将要进门的时候，必须先问屋里谁在里面；将要进入厅堂的时候，必须先高声传扬，让里面的人知道；将进屋的时候，必须眼往下看，不要到处窥探。《礼经》这样讲，为的是不让人没准备，无所防备。现在你到妻子闲居休息的地方去，进屋没有声响，因而让你看到了她两腿叉开坐着的样子。这是你不讲礼仪，而不是你的妻子不讲礼仪。"孟子听了孟母的教训后，认识到自己错了，再也不敢说休妻的事了。

---

① 许维遹：《韩诗外传集释》，322 页，北京，中华书局，1980。
② 箕踞：叉开两腿坐着，像个簸箕。一说其妻裸露身体。

孟子休妻图

　　孟子三岁丧父，从小就很听母亲的话，孟母为了选择适于他健康成长的环境，三迁住地，每次迁居，他都顺从母亲。成年后，他仍是非常孝顺，敬顺母命。

第四节　倡导健康的孝道观

　　古人的孝道观念中，有健康的孝，也有不健康的孝，即所谓的"愚孝"。于元代成书的《二十四孝》汇集了古代典型的孝道故事。就该书来看，大部分孝道故事传递出一定的正能量，如以下几则故事。

　　《孝感动天》，写虞舜至孝，感动天地，大象为之耕，百鸟为之耘。尧发现其孝德，便着力培养他的治政能力，让九个儿子辅佐他，把两个女儿嫁给他，最终把帝位让给了他。

　　《芦衣顺母》，写孔子弟子闵损（子骞）受后母虐待，后母在其棉衣内填塞芦花，父亲知道闵损寒冷的原因之后，一气之下要休掉后母，闵损好言劝阻，感动了后母。

　　《为亲负米》，写孔子弟子仲由（子路）早年家贫，以野菜糊口，为让父母吃到粮米，他赶到百里之外买米，徒步背回。

　　《鹿乳奉亲》，写郯子父母年老，患了眼疾，听说鹿奶可治眼病，他就披着鹿皮到深山鹿群中取奶。猎人以为他是鹿，差点将其射杀。

　　《拾葚供亲》，写东汉蔡顺少小无父，与母亲相依为命。正逢王莽乱世，连年灾荒，为养母亲，他便到山里捡拾桑葚，而且把黑、红不同的桑葚分别放在两个篮子里。一群赤眉军见到了，感到惊奇，蔡顺解释道："成熟的黑葚给母亲吃，不熟的红葚我自己吃。"赤眉军被感动，送给他三斗白米、一只牛蹄。

《怀橘遗亲》，写三国吴郡陆绩六岁时随父亲到九江袁术家做客，袁术以柑橘招待，陆绩拿三个揣进怀中，起身拜辞时，柑橘掉落在地。袁术笑问，陆绩答曰："我母亲最爱柑橘，想带回给母亲吃。"小小年纪有如此孝心，袁术惊奇。

《扇枕温衾》，写东汉黄香九岁丧母，事父尽孝。夏天炎热，每临睡前他都要用扇子把父亲的枕席扇凉；冬天寒冷，每临睡前他都要用身体把父亲的被窝暖热。

《尝粪忧心》，写南朝庾黔娄的父亲患病，医生告诉他，要知病情好坏，须尝尝患者的粪便，味苦，则无大碍，味甜，那就严重了。黔娄品尝，粪有甜味，十分忧心。晚上，他对着北极星磕头，哀求上苍让他代父亲去死。

《乳姑不怠》，写唐代崔南山祖母唐夫人至孝，其婆婆长孙夫人年高无齿，饮食困难，唐夫人就以自己的乳汁喂养。如此数年，婆婆得以健康长寿。婆婆临终时，召集全家老幼，说："此生我无法报答儿媳的大恩了，希望你们这些孙媳妇，也像我儿媳一样，好好孝敬自己的婆婆。"

以上诸则故事，有一定的正能量，值得倡导和弘扬。而下列几则故事，则含有愚孝的成分。

《卧冰求鲤》，写晋代琅邪人王祥的继母在大冬天想吃活鱼，他便跑到河里，脱衣暖冰，冰忽自裂，跳出一对鲤鱼。

《恣蚊饱血》，写晋代豫章人吴猛家贫无纬帐，每到夏夜，他就老早脱光衣服，躺在床上任凭蚊子叮咬，让蚊子喝饱自己的血，以免叮咬双亲。

《为母埋儿》，写晋代隆虑人郭巨家道贫穷，老母省下吃的给孙子。郭巨感到供养不好老母，决定把三岁儿子活埋掉。他劝妻子说："儿子没了，咱们以后可以再生；母亲饿死，却不会再有。"于是挖坑埋儿，挖到三尺时，忽见黄金一釜，上写文字一行："天赐黄金，郭巨孝子。官不得夺，民不得取。"

这三则故事显然有愚孝成分：到冰冻的河里捉鱼，人们的通常做法是以工具破冰，以相应的工具捕鱼，极少有以身体暖冰者。严寒的冬天，人体不仅暖不化冰，反而会被冻僵。同样，"恣蚊饱血"也属此类。驱蚊灭蚊的方法有多种，比如以扇扑打，以烟熏杀，总比任凭叮咬聪明得多。"为母埋儿"，更是到了惨不忍睹的地步，倘若没挖出黄金，这种血淋淋的埋儿行径，谁忍效法？古人在褒扬至孝典型时，往往过头，到了常人不易接受的程度。由此，我们应摒弃愚孝，弘扬健康之孝，发扬孝的正能量。

习近平主席强调："深入实施公民道德建设工程，推进社会公德、职业道德、家庭美德、个人品德建设，激励人们向上向善、孝老爱亲，忠于祖国，忠于人民。"二十大报告也要求"加强家庭家教家风建设"。"孝老爱亲"，是建设家风、和谐社会的优良传统，人人要从自身做起，踏踏实实地弘扬和践行。在做好"孝老爱亲"的同时，努力向社会公德、职业道德、忠于祖国、忠于人民的高度提升，完善个人的道德品格。

思考题：

1. 儒家代表人物具有很高的孝道思想境界，具体表现在哪些方面？

2. 根据自己的所见所闻，结合现实社会孝亲尊老方面存在的不良现象，讨论弘扬孝道美德对当今社会、家庭、个人有何重要意义。

3. 在孝亲、敬老、尊师方面，自己应如何做？

延伸阅读书目：

1. 舒大刚：《孝经》，济南：济南出版社，2017。

2. 周树风：《朱子家训　二十四孝》，乌鲁木齐：新疆青少年出版社，2016。

3. 李一舟：《孝道》，北京：中国广播电视出版社，2010。

4. 何庆良：《孝心不能等待》，重庆：重庆出版社，2008。

第十二章　鲁文化的崇礼精神

　　中国历来崇尚礼义，中国文化的主流——儒学亦被称为礼乐文明。近代国学大师钱穆先生曾说，"在西方语言中没有'礼'的同义词。它是整个中国人世界里一切习俗行为的准则，标志着中国的特殊性"，而且"要了解中国文化必须站得更高来看到中国之心。中国核心思想就是'礼'"。① 而另外一位近代国学大师柳诒徵先生也指出："礼者，吾国数千年全史之核心也。"② 由此，礼的思想元素在中国文化中的重要地位可见一斑。在中华礼乐文明形成过程中，与鲁文化密切相关的周公与孔子做出了极为重大的贡献。可以说，鲁文化具有鲜明的崇礼特征。

　　那么，礼究竟是什么？这个问题恐怕很难有一个统一的、标准的答案，但是我们仍可以从以下几个角度来对古人所说的礼进行概括。第一，礼是人类区别于动物的标志。第二，礼是文明与野蛮的区别所在。第三，礼是自然法则在人类社会中的具体体现。第四，礼是人类社会的伦理秩序。第五，礼是国家的典章制度。第六，礼是人际交往的方式。可见，礼在方方面面对人类社会起着调节的作用，是极其重要的。

第一节　周公制礼：鲁国崇礼精神的渊源

　　在今天曲阜城东北，有座周公庙，又称元圣庙、文宪王庙，原为鲁太庙遗址所在地。周公庙西侧的石坊上刻有"制礼作乐"四个大字。这正是对周公为中华文明所做出的巨大贡献的概括。

　　周公，名旦，是周文王姬昌第三子，周武王姬发的弟弟。周公在中国历史上有着崇高的地位，由于他的形象非常符合儒家的理想人格，因此被儒家尊为"元圣"。《淮南子·要略》中记载孔子"修成、康之道，述周公之训，以教七十子"，表现出孔子对周公的推崇。在曲阜周公庙中，周公神龛两侧抱柱上悬挂着清朝乾隆皇帝手书的对联："官礼功成宗国馨香传永世，图书象演尼山统绪本先型。"从对联中可以看出，后人对周公的推崇不单单是因为他对周王朝做出的政治贡献，

---

① ［美］邓尔麟：《钱穆与七房桥世界》，8～9页，北京，社会科学文献出版社，1998。

② 柳诒徵：《国史要义·史原》，11页，北京，商务印书馆，2011。

更是因为他为中华文明的传承所做出的文化贡献，而这文化贡献的核心就是制礼作乐。

西周王朝建立不久，周武王因病去世。年幼的周成王即位，周公便入朝辅政。但是周公的弟弟管叔、蔡叔散布流言，说周公有僭越之心，想要取周成王而代之，这样的言论曾一度使人们怀疑周公。面对这样的局势，周公首先向召公和太公表明自己绝无僭越之心，在取得他们的支持后，开始逐步向东方访查流言的源头，并着手准备东征。彼时武庚带领着东方的殷商遗民发动了三监之乱，周公率领军队经过三年的艰苦战斗，平定了叛乱，基本上消灭了殷商遗民叛乱的残余势力。为了进一步巩固周王朝的统治，周公在东征之后又分封诸侯以拱卫王室，同时还积极营建洛邑，迁徙殷商遗民，使其与其他部族的人民混居，以此来消除割据叛乱的可能性。这些制度和政策都成为礼的一部分内容。

经过这些事件之后，周公深深感受到需要建立一套比较完备的秩序规则，以稳定周王朝的统治，于是周公就开始了制礼作乐的工作。当然，《礼记》中所谓的"礼仪三百，威仪三千"或"经礼三百，曲礼三千"不可能全部出自周公一人之手，但其均为后世对周公所作礼乐损益的成果。周公所制的礼乐极有可能是一种"纲领性"的礼乐，而未必是具体的繁文缛节。周公创制的礼应当包含以下三个层面的内涵。

第一是礼义，即礼的原则。由于礼与后世出现的法不同，因此礼的原则更多的是道德性的，它的主要作用在于唤醒人们

曲阜周公庙元圣殿

内心的良善，从而规范人们的行为，这与法从外在规范人们的行为是有根本不同的。因此，周公将忠、孝、仁、义等道德观念融入礼的范畴中，使得"礼尚往来"的商业交换意义减轻，而礼的德行内涵得以提升。

第二是礼制与礼仪。礼制是体现礼的各种规章制度，礼仪则是其细节的体现。根据《周礼》的记载，周代之礼可以具体分为吉、凶、军、宾、嘉五类，每一类中又都包含若干细致的规定。而每一类礼中的具体要求，都是体现礼义的礼仪。

第三是礼俗。礼与俗虽不能完全等同，但二者之间却有着密切的联系。礼俗主要有两方面的体现：其一为对周之前礼的继承，夏、商、周三代的礼文化是因革损益、代代传承的，而西周的礼文化是三代的集大成者；其二为周人的部分习俗逐渐融入礼的范畴之内。这两部分构成了西周时期礼俗的主体框架。

周公所作之乐是礼中的一个重要方面。在当时，一定的礼节仪式都需要有一定的音乐来与之相配，这样可以使礼更加深入人心。据《吕氏春秋·古乐》记载，

武王在牧野之战灭商后，曾在太庙进献俘虏，命令周公作《大武》。可见《大武》是在祭祀仪式时配套演奏的乐曲。

周公制礼作乐具有十分重要的意义，不仅在当时稳定了周王朝的统治秩序，促进了周代社会、文化的繁荣，而且这种尚礼的精神也在因革损益中代代相传。直到今日，在评价一个人的时候，人们依旧会以其是否懂礼作为标准之一，可见尚礼已经内化为中国人的一种基本思维。从这个角度理解，周公制礼作乐之功可谓功盖千秋！

第二节　伯禽封鲁：鲁国崇礼精神的奠基

鲁国本是周公的封国，但由于彼时周成王年幼，周公需要留朝辅政，便派遣自己的长子伯禽受封于鲁。周公先是在伐纣灭商的过程中立有大功，后又平定三监之乱、营建成周，同时又是周代礼乐文明的创制者，在当时享有极高的地位。而伯禽在受封于鲁之前也已经是一位很有作为的人物，他曾担任周王室掌管祭祀告神的大祝之官，并且曾率领国人随父亲周公参与了平定三监之乱的战争。因此，鲁国所传承的完全是周王室的礼乐制度，也就是说，鲁国的崇礼精神是深深根植于周礼之中的。

据《左传》记载，伯禽封鲁的仪式非常隆重，鲁国得到的赏赐也较其他封国远为优厚。周成王在分封时除了将"少昊之墟"的土地和"殷民六族"的当地居民授予伯禽外，还赐给了他天子祭天之车，夏朝的宝玉、良弓，祝、宗、卜、史等官员，以及记载有周代礼乐的典籍。因为周公"有大勋劳于天下"，所以鲁国作为周公封国得到了如此优厚的封赏，是其他诸侯国所不及的。

伯禽就封之时，鲁国国民主要由周人、殷人和奄人构成，而其中周人只占很少的一部分。伯禽诚然将周礼带到了鲁地，但如何使"殷民六族"和奄人接受周礼，还需要下一番移风易俗的功夫。正是由于伯禽历时三年的礼俗变革，才使得周礼得以在鲁国民众之间扎根立足，鲁国的崇礼精神也因此而奠基。

鲁国对周礼的直接继承，使得鲁国成为各诸侯国的"班次之长"，同时也是周王室在东方地区统治的"代言人"。当春秋时期礼坏乐崩的局面出现之后，一些封国的贵族纷纷前往鲁国"观礼"。

鲁襄公二十九年（公元前544年），吴国公子季札到鲁国聘问，并请求当时鲁国的执政卿叔孙穆子让自己观赏周礼。叔孙穆子不仅安排乐工为他歌唱，还请乐工为季札表演了美不胜收的舞蹈。季札在观看过周礼乐后"叹为观止"，认为此生能够得周礼乐一观，虽死无憾。

在季札访鲁之后的第四年，晋的韩宣子于鲁昭公二年（公元前540年）也到鲁国聘问。他在鲁国太史氏处参观藏书，看到了《易象》与鲁国的《春秋》，之后感叹说："周的礼乐文化全部都在鲁国了，我如今才知道周公的大德和周人之所以能称王啊！"

可以说从周公制礼作乐到伯禽移风易俗之后，鲁国一直是周礼的忠实的继承者和可靠的接班人，鲁国的崇礼精神也正是当时周朝礼乐文化的正统。

第三节 孔子论礼：鲁国崇礼精神的深化

孔子是春秋时期鲁国人，也是儒家学派的创始人。近代国学大师柳诒徵先生曾对孔子做出过这样的评价："孔子者，中国文化之中心也。无孔子则无中国文化。自孔子以前数千年之文化，赖孔子而传；自孔子以后数千年之文化，赖孔子而开。"① 孔子自己也曾自谦地说自己是"述而不作，信而好古"（《论语·述而》）。无论是孔子的自谦之语，还是柳诒徵先生的评价，我们从中都可以看出孔子是中国文化传承过程中出现的一位承上启下的重要人物。关于孔子思想的核心问题历来为学者争议，大多数学者认为孔子思想的核心是仁，而蔡尚思等不少学者则认为孔子思想的核心是礼。即使礼的思想是否处在孔子思想的核心地位这一问题仍有待商榷，我们也不能否定孔子本人对礼的推崇和重视。

《论语》中就多处记有孔子与弟子谈论礼的故事，我们从这些故事中不难发现孔子对鲁国崇礼精神的继承与发展。

首先，孔子认为崇礼的传统是三代传承、因革损益的。有一次，孔子的学生子张向孔子请教关于以后十代的礼仪制度是否可以预先知道的问题。孔子回答他说："殷因于夏礼，所损益，可知也；周因于殷礼，所损益，可知也。其或继周者，虽百世，可知也。"（《论语·为政》）意思是说，殷商在沿袭夏朝的礼仪制度时，所剔除的和所添加的内容是可以知道的；周朝在沿袭殷商的礼仪制度时，所剔除的和所添加的内容也是可以知道的。如果有继承周朝的礼仪制度而当政的人，即使是一百代之后，其礼仪制度也是可以知道的。孔子认为周朝的文化是在吸收夏、商两代文化精华的基础上形成的，因而对周朝文化大加推崇，而崇礼的精神正是其中的重要组成部分。

其次，孔子认为礼的作用在于帮助人立身处世，因此人不能不学习礼。孔子的施教过程是循序渐进的，他在教导学生的时候先是教给他们有关《诗》《书》的知识，然后用孝悌教导他们，用仁义说服他们，用礼乐启示他们，然后使他们成就道义和成为德行高尚的人。就此而言，关于礼的教育在孔子的课程体系中应属于"高阶课程"，体现出礼在孔子思想中的重要地位。

有一次，陈亢问孔子的儿子孔鲤（伯鱼）是否在孔子那里得到过特别的教诲。孔鲤回答说："并没有。有一次父亲独自站在堂上，我快步从庭里走过，他叫住我，问道：'学《诗》了吗？'我回答说：'没有。'他说：'不学《诗》，说话就不

---

① 柳诒徵：《中国文化史》，231 页，上海，东方出版中心，1988。

会得体．'我回去就学《诗》。又有一天，父亲又独自站在堂上，我快步从庭里走过，他又叫住我，问道：'学《礼》了吗？'我回答说：'没有。'他说：'不学《礼》，就不懂得怎样立身。'我回去就学《礼》。我就听到过这两件事。"陈亢回去高兴地说："我提一个问题，得到三方面的收获，知道了关于《诗》的道理，知道了关于《礼》的道理，又知道了君子不偏爱自己儿子的道理。"这就是孔子"不学礼，无以立"的崇礼精神的一个生动例子。可见，孔子对自己的孩子家教是从言、行两方面进行的，而礼在其中的作用是用以指导人的行为。

曲阜孔庙诗礼堂

　　那么既然礼如此重要，人在学习礼的时候应当把握什么呢？对于这个问题，孔子认为把握礼义要比掌握礼仪重要得多。春秋时期，鲁国有一个名叫微生高的人。有人向他借醋，他因自己家中没有，便跑去邻居家借来醋，又转借给来借醋的人。当时有人认为微生高"直"，可作为道德楷模，孔子却不以为然。孔子认为微生高的行为违背了"真"，而违背了"真"就是"伪"，这是一种对道德的破坏，不应提倡。《论语·阳货》中记有孔子的话："礼云礼云，玉帛云乎哉？乐云乐云，钟鼓云乎哉？"即表明孔子认为礼不只是形式上的玉帛，而乐也不只是形式上的钟鼓，它们有着更深层的伦理、德得内含。这也表明孔子认为行礼之人内心对礼义的认同要比仪式的奢华重要得多。

　　那么，孔子所认为的礼仪背后的礼义又是什么呢？概括而言可以包括两方面的含义：其一是敬畏的观念，其二是仁爱的思想。

　　《论语·八佾》载："祭如在，祭神如神在。子曰：'吾不与祭，如不祭。'"孔子认为在祭祀的时候，就应该好像祭祀的对象真的在那里一样，他说："如果我不能亲自参加祭祀，就如同没有祭祀一样。"这是由于孔子认为在行礼的时候，一定要怀有一种"如在"的敬畏感，而不是流于形式的行礼。

　　有一次，孔子的弟子颜渊向孔子请教什么是仁的问题。孔子告诉他说："克己复礼为仁。"意思是说，克制自己，使言行符合礼的规范就是仁。如果每个人都能够克制自己，使自己的言行符合礼的规范，那么天下就成了充满仁德的天下。颜渊听后，继续向孔子请教践行仁的具体条目。孔子回答说："不合礼的事情不看，不合礼的话不听，不合礼的事不做。"颜渊听后表示自己会按照孔子的教诲去做。从这个故事中我们可以看出，孔子将崇礼的精神与仁的道德品质联系在一起，认为只要人能够守礼，便可以达到仁的境界。

正是因为如此，孔子对春秋时期礼崩乐坏的局面十分不满。有一次，孔子听说鲁国的正卿季孙氏在自己的庭院中演奏周天子使用的八佾乐舞，便生气地说道："是可忍也，孰不可忍也？"（《论语·八佾》）在孔子看来，他连这种违背礼的事情都忍心去做，还有什么事是不忍心做的呢？还有一次，鲁国当政大夫孟孙氏、叔孙氏、季孙氏三家在祭祀完毕后，演奏着天子之乐《雍》撤去祭品，孔子认为，《雍》诗中所描绘的"诸侯助祭，天子主祭，端庄肃穆"这种景象，在三家的祭堂上能取哪一点呢？通过这两个事件可以看出，孔子对三家僭越周礼的行为是十分不满的。

孔子在平时的言论中表现出明确的崇礼倾向，他在政治实践中也同样践行着礼治。孔子认为"道之以政，齐之以刑，民免而无耻；道之以德，齐之以礼，有耻且格"（《论语·为政》）。用政纪来教导民众，用刑罚来规范民众，民众往往会为了侥幸得到逃脱而不顾忌耻辱；用道德来教导民众，用礼义来规范民众，民众就会有知耻之心而自觉纠正自己的错误。因此，他主张以礼治国。

春秋末期，鲁国三桓之家①经常发生家臣叛乱，极大地削弱了三桓的势力，他们迫切希望解决家臣的问题。而鲁国的国君也想趁此机会进一步打击三桓，恢复公室的权力。在这种背景下，孔子登上了鲁国的政治舞台。孔子先是被任命为中都宰，他在那里制定并推行了养生送死的礼节，经过一年的治理，政绩卓著，周围各地纷纷效仿。随后，孔子由中都宰而升为司空，进而升为大司寇。孔子在大司寇任上留下了自己政治生涯上浓墨重彩的一笔。在夹谷之会中，孔子展现了自己卓越的外交才能。

鲁定公十年（公元前500年）的春天，齐景公与鲁定公在夹谷会盟，孔子为鲁定公承担襄礼的职责。他按照礼制的要求，同时准备了文事和武备。在会盟期间，他一边保护鲁定公退下，一边命令事先安排好的将士阻止劫持鲁定公之人，同时据理力争斥责齐景公这种丧失道义的行为，使得齐景公自觉理亏，放弃了劫持鲁定公的想法。在将要盟誓的时候，齐人突发奇想，认为齐军出境的时候，鲁国应派出三百辆兵车跟随。而孔子也立刻让人加上一句话，要求齐国归还鲁国汶阳的土地。夹谷之会中，孔子巧妙地利用了礼，在不激怒齐景公的情况下保护了国家利益和国君的安全。

孔子能够身体力行，以礼治国，他的学生在日常生活中也同样能够践行礼。有一次，孔子的弟子曾子侍坐于孔子身旁。孔子向他提问说："先代的圣王有着至高无上的德行、奥妙精深的理论，他们用这些来教导天下万民，使得人们能够和睦相处，君臣上下也能消弭怨言，你知道这些德行、理论都是什么吗？"曾子听后，明白这是老师要指点自己精微深刻的道理，于是立刻从席子上站起来，恭恭敬敬地向孔子行礼，说："我不够聪明，不能明白这些，还请老师将这些道理教给

---

① 三桓之家：指孟孙氏、叔孙氏、季孙氏。

我。"曾子的举动本身就是一种心内存敬、践行礼仪的行为。

隋唐时期，有一次陈祎和自己的几个哥哥一起听父亲讲授《孝经》，其中便提到了"曾子避席"的故事。父亲讲解完毕后询问孩子们是否明白了其中的道理，几个哥哥都直接回答说明白了，只有陈祎起身整理好自己的衣服，站到一边恭恭敬敬地回答自己明白了。后来陈祎出家为僧，他便是大名鼎鼎的玄奘法师。这个故事同样说明了礼不应是流于形式的夸夸其谈，还要身体力行，加以运用和实践。

第四节　守信重义：柳下惠对礼的践行

柳下惠，姓展，名获，字禽。他出身于鲁国公族，其始祖为鲁孝公之子公子展。柳下惠以知礼、秉礼著称于世，这和他"坐怀不乱"的故事密切相关。这个故事如下。

一年冬天的寒夜里，柳下惠寄居在郭门。这时有一位女子前来，想要借宿一晚。由于天气严寒，住宿的地方简陋又没有卧具，柳下惠怕女子被冻死，便让她坐在自己怀中，直到东方破晓，柳下惠一直以礼相待，没有做出出格的事情来。鲁国的国人知道此事之后，也并没有什么非议。当然，经过学者的考证，柳下惠"坐怀不乱"的故事是后人演绎出来的，但是这并不能抹杀柳下惠知礼、守礼、践行礼的历史形象。

鲁僖公二十六年（公元前634年），齐孝公率兵伐鲁，鲁国的大臣臧文仲想要用言辞劝齐国退兵，但又想不出应如何说，于是便向柳下惠请教。柳下惠则认为在这种情况下言辞起不到太大作用。臧文仲听后，又想要用财物贿赂齐孝公，柳下惠则表示应该用礼让齐孝公退兵。于是，柳下惠派自己的族弟乙喜带着一点薄礼前往齐军，并传授他如何以礼对答。乙喜到达齐国军营后，坦然告诉齐孝公，鲁国与齐国友好是因西周初年周公和姜太公曾盟誓，共同以藩屏周。同时指出了齐孝公的做法是背弃先王命令。这一番符合礼的言辞说服了齐孝公，使得齐国退兵，消弭了鲁国的灾兵之祸。

又一次，一种名叫爰居的大海鸟飞来鲁国，停在鲁国东门外三天不走。鲁国人都认为这件事很神奇，于是臧文仲派国人对爰居进行祭祀。柳下惠知道此事之后，批评臧文仲的做法不符合先代圣王的祭祀原则。依据圣王的规定，能够被列为祭祀对象的只有五种情况：一是将礼法留给人民的人；二是以死尽力王事的人；三是以辛劳安定国家的人；四是为国家抵御天灾的人；五是为国家解除重大祸患的人。而海鸟第一对鲁国人民没有功劳也没有恩情，第二属于异类，根本就不配鲁国人民祭祀它。同时，柳下惠认为这只海鸟之所以来到鲁国，是由于海上发生了灾害，所以它飞来躲避。果然那一年的天气异常，海上多刮大风，冬季却很温暖。臧文仲认识到了自己的错误，虚心接受了柳下惠的批评，并将柳下惠的话记在了竹简上。

鲁文公二年（公元前 625 年），宗伯夏父弗忌为了讨好鲁文公，将鲁文公的父亲鲁僖公的享祀之位升到了鲁闵公的前面，但是鲁闵公在鲁僖公之前继承鲁国国君之位，这样的做法显然违背了传统的昭穆制度。柳下惠知道这件事后，评论道："夏父弗忌一定会有灾难发生。按照昭穆的顺序祭祀是礼法规定的，违背了这种规定，就会有不吉祥的事情发生，用逆祀来教导百姓是不吉祥的，改变神主的位次是不吉祥的，夏父弗忌的这种做法既违背了'人道'，又违背了'鬼道'，他怎么能没有灾难发生呢？"结果被柳下惠言中，在夏父弗忌死后下葬的时候，他的棺椁燃起了熊熊大火。

柳下惠能够践行礼的另一种表现就是诚实守信。在《新序》和《吕氏春秋》中都记有一个关于柳下惠诚实守信的故事。有一次，齐国攻打鲁国，要求得到鲁国的国宝岑鼎，鲁国国君舍不得岑鼎，就换了一个别的鼎送给齐国国君。但是齐国国君并不相信，派使者告知鲁国国君，要柳下惠判断这个岑鼎是真的才肯相信。于是鲁国国君请柳下惠代为证明，柳下惠对鲁国国君说："您将岑鼎送给齐国国君是为了保全您的国家，而我的心里也有一个国，那就是信用，怎么能打破我的国来挽救您的国呢？这是我很难做到的。"鲁国国君听后幡然醒悟，将真的岑鼎派人送给了齐国国君。由此可见，柳下惠诚实守信的声名远播，连齐国人都对他十分信任。

孟子曾评价柳下惠是"圣之和者"，这一评价恰与《论语》中有子的话相合。有子曾经说过："礼之用，和为贵。"（《论语·学而》）也就是说礼的应用应该以和谐为可贵。柳下惠诚实守信，又能以礼求和，被后世誉为"和圣"。

第五节　代代相传：孔门后学对礼的阐发

《韩非子·显学》中认为孔子去世后，儒家分为八个派别，每个派别各有侧重。这种说法是否准确，尚存在不少争议，但是孔子去世后儒家发生了一定程度上的分化当是事实，而产生这种分化的原因在于孔门弟子治学路径的差异，而不是近乎"决裂"的分离。孔门后学中对礼的精神的阐发具有代表性的作品集中记载于《礼记》一书中。后来孟子，尤其是战国末年的荀子格外重视礼。如果说，孟子继承和发展了孔子贵仁的思想，形成后来思孟学派重视心性的内圣路向的话，那么荀子则继承和发展了孔子的崇礼精神，形成了儒家重视礼法的外王路向。

《礼记》，又称《小戴礼记》，是先秦至秦汉时期一部礼学文献的选编，编纂者是西汉时期的戴圣，共有四十九篇，其中不仅包含孔子对礼的观点，还涵盖了孔门弟子、后学对礼的阐发。过去，学者们认为，《礼记》是汉代的作品，其实这种看法是不对的。《礼记》的编定在汉代，但是其中的大部分篇章内容都是先秦时期的，反映的是孔门后学的礼学。这些文献不仅保留了对礼之仪式的记载，还进一步阐发了礼的特点与礼义。

《礼记》以《曲礼》开篇，第一句便是"毋不敬，俨若思"，也就是言明在做事的时候要严肃认真、神情庄重，其实要突出的就是一个"敬"字。孔子在教导子张、子贡和子游的时候，谈到了礼的重要性。他认为表达敬意不符合礼就是鄙野，表示恭顺而不符合礼就是巴结讨好，好逞勇武而不符合礼就是逆乱。可见礼的作用在于使人有节制，而这个节制的限度就是"中"，即《礼记·中庸》中所言的"致中和"。能够时时坚持礼，就等同于做到了"时中"，这也就是孔子心目中君子应当持守的中庸之道。

如果说《礼记》中关于"礼"的文献记载对于礼仪与礼义尚不存在明显的倾向，那么到了孟子的时代，他的思想已经开始向礼义倾斜了。孟子认为是否懂礼是人与动物的最本质差别，因此他批评杨朱、墨翟，认为杨朱所提倡的个人第一和墨家主张的无等差的爱都是不符合礼的，因此这些行为在他的眼中与动物无异。

孟子在强调礼的重要性的同时，也同样认为对礼应当灵活运用，而不是一味死板地执行。《孟子·离娄上》中记有孟子与淳于髡的一次对话。在这次对话中淳于髡认为既然礼规定了男女之间不可以亲手递接物品，那么一个人的嫂子溺水之后就不应当去拉她。对此，孟子进行了驳斥，认为如果嫂子溺水之后不去拉她，那就不是人；而嫂子溺水之后伸手去救，则是权宜之计。由此可见，孟子虽然对礼极其推崇与重视，但是他并非一个迂腐之人，事急从权也是礼的内涵之一，这和"礼，时为大"（《礼记·礼器》）的思想是一脉相承的。

在孟子之后，儒家礼学的代表人物当属荀子。一直以来，荀子的思想的主要特征被概括为"隆礼重法"，可见其对礼的重视程度。虽然孟子道性善、荀子言性恶，在人性论的问题上他们存在着明显的对立，但在崇礼的态度上，二人所体现出的趋同性更为明显。

荀子认为"礼者，人道之极也"（《荀子·礼论》），礼是人之所以为人的标准，也是人们追求的终极价值。对礼的起源问题，荀子认为礼有三个本源：天地是生存的本源，祖先是族群的本源，君长是治理的本源。这三样即便有某一部分缺失了，也不可能使人民安定。从荀子对礼的解读不难看出，他认为礼的来源主要有三方面，即天地自然的运行规律、对先祖的追思与悼念以及现行的一些规则。从而，礼的三个意义也就显而易见了：遵循天地自然的规律，报本反始，以及使人们能够各安其位。同时，荀子还认为礼在日常生活中具有调养人的欲望、区分人的差别这两种作用。

在经过孔门弟子及后学的阐释与发扬后，儒家所崇尚的礼主要具备三重内涵：其一，礼者，理也。礼的一个本源在于天地自然运行的规律，因此礼一定是符合这些规律和道理的。其二，礼，时为大。儒家崇尚礼，并非是要求人们固守礼的形式、拘泥不知变通，而是要根据具体情况选择最合适的做法。其实礼所体现出的是一种"中道"精神，不能丧失敬畏之心而为所欲为，亦不能故步自封而无所作为。其三，礼，毋不敬。与礼的形式相比，礼所蕴含的诚敬观念更加需要重视。奉行礼的仪式是为了更好地培养人们对自然、祖先和贤人的敬畏感，如果丧失了敬畏感，那么礼也就沦为了一副空壳。

第六节　深厚"礼"蕴：鲁地妇孺皆崇礼

鲁国有着深厚的礼乐传统，使当地崇礼精神蔚然成风，鲁地的妇女、孩童也同样知礼、守礼、行礼。

敬姜是季悼子的儿媳妇，公父穆伯的妻子，公父文伯的母亲。她就是一位见识广博、熟悉礼仪的女性。由于穆伯早逝，敬姜一直寡居，并抚养儿子文伯长大。她对文伯要求很严格，教导他要勤于修身，恪守职责。

有一次，敬姜发现从外面游学归来的文伯有了自高自大的倾向，和他在一起的同学犹如仆人侍奉主人一般侍奉他。于是敬姜便叫来文伯，以周武王、周公旦和齐桓公为例，教导他应该选择严师贤友交往，而不应和谄媚之人厮混。只有结交到好的师友，才能在同他们的不断交流中增长见识，促进自身成长。文伯长大成人后，担任了官职，敬姜又告诫他出仕做官应该肩负重任，刚正不阿，宽宏大度。

又有一次，文伯宴请南宫敬叔，尊大夫露睹父为上宾。席间在进献菜肴的时候，露睹父发现分给自己的那份鳖很小。于是露睹父很是气愤，便拂袖而去。敬姜得知此事之后，认为文伯的行为于礼不合，便将文伯赶出家门。五天后，经过多位大夫的劝解，敬姜才允许文伯回家。

随着文伯年岁的增长，敬姜想为他娶妻，于是便宴请兼管家中礼乐的宗人。席间，敬姜向宗人吟诵《诗经·绿衣》，借此来委婉地向宗人表达想替文伯娶妻的意思。于是宗人便请求取出家中珍藏的龟甲占卜，以确定文伯应娶妻子的族姓。鲁国的乐师师亥知道了这件事，认为敬姜意为自己的儿子婚娶而赋引《诗经》微妙地向宗人喻示，用意甚明，既简朴又合于礼仪。

后来，文伯和他的父亲穆伯一样早逝。于是敬姜告诫文伯的妻妾要一切遵照礼仪执行。孔子听闻这件事后，认为敬姜的做法十分明智。敬姜在处理丧事期间，早上哀悼自己的亡夫穆伯，晚上哀悼自己的儿子文伯，这是为了摆脱寡妇夜哭思念夫君的嫌疑。孔子听说这件事后又由衷地赞叹，认为敬姜能够同等地爱自己的丈夫和儿子，但在哀悼他们的时候还能有一定的章程，这是知礼的表现。

除此之外，敬姜在日常的生活中也很注重内外之别和男女之别。有一次，敬姜在家庙祭祀季悼子的时候，季康子也参加了。季康子向敬姜敬酒，敬姜却没有亲手去接。在祭祀完毕、撤掉俎案之后，敬姜也没有和季康子宴饮。当主持家祭的宗人不在场的时候，她便不再举行复祭；当宗人在场时，在复祭后的家族共饮的饫礼上，敬姜也是不等结束就提前退场。孔子听说后认为敬姜的言行举止表明她懂得男女有别。

敬姜是鲁地妇女知礼的代表，孔融则是鲁地孩童知礼的代表。

孔融，字文举，东汉末年的著名文学家，鲁人，他是孔子的二十世孙。孔融四岁的时候便十分懂礼。在自己的祖父六十岁寿诞之时，宾客们都来贺寿，母亲就让孔融来分寿台上的寿梨。于是孔融按照长幼的次序依次给大家分梨，唯独自己分了一个最小的。孔融的父亲孔宙感到奇怪，便问他为什么别人都分到了大梨，却给自己留下了最小的一个。孔融回答说："树木有高低之分，人有长幼之别，做人就应该尊老敬长。我上面有哥哥，应当把大梨留给哥哥吃；而下面有弟弟，也应该照顾弟弟把大梨留给他。"孔宙听后，十分高兴。

鲁文化的崇礼精神，从周公制礼作乐，到儒家将礼的人文性内涵进一步丰富、拓展，崇礼的精神日益融入中国精神文化的血脉中。今天我们学习鲁文化，崇尚礼，并不是说要刻板地死守每一个具体的礼节仪式，而是要把握礼文化的精髓。

孔子有"礼，时为大"的表述，阐明了礼应当是与时俱进、因时变通的，而不是一成不变、僵化的教条。比如先秦儒家所提倡的"三年之丧"。据《论语·阳货》记载，有一次，宰我向孔子请教，说："父母去世后守孝三年，时间未免太长了，其实有一年的时间就足够了。君子在三年之内不习礼，礼一定会败坏；三年之内不奏乐，乐一定会荒废。旧的谷子已经吃完了，新的谷子已经熟好了，取火用的木料也轮换了一遍，守孝一年就可以了。"孔子听后反问道："在父母的丧期内，吃精细的米饭，穿锦缎的衣服，你心安吗？"宰我回答说："心安。"等到宰我退出来之后，孔子对他的评价是"不仁"，因为孔子认为孩子出生三年才能离开父母的怀抱，而父母去世后为他们守孝三年是天下都认同的礼制，宰我这样的言论显然是于礼不合的。但是在快节奏的现代社会，这样的"三年之丧"显然是难以实现的，但敬孝之心不应缺失。

古人制定守丧之礼，除了要报答父母之恩外，还有两个层面的意思：其一是对孝心不足的加以劝勉，使其在守丧期间能够长养其孝心；其二是对孝子而言，能够使其有时间来淡化因父母去世所产生的悲伤之情，以避免无休止地悲痛下去，给自己的身体带来危害。"身体发肤，受之父母"，若不能加以爱惜也是对已故父母的一种不敬。

在当代社会中所浮现出的种种无礼的现象，除了对礼仪的疏离之外，更重要的是失去了内心的诚敬。因此，在当下，要做到守礼，就必须要从树立敬畏之心开始。只有树立了内心的诚敬，才能日益去除虚妄、放肆、怠慢、鄙诈，打造一个真实、谦卑、勤俭、宽和的自我。在当今时代，礼虽然也在不断被赋予时代的因素，但依然从内外两个方面对人们发生着作用，起着协调人的身心、人与人之间关系的作用，这无疑推动了社会整体和谐的进程，这也正是礼的时代价值的体现。

思考题：

1. 请思考礼在中国文化中的地位和作用，并请分析礼的精神与现代人的修身之间的关系。

2. 请思考鲁国崇礼精神对孔子思想的影响。

延伸阅读书目：

1. 彭林：《儒家礼乐文明讲演录》，桂林：广西师范大学出版社，2008。

2. 宋立林：《礼德诠释》，北京：中国方正出版社，2017。

3. 彭林：《礼乐人生》，上海：上海文艺出版社，2015。

第十三章　鲁文化的民本精神

民本精神是中国古代一直延续至今的重要政治思想，它是人本精神的自然拓展。民本精神发轫于殷商至西周时期，当时的一些为政者通过总结前代亡国的教训从而提炼出了"敬天保民"等相关的思想。在此之后，经过春秋战国时期"百家争鸣"的反复推敲，民本精神在齐鲁之地渐渐走向成熟，并成为影响此后中国历史上民本精神的源头。民本精神可谓源远流长，其对中国历史的影响也颇为深远。19世纪末20世纪初，谭嗣同、孙中山、章太炎、陈独秀、鲁迅、梁漱溟、熊十力、徐复观、唐君毅、牟宗三、冯友兰等著名学者便已经开始探讨民本精神与中国传统政治文化之间的关系，以孜孜以求的精神寻找传统与现代相贯通的道路。由此，民本精神在中华传统文化中的重要地位可见一斑。

第一节　民本观念的滥觞：夏商时期的重民精神

鲁文化与周文化之间是一脉相承的关系，因此鲁文化中的民本精神也深深根植于西周"敬天保民"的思想之中。但是民本精神并不是西周时期突然迸发的灵感。孔子曾经说过："周监于二代，郁郁乎文哉！吾从周。"（《论语·八佾》）意在表明周代繁荣的文化成果源自对夏、商两代的继承和损益，因此夏、商时期的重民观念即为周代鲁文化民本精神的源头。

陈来先生曾对三代文明做过一个精炼的总结，他认为："夏以前是巫觋时代，商殷已是典型的祭祀时代，周代是礼乐时代。"[①] 由此可见中华文明的发展存在着一个逐渐摆脱宗教、鬼神色彩的过程，是鬼神的退出和人的登场，而重民、保民的精神也恰恰是伴随着神秘色彩的消退而逐渐增强的。虽然夏、商时期的文化宗教性特征还比较明显，但其中已经蕴含了重民、保民的观念。

其中一个广为人知的故事便是大禹治水。在尧执政时期，中原地区暴发了水灾，民不聊生。尧让群臣和各部落首领公开推举可以治理水患之人，于是他们推举了鲧。鲧在治理洪水之时采取堵的方式，因九年未见成效，从而被尧的接班人舜革职并流放到羽山。

---

① 陈来：《古代宗教与伦理》，11页，北京，生活·读书·新知三联书店，1996。

由于水患未能得到有效解决，群臣和各部落首领又向舜推荐了鲧的儿子禹。舜并没有因为禹是鲧的儿子便轻视他，依旧将治理水患的重任交给了他，并派伯益和后稷协助他共同治理水患。禹吸取鲧治理水患采用堵截方法却不成功的教训，而根据水的特性，采取顺势疏导的方法，使得洪水能够顺利地流入大海。在治理水患的过程中，大禹根据山川地形采取不同的治水办法，该疏通的地方疏通，该平整的地方平整，使得大部分地区变成了肥沃的耕地。禹治水一共花费了十三年的时间，其间他曾三次经过自己的家门，都没顾得上去看家人。经过不懈努力，水患终于得以解决，背井离乡的人们回到了故土安居乐业。禹这种"牺牲小我，成就大我"的精神正是重民精神的体现。

后来禹将帝位传给了自己的儿子启，启建立了夏朝。启去世后，他的儿子太康继承了帝位。但是太康继位后终日田猎，沉迷酒色，不理政事。即使正直的大臣向他劝谏，太康也置若罔闻。于是东夷有穷氏的部落首领后羿就趁太康外出田猎之时，率兵拦截了太康的归路，夺取了夏朝的政权，这就是"太康失国"的故事。

太康失国都是因为他违背了重民的精神。当时太康的五位兄弟对此感到悲愤，于是每人作了一首歌，合称为《五子之歌》，其中首篇就在强调要以民事为重。

> 皇祖有训，民可近，不可下。民惟邦本，本固邦宁。予视天下，愚夫愚妇，一能胜予。一人三失，怨岂在明？不见是图。予临兆民，懔乎若朽索之驭六马。为人上者，奈何不敬？[①]

歌词的意思就是：皇祖有遗训，百姓可亲近啊，不可以鄙视。百姓是国家的根本啊！根本稳固，国家安宁。我看天下的愚夫愚妇们啊，人人都能胜过我。国君有了多次失误啊，百姓就怨恨他。哪里能等到怨恨明显的时候才去考虑？要预见那些看不到的怨恨啊！我君临百姓啊，恐惧得就像用腐朽了的绳子驾驭六匹骏马。作为人君的人啊，怎么能够不谨慎呢？

从《五子之歌》中不难看出，夏朝的统治者已经具备了重民的精神，并且已经有了百姓为国家根本的观念。

到了殷商时期，虽然当时的文化仍旧带有较强烈的宗教色彩，如根据大量出土的甲骨卜辞，可以知道殷人经常求神占卜，但是这种状况并没有阻碍重民精神在殷商时期的发展。重民精神在殷商时代的突出体现，就是盘庚迁殷。

盘庚是商汤的十世孙，是第二十代商王，为了躲避自然灾害的侵袭，盘庚决定将国都从奄迁到殷，但是这个决定遭到了贵族和民众的反对。于是盘庚亲自向贵族和百姓解释，将迁都的利与弊都向他们清清楚楚地做了说明。盘庚能够从人

---

① 李学勤：《尚书正义》，177 页，北京，北京大学出版社，1999。

民的角度出发思考问题，进而打消百姓对迁都的种种猜测，消弭弥漫在百姓之间的消极、不满情绪，使得迁都得以顺利地完成。

在迁都之后，盘庚又发布诏诰安抚百姓，向百姓承诺要任用贤能，保证使他们在新都城过上幸福的生活。自此，殷商人民再也没有经历过大的水患，在新都城过上了安居乐业的生活。正是因为盘庚能够将民众的安危挂在心间，才开创了自此之后殷商王朝二百多年稳定的发展期。由此可见，盘庚关注的重点始终未离百姓民众，这正是殷商时期日益兴盛的重民精神的体现。

等到商纣王继位后，商纣王一反之前诸位商王的重民精神，变得骄奢淫逸。为了满足自己享乐的需求，商纣王开始建造高达千尺、宽有三里的鹿台，大量征调人力、物力、财力，使得这项原本需要三十五年才能完成的浩大工程仅耗时两年零四个月便完工。除此之外，他还下令在沙丘平台建成了酒池肉林，以便一边游玩，一边享受美酒佳肴。商纣王倾全国民力以保证自己奢靡淫乱的生活，这使得一些正直的大臣看不下去了。商纣王的叔叔比干曾经对其进行劝谏，却被处以剜心的刑罚；箕子也对商纣王进行劝谏，却被罚为奴隶。

商纣王的行为导致大臣和民众的离心离德，在公元前1046年爆发了周武王伐纣的牧野之战。战争之前，周武王在牧野誓师，并公布商纣王的种种罪行。于是在牧野之战中，商王朝的军队纷纷临阵反戈一击，迎接周武王军队入城。商纣王眼见大势已去，便在鹿台自焚，商王朝的统治就此土崩瓦解。

夏人遵命，殷人尚神，但在历史的发展过程中，人们逐渐有了一些朦胧的意识：虚无缥缈的神并不是在任何事情上都值得依赖的，从而认识到民众的力量，也就因此模模糊糊地产生出一种重民的观念。

第二节　民本观念的形成：西周时期的民本精神

西周时期是中国民本精神的形成时期，出现了"敬天保民""敬德保民"思想。无论是"敬天"还是"敬德"，其最终的目的都在"保民"。由此可见，当时的执政者较之前更加重视民事。而鲁国作为周初最重要的封国，其民本精神的源头正在于西周的保民精神。

商纣王的暴政引发了周武王的伐纣战争。在战争之前，周武王曾经在朝歌郊外的一处名为牧野的地方誓师，在揭露商纣王罪行的时候，有一条便是他残暴地对待百姓。同时，周武王还强调不要杀掉商军中投降的人，让他们仍旧守卫这片土地。这些誓词的内容已经能够很明显地体现出保民的精神。同时值得注意的是，周武王在誓词中明确地表明自己是虔诚恭敬地按照上天的意志来讨伐商纣王的，可见在当时人们的意识中保民是通过顺应天命才能达成的，还带有较多的神秘主义色彩。

这种"敬天保民"的观念在周王朝建立的最初几年并未发生很大程度的改变。

在灭商后的第二年，周武王曾经向商纣王的叔父箕子请教治理臣民的方法，箕子的回答同样未脱离"敬天保民"的特点。他说曾听闻当年禹的父亲鲧在治理洪水的时候扰乱了天帝创造的五行规律，于是天帝大怒，就没有将可以使人间臣民安居乐业的大法传授给鲧，而是传给了他的儿子禹。禹因为掌握了这些法度，所以能够平治水土，登上王位。这些法度包括"五行""五事""八政""五纪""皇极""三德""稽疑""庶征""五福"，这九种大法就是"洪范九畴"。而其中的"五福"分别指的是长寿、富贵、平安健康、喜好道德和年长善终。这五种"福"无疑深切地表现出，当时统治者治理社会的目标是使民众能够健康而幸福地生活在这个世界上，其重民的意味已经表达得很明显了。但这一时期的人们认为"九畴"来源于天帝的创造，这无疑还是需要"敬天"才能"保民"精神的体现。

而西周时期由"敬天保民"向"敬德保民"观念转变，则是在周公平定"三监之乱"以后才开始的。周武王去世后，继位的周成王年幼，由周公辅政。周公废除了自夏朝以来先由兄及弟，然后再传子的继承方式，这样的做法遭到了周公其他兄弟的不满。他的兄弟管叔、蔡叔、霍叔等人一面制造流言，宣称周公想要篡夺王位，一面联合商纣王的儿子武庚发动叛乱，这就是"三监之乱"。

周公花费了三年的时间，率兵平定了"三监之乱"，他将康叔封在了当地以统治殷商遗民。在康叔上任之前，周公作《康诰》以训诫康叔。周公在《康诰》中首先就提出了"明德慎罚"的主张，具体来讲就是崇尚德政而慎重地使用刑罚，不欺侮无依无靠的人，任用贤能的人，尊重应当尊重的人，镇压那些应当受到镇压的人，同时将这种判断标准和治国之道分享给普通民众，让他们熟悉并理解这种治国的方案。

在整篇诰文中，周公尤其强调"敬""慎"二字。但是他所"敬"的已经不再是

周公像

"天"，而是"民情"。此时，周公已经认识到了天命无常的问题，于是将"天命"和"民情"紧密地联系在一起，认为"民情"就是"天命"最好的体现。而要想使民众能够安居乐业，那么就要求统治者能够"明德"。而"刑罚"也是施行统治的必要手段，只不过在使用的时候需要慎重。具体来说就是在施行刑罚的时候主要看的不是一个人所犯错误的大小，而更应该注重其是否是有意为之；在审查犯人的时候要仔细对待供词，以防止误判；对于罪大恶极的人应当处以极刑，绝不姑息。这样，周公就完成了西周时期由"敬天保民"到"敬德保民"的转化。在这种转变过程中，"天"的神秘色彩逐渐褪去，而"人"和"人之德"的地位逐渐提升。

这种转化，在之后的诰文中也同样有所体现。周公辅政七年之后，周成王已经成年，于是周公便归政于周成王。同年，周成王决定派召公营建洛邑。在营建的过程中，周公曾到洛邑视察。在视察的过程中，周公作《召诰》和《洛诰》。在《召诰》中，"敬德保民"的思想再次得以体现，周公强调了要吸取夏、商灭亡的教训，认为这两个朝代的灭亡是由于"惟不敬厥德，乃早坠厥命"，即认为夏、商是由于不敬重德行，才导致了天命从他们那里转移。这无疑再一次强调了"德"是比"天命"更为根本的，"天命"是依据"德"的存在与否而转移的。

西周时期由"敬天保民"到"敬德保民"的转化，不仅使得民本精神正式形成，还为之后春秋时期人的主体意识觉醒奠定了思想基础。

第三节　孔子的民本思想：春秋时期民本精神的新发展

在经历了夏、商的重民精神滥觞和西周民本精神的形成之后，在春秋时期，民本精神有了飞跃性的发展。而这一时期民本精神的集大成的哲人，则非鲁国的孔子莫属。鲁国是周公的封国，当时由于周公要留朝辅政，便派遣自己的长子伯禽到鲁国就封。伯禽到了鲁国之后，采取了"变其俗，革其礼"等一系列措施，加之由于周公的原因，鲁国可以享受天子礼乐，因此也比较好地保留了"明德慎罚"等治国思想。

孔子曾自谦地说自己是"述而不作，信而好古"，以表明自己对上古文化的推崇。但"信而好古"是真，"述而不作"则更多的是其自谦之辞。梁漱溟先生曾说过："孔子以前的中国文化差不多都收在孔子手里；孔子以后的中国文化又差不多都从孔子那里出来。"[①] 由此可见，孔子对上古文化并非只是全盘地接纳和吸收，而是对其进行了选择和损益。因此孔子思想中所体现的民本精神，不仅是鲁国民本精神的集大成者，也是那个时代民本精神的集大成者。

孔子的民本精神首先体现在他对西周以来"明德慎罚"思想的继承与发展。孔子认为，作为执政者，其为政的最重要的基点在于了解自己的人民。孔子曾经讲过这样一段话：

> 君子莅民，不可以不知民之性而达诸民之情。既知其性，又习其情，然后民乃从命矣。故世举则民亲之，政均则民无怨。故君子莅民，不临以高，不导以远，不责民之所不为，不强民之所不能。（《孔子家语·入官》）

这段话的意思就是：君子统治百姓，不可以不了解百姓的习性，通晓百姓的实情。既了解他们的习性，又熟悉他们的实情，然后百姓才能听从命令。因此，国家安

---

① 梁漱溟：《东西文化及其哲学》，150 页，北京，商务印书馆，1999。

定，百姓就会亲近崇敬君主；政策公正合理，百姓就会没有怨言。所以君子统治百姓，不以高高在上的态度对待百姓，不引导百姓去做与他们无关的事情，不责罚百姓干他们不愿意做的事情，不强迫百姓干无能力做的事情。这段话充分体现出了孔子对人民的重视。

在了解民心、民性的同时，孔子十分强调"为政以德"。他认为"为政以德，譬如北辰居其所而众星共之"（《论语·为政》）。孔子认为如果执政者能够凭借自身高尚的德行来治理国家，那么他就相当于天空中的北极星一样，处于中枢的位置，其他的星星都围绕着他去转动。而执政者在统治民众时，首先要做的也应当是"道之以德，齐之以礼"（《论语·为政》），用道德、礼乐去引导、感化民众，只有当德、礼感化实在不能达到效果时，才可以被迫"道之以政，齐之以刑"（《论语·为政》），而不应当直接用政令、刑罚来压制人民。

而对于如何用"德"治理国家，孔子也有自己的总结。他认为"道千乘之国，敬事而信，节用而爱人，使民以时"（《论语·学而》），也就是说在治理一个拥有千辆兵车的大国时，执政者应当恭敬、勤劳地做事，对民众保有诚信而不得欺骗民众，要善待百姓、爱惜民力，征发劳力的时候应当不违背农时。当然，这相当于一个总纲，那么具体应该如何落实到实际中呢？

有一次，孔子到卫国去，冉有为他驾车。当孔子到达卫国之后，看到了人来人往的景象，于是感叹道："人口真多呀！"冉有听到后，便问道："既然卫国已经有了足够多的人口，那么他们的国君在治理国家时还需要再做什么呢？"孔子回答说："使人民富起来。"冉有继续追问，说："人民富了以后还需要做什么呢？"孔子回答说："要教化他们。"从孔子的回答中不难看出，执政者能做到庶、富、教这三点才算是真正合格地践行了民本精神。

除了对西周时期"明德慎罚"思想的继承与发展外，孔子民本精神的另一个集中体现在于他将仁的思想提升到了一个新的高度。孔子对仁的阐述并不是一个概念性的界定，据《论语》记载，不同的弟子向孔子请教关于仁的问题，孔子给出的答案往往是不尽相同的。

孔子弟子樊迟曾经向他请教什么是仁，孔子的回答是："仁者先难而后获，可谓仁矣。"（《论语·雍也》）孔子认为，遇到困难时冲在前面，得到收获时站在后面，这样的人就是具有仁德的人。孔子的另一位弟子颜渊也曾向夫子请教过同样的问题，这一次孔子的回答则是："克己复礼为仁。一日克己复礼，天下归仁焉。"（《论语·颜渊》）孔子认为，克制自己，使自己的言行符合礼的标准就是仁。如果能够使自己的言行都符合礼，那么天下的人就都归向仁德了。践行仁德靠的是自己，而不是别人。孔子的弟子仲弓、司马牛也曾经请教过"什么是仁"的问题，孔子对仲弓的回答是："出门如见大宾，使民如承大祭。己所不欲，勿施于人。在邦无怨，在家无怨。"（《论语·颜渊》）孔子认为，出门就好像是要去会见宾客一般，在役使人民的时候就如同在承担重大的祭祀一般。自己不喜欢做的事情，也不应强加给别人。在国不会遭到民众的怨恨，在家也不会遭到怨恨。而孔子对司马牛的回答则是："仁者，其言也讱。"（《论语·颜渊》）在孔子看来，具有仁德的人说话要谨慎。

虽然四位弟子向孔子请教的是同一个问题，但得到的却是孔子完全不同的四个答案。其实稍加分析，便可以看出孔子的回答是异中有同的，而这相同的一点就是"爱人"。面对困难时冲在前面，面对收获时站在后面，克制自己的行为使其符合礼，这些表达出的是对人的谦让；"己所不欲，勿施于人"传递出的是对人的忠恕；而谨慎地说话、不谰言则表达出对人负责的态度。这些回答表面上各自不同，但均是从"为仁由己"、推己及人的角度阐述了如何爱人，所谓"仁者，爱人"，正是这个意思。而"爱人"这个观念所体现出的不仅是民本的传统，更加折射出一种人的主体意识的觉醒和人道主义的关怀。

孔子是这样说的，那么他又是怎样做的呢？《论语》中载有这样一个小故事。孔子在鲁国做大司寇的时候，有一天下朝回家，得知自己家的马厩着火了。他首先询问的是有没有人受伤，而没有问马的情况。这个故事现在看起来似乎稀松平常，但在当时那个社会环境下却是振聋发聩。春秋时期虽然已经开始有了礼崩乐坏的倾向，但是"天子—诸侯—卿大夫—士—庶人"的等级制度还依然存在。在当时人的价值体系中，马匹作为一种重要的战略物资，是比奴仆更为珍贵的。而孔子在马厩失火的情况下，还坚持首先关心人，这种"爱人"的品质是仁者精神的充分体现。

当然，人们对孔子的民本精神也存在一些误读，而其中争议最多的当属那句"民可使由之，而不可使知之"（《论语·泰伯》）。一般人们都认为孔子这句话所表达的意思是可以让老百姓按照统治者所指引的道路走，而不可以让老百姓知道这是为什么。如此一来，孔子的这句名言就散发出了浓厚的"愚民"气息。可是这种"愚民"的气息显然与孔子所提倡的以德治国、仁者爱人的精神是相违背的。

其实，这种解读本身就是一种误读。1993年在湖北荆门郭店楚墓出土了一批竹简，其中大多是儒家文献和道家文献。这批竹简的发现为"正本清源"地理解《论语》提供了一个契机。在这批竹简中，在《尊德义》简文中有这样几句话："民可使，道之；而不可使，知之。民可导也，而不可强也。"显然，竹简中的这句话和《论语》中的记载十分相似。结合出土文献以及孔子的思想，这句被误读的名言读为"民可使，由之；不可使，知之"似乎更为妥当，它表达的并不是要统治者实行"愚民"政策，而是更多地在强调要因势利导、顺势而为，不可将自己的意志强加于百姓。

以孔子民本精神为代表的鲁国民本精神，在继承三代文化之英的基础上完成了一次飞跃性发展，这种飞跃所彰显出的是一种人道主义精神，一切以"人"为核心展开，而又没有陷入个人主义的泥淖。这个"人"是修己以安人，是推己及人，是仁者爱人。

第四节　孟子的重民思想：战国民本精神的进一步发展

继孔子之后，又一位推动鲁国民本精神发展的重要人物当属孟子。孟子生活的战国时代远比春秋时代更为动荡与混乱，七国纷争，争霸不断，民不聊生。基于这样的现实状况，孟子在继承孔子"仁"的思想基础上又进行了阐发，提出了"仁政"的主张。孟子的"仁政"就是他的"王道"政治思想，而这种精神正是以重民为中心的。

孟子重民精神的理论基础就是他的"性善论"。根据《孟子·滕文公上》的记载，在滕文公还是太子的时候，有一次他要出使楚国，经过宋地时见到了孟子。而孟子和他谈论的主题是"人性善"，还每每以尧、舜等先代圣王来举例。由此可见孟子对"性善论"的坚持和对三代之前"王道"景象的向往。

孟子对人性的讨论首先是从"人禽之辨"的角度进行的。孟子认为"人之所以异于禽兽者几希"（《孟子·离娄下》），也就是说孟子认为人和动物的区别其实并不是很大，那么"几希"到底体现在哪些地方呢？孟子认为体现在"不忍人之心"，他认为：

> 人皆有所不忍，达之于其所忍，仁也；人皆有所不为，达之于其所为，义也。人能充无欲害人之心，而仁不可胜用也；人能充无穿逾之心，而义不可胜用也；人能充无受尔汝之实，无所往而不为义也。（《孟子·尽心下》）

这段话的意思是：每个人都有不忍心做的事情，将这种"不忍心"扩充到忍心做的事情上，就是仁；每个人都有不肯去做的事情，将这种"不肯做"扩充到肯做的事情上，就是义。如果人能够把不想害人的心不断扩充，那么他的"仁"就用不尽了；如果人能够把不挖洞跳墙的心不断扩充，那么他的"义"就用不尽了；如果人能够把不接受轻贱的实际言行不断扩充，那么他到哪里都能够合于"义"。

从这段话中可以直接看出，孟子在讨论人性问题时的出发点是"性善"，因此人只要不断扩充自己的善端，就可以达到"仁"与"义"。当然，在这里孟子只是举了三个具体的例子来描述人的善端，在这种具体描述的基础之上，孟子将人的"善端"概括为"四端"，即作为"仁"之端的恻隐之心，作为"义"之端的羞恶之心，作为"礼"之端的辞让之心和作为"智"之端的是非之心。他认为这些萌芽是每个人与生俱来的，只要能够找到方法使人的"四端"不断扩充，就可以安定天下；如果不能使"四端"扩充，那么人们连赡养父母都做不好。

正是基于"人性本善"的判断，孟子提出的"仁政"思想和"王道"理想都是追求以"民"为主体，激发出人们的善性并使其不断扩充，"以不忍人之心，行不忍人之政"（《孟子·公孙丑上》），这与法家片面强调威权色彩和严刑峻法的

"霸道"是截然不同的。

首先，在君民关系上，孟子认为君主应当做到"以民为贵"和"与民同乐"。

孟子认为人民应该是最重要的，其次是社稷，最后才是君主。而君主以民为贵也并非只是局限于爱惜民力，更重要的是要赢得民心。根据《孟子·离娄上》的记载，孟子认为夏桀和商纣王之所以会失去天下，最主要的原因在于他们失去了人民的支持，而失去人民的支持也就是因为失去了民心。因此，孟子认为君主在治理民众的时候，应当把人民想要的施予他们，而人民不喜欢的不要施行，这样才能够获得民心，进而获得人民的支持。这也是对孔子"为仁由己"、推己及人思想的继承与发展。

孟子像

除了要在内心树立"以民为贵"的意识之外，君主还应在日常的生活中做到与民同乐。有一次魏惠王站在池塘边观赏鸟兽，向孟子询问贤能的人是否也享受这种快乐。孟子听后说道，只有贤能的人才能享受这种快乐，而不贤能的人即便可以短暂地拥有这种快乐，却也无法享受。为此，他举了周文王和夏桀的例子对比。周文王能够与民同乐，因此百姓心甘情愿为他筑台，并称之为"灵台"；而夏桀暴虐无道，百姓则都希望与他同归于尽。孟子借此形象地向魏惠王解答了他的困惑。

其次，孟子进一步深化了孔子先富后教的思想。

孟子认为普通百姓和士是有区别的。士人即使没有固定的产业，也能够保持一定的道德观念和行为准则，但是百姓不同。若想让普通百姓保持一定的道德观念和行为准则，就需要先解决他们衣、食、住、行等基本生活问题，让他们能够拥有固定的产业，让他们能够赡养父母、抚养妻儿，年成好的时候可以获得丰收，年成不好的时候也不至于冻馁而死。对于如何让百姓拥有固定的产业，孟子也进行了设想：每家以五亩土地作为住宅，在住宅的四周种上桑树，这样五十岁以上的人就可以穿上丝绵的衣服了；让百姓有充足的时间饲养鸡、猪、狗等家畜，这样七十岁以上的人就都可以吃到肉了；分给每家一百亩田地，不随意干扰他们的生产活动，一家人便可以有饱饭吃了。在让百姓富起来的基础上，引导他们不断扩充善端就会更加易行。

百姓富起来之后，还要对百姓进行教化。与孔子一样，孟子所强调的教化百姓不仅仅是传授知识的讲授，更重要的还在于要使得百姓懂得"人伦"，即"父子有亲，君臣有义，夫妇有别，长幼有叙①，朋友有信"（《孟子·滕文公上》）。如此，百姓能够安居乐业、不断提高修养，在这样的大环境下，人口增加也就是顺理成章的事情了。能够做到这些措施还不能施行"王道"于天下，孟子认为是不可能的。

可见，孟子的重民精神是在继承孔子以"仁"为核心的民本精神之基础上发展起来的，面对更加动荡的战国环境，孟子也相应地提出了一些更加具体的设想，力求匡正当时不义的世道。战国时期以孟子为代表提出的重民精神，是鲁国民本精神在面对具体时代问题时的又一次重要发声。

第五节　鲁国民本精神的深刻影响

鲁国的民本精神通过对三代以来天本、神本、物本思想的层层损益和反思，最终将这一理论落实为"以民为本"，在孔子处实现了集大成的发展。在孔子之后，民本精神又进一步地发展、细化。自三代以来至春秋时期鲁国而集大成的民本精神在中国历史上打下了深深的烙印，具体而言，在孔子之后，中国古代民本精神可以细化出至少四层含义，即民为天本，民为国本，民为君本，民为吏本。

民为天本，意在表明天的意愿是通过民意体现出来的，顺从民意便能够获得上天的庇佑。孟子和弟子万章曾经讨论过王权继承合法性的问题，孟子认为王权继承者是否合适，需要从两方面进行判断：一是从"天"的角度，即让他去主持祭祀，能够有众多的神灵来享用；二是从"民"的角度，即让他去治理事务，能够安定百姓。可见"天"和"民"是具有同等重要地位的，因此顺应"民意"即为顺应"天命"。

民为国本，即人民是国家的根本，只有保证人民的安居乐业，才能保证国家的长治久安。《左传·文公十三年》载有邾文公迁都的故事。邾文公晚年身体状况欠佳，由于邾国当时的都城地势低洼，常常受到水患影响。邾文公想要迁都，但占卜的结果是迁都对民众有利却对邾文公不利。得知此结果后，大臣都纷纷表示反对迁都，但邾文公则认为上天生育百姓，又为其设立君主，是为了让君主为百姓谋利益，对人民有利，则是对国家、国君有最大的利。因此邾文公毅然决定迁都，使得邾国的国都从地势低洼的邾瑕迁到了峄山南边的峄城，使得百姓远离了水患。

民为君本，即人民是君王统治的根本。如果失去了人民的拥戴，那么君王也就难称为君王了，这也就是我们常说的"民贵君轻"。关于君民关系，孔子曾有一个十分形象的比喻，即君主就像船，而人民就像水，水能够承载着船航行，也能够使船倾覆。因此，从这种角度而言，民要比君贵。这种精神记载在《孔子家语·五仪

---

① 叙：次序，秩序。

解》中，后来荀子继承了孔子的这一观念。贞观十一年（公元637年）由于承平日久，太宗皇帝在日常生活的一些方面也就有些倦怠。这时，他的宰相魏徵为了劝谏他居安思危、戒奢从俭，于是便上了一道著名的奏章，即《谏太宗十思疏》，奏章中便提及"载舟覆舟，所宜深慎"。唐太宗看后深以为然，将魏徵的这份奏章放在案头，奉为座右铭，同时以此告诫太子及其他诸王，要求他们时刻谨记"君舟民水"的比喻，要以存养百姓为先。唐太宗励精图治、存养百姓，开创了中国历史上有名的"贞观之治"。

如果说唐太宗的故事体现的是"水能载舟"，那么周厉王的故事则体现的是"水能覆舟"。周厉王时期，任用荣夷公推行"专利"政策，认为山林川泽的物产都是周王的"专利"，不允许人民进行渔猎、砍柴等谋生活动。针对人民对此产生的抱怨，周厉王还派出卫巫组织人手监视百姓，导致百姓只能"道路以目"。这种高压政策引起了民怨沸腾，终于在公元前841年发生了国人暴动，而周厉王也被逐出了都城。这一正一反两个故事都深刻体现出了中国历史上的民本精神传统。

"民为吏本"所阐明的是官吏是由君主任命、人民供养的，因此官吏在管理人民的时候首要的一点是要"顺民之意"。官吏既是人民的管理者，同时又是人民的服务者，二者是有机的整体，不能割裂开来。《孟子·梁惠王下》中记载了如下一段对话。

> 王曰："吾何以识其不才而舍之？"
>
> 曰："国君进贤，如不得已，将使卑逾尊，疏逾戚，可不慎与？左右皆曰贤，未可也；诸大夫皆曰贤，未可也；国人皆曰贤，然后察之；见贤焉，然后用之。左右皆曰不可，勿听；诸大夫皆曰不可，勿听；国人皆曰不可，然后察之；见不可焉，然后去之。左右皆曰可杀，勿听；诸大夫皆曰可杀，勿听；国人皆曰可杀，然后察之；见可杀焉，然后杀之。故曰，国人杀之也。如此，然后可以为民父母。"

齐宣王向孟子请教如何识别贤才，孟子所给出的标准是不能只听取身边之人和大夫的观点，一定要听取人民的意见，然后再详加考察，这样才能做出准确的判断。从孟子的话中不难看出，对于官吏的评判，最有发言权的是百姓。

民本精神作为人本精神的一部分，集中凸显了"人"的政治主体意识的觉醒。西周时期"敬德保民"思想的形成，则为之后民本精神的发展提供了一个源头。

虽然世殊事异，但是鲁国的民本精神传统却并没有显示出衰气。作为中国历史上遗留下的宝贵精神财富，鲁国的民本精神传统在当今社会仍旧焕发出生机与活力。很多学者认为，民本与民主不能相通，甚至很多人认为，民本精神是实现民主的障碍。其实，民本是一种政治哲学，而实现民本的方式，在古代呈现为君主制，在现代则是民主制。君主制度没有办法真正落实民本，而民主制度则是落实民本精神的最佳制度。在中国，建设有中国特色社会主义制度，推进社会主义民主制度建设，真正落实"全心全意为人民服务"的宗旨，坚持"立党为公，执政为民"的理念，以"全党要始终把人民拥护不拥护、人民赞成不赞成、人民高兴不高兴、人民答应不答应作为党的一切工作的出发点和归宿点"，做好"情为民所系，权为民所用，利为民所谋"，这些无疑都是对源自鲁文化中的民本精神传统在当下的创造性转化和创新性发展。习近平总书记在十九大报告中说："中国共产党人的初心和使命，就是为中国人民谋幸福，为中华民族谋复兴。"这样庄严的宣告传递出的是"民惟邦本，本固邦宁"（《尚书·五子之歌》）的理念，是"治国有常，而利民为本"（《淮南子·氾论训》）的态度。

如今，中国的发展已经进入了中国特色社会主义新时代，鲁国的民本精神传统也将在与新时代精神积极融合的过程中继续发挥自身独特的作用。

思考题：

1. 请思考民本精神在中国历史上发挥的积极作用。
2. 请辨析中国古代的民本精神与现代民主精神的异同。

延伸阅读书目：

1. 金耀基：《中国民本思想史》，北京：法律出版社，2008。
2. 陈力祥：《民本论》，北京：华夏出版社，2013。

第十四章　鲁文化的诚信精神

　　诚信，即诚实，讲信用。它是我国传统道德的重要规范之一，同时也是我国的优秀传统美德之一。诚实是指一个人的言行和内心思想相一致的良好的道德品质。诚实的根本特征在于实事求是，在于对人、对事持诚心诚意的态度。诚实的对立面是虚伪、欺骗。而是否守信用，则是衡量一个人的道德修养的标准，守信用的人被称作"信士"，是有德君子；背信弃义的人，人们视之为不可与之交往的小人。讲诚信，是人格美的体现。孔子最早将"文、行、忠、信"列入孔门教学课程。此后"信"成为维护古代社会的"五常"（仁、义、礼、智、信）之一，受到历代贤哲的重视。现在我们积极倡导的社会主义核心价值观中，诚信依然是公民个人层面的价值准则之一。二十大报告也提出要求：弘扬诚信文化，健全诚信建设长效机制。

　　以儒家思想为主导的鲁国文化是诚信道德的主要倡导者。据统计，《论语》中"诚"字只出现过 2 次，分别是《论语·颜渊》中的"诚不以富，亦祇以异"，《论语·子路》中的"诚哉是言也"。"诚"皆作"真正、真实"讲，似乎还不是一个独立的道德概念。但《论语》中"忠"字出现 18 次，除"忠君爱国"之义外，皆作"诚实"意。《说文解字》释忠："敬也。尽心曰忠。"《周礼·大司徒》注文曰："中心曰忠，中下从心，谓言出于心，皆有忠实也。"《论语》中的"忠"与后世的"诚"基本同义。《论语》中"信"字共出现 38 次，"忠""信"连言 7 次。《论语》中的"忠信"意义等同于后世的"诚信"。曾国藩曾如此阐释"忠"与"信""忠者，无欺诈之心；信者，无欺诈之言。"[①] 至于"忠"与"信"的关系，朱熹在《朱子语类·性理三》中解释说："忠自里而发出，信是就事上说。忠是要尽自家这个心；信是要尽自家这个道理。"[②] 但是"发于心而自尽则为忠，验于理而不违则为信。忠是信之本，信是忠之发"（《朱子语类·学而篇中》）。两者"相为内外、始终、本末。有于己为忠；见于物为信"（《朱子语类·学而篇中》）。朱熹认为忠、信二字"做一事说也得，做两事说也得"（《朱子语类·学而篇中》）。

　　鲁国文化主要从为人、处世、治国三方面显示了诚信的重要性。

---

　　① 曾国藩：《曾国藩全集·书札》上卷，209 页，石家庄，河北人民出版社，2016。
　　② （宋）黎靖德：《朱子语类》，123 页，北京，中华书局，1986。

第一节 人而无信，不知其可也

在儒家看来，诚实不欺是一种优秀的道德品质，是一个人立身处世的基本原则。孔子说："人而无信，不知其可也。大车无輗①，小车无軏②，其何以行之哉?"(《论语·为政》)是说一个人如果不讲信誉，好像马车上没有驾驭牲畜的关键，是完全不行的。当子张问他如何提高品德时，他又说："主忠信，徙义，崇德也。"(《论语·颜渊》)他的最高道德理想——仁，自然也包含了信的内容。"子张问仁于孔子，孔子曰：'能行五者于天下为仁矣。''请问之。'曰：'恭，宽，信，敏，惠。恭则不侮，宽则得众，信则人任焉，敏则有功，惠则足以使人。'"(《论语·阳货》)孔子还说："克己复礼为仁，一日克己复礼，天下归仁焉，为仁由己，而由人乎哉?"(《论语·颜渊》)所谓"克己复礼"，就是约束自己的行为，使之符合礼的规范，这也就是孔子一向重视的"修身"。而作为人们行为准则的礼，又是以忠信为根本的。"先王之立礼也，有本有文。忠信，礼之本也；义理，礼之文也。无本不立，无文不行。"(《礼记·礼器》)一个人要学习礼，必须首先具备忠信这种品德，即所谓"甘受和，白受采。忠信之人，可以学礼。苟无忠信之人，则礼不虚道。是以得其人之为贵也"(《礼记·礼器》)。所以孔子的教育内容是"文、行、忠、信"(《论语·述而》)。他的教育实践以培养德行、陶冶情操为重点，把品德修养置于文字书籍的学习之上。他告诫弟子："入则孝，出则悌，谨而信，泛爱众，而亲仁。行有余力，则以学文。"(《论语·学而》)可见，"忠信"是孔门修己安人的重要内容。

据《说苑·杂言》记载，孔子从卫国返回鲁国途中，在吕梁桥上观赏景色。那个地方有个瀑布高达几十丈，湍急的流水有几十里远，连鱼鳖都难以在那里存活。然而却看见一个男人从那个地方若无其事地游过来。于是孔子就问他："你的游泳本领真是太高了！难道你有什么法术吗?"那个男人回答说："没有什么特别法术，我只不过是心怀忠信而已。"于是孔子借机教育弟子们说："你们一定要记住，水火无情，但人可以凭借心怀忠信而让自己在水中如鱼得水，更何况是人类社会呢!"他告诫学生，要行事通达，首先要做到"忠信""笃敬"，也就是老实本分。"子张问行。子曰：'言忠信，行笃敬，虽蛮貊③之邦，行矣。言不忠信，行不笃敬，虽州里，行乎哉?'"(《论语·卫灵公》)

---

① 輗（ní）：古代大车车辕前端与车衡相衔接的部分。
② 軏（yuè）：古代车上置于车辕前端与车横木衔接处的销钉。
③ 蛮貊（mán mò）：较为落后的部族。

孔子观河梁图

孔门弟子毕业时，孔子千叮咛万嘱咐的依然是"忠信"。《说苑·杂言》中有记载，"子路将行，辞于仲尼。曰：'赠汝以车乎？以言乎？'子路曰：'请以言！'仲尼曰：'不强不远，不劳无功，不忠无亲，不信无复，不恭无礼。慎此五者，可以长久矣。'"① "颜回将西游，问于孔子曰：'何以为身②？孔子曰：'恭、敬、忠、信，可以为身。恭则免于众，敬则人爱之，忠则人与之，信则人恃之。人所爱、人所与、人所恃，必免于患矣，可以临国家，何况于身乎？'"（《说苑·敬慎》）孔子说你只要做到恭敬忠信，岂止可以保身，甚至可以治国。其实道理很简单，忠诚老实的人到哪里都受人欢迎，阳奉阴违，当面一套背后一套的人到哪里都会遭人厌弃。墨子在与巫马子的论辩中就问道："今使子有二臣于此，其一人者见子亦从事，不见子则不从事；其一人者见子从事，不见子亦从事。子谁贵于此二人？"巫马子当然回答说："我贵其见我亦从事，不见我亦从事者。"（《墨子·耕柱》）

孟子认为"忠信"是"天爵"，是上天赋予人类的最值得骄傲的天然禀赋。"有天爵者，有人爵者。仁义忠信，乐善不倦，此天爵也；公卿大夫，此人爵也。古之人修其天爵，而人爵从之。今之人修其天爵，以要人爵，既得人爵，而弃其天爵，则惑之甚者也，终亦必亡而已矣。"（《孟子·告子上》）孟子自己就以得"君子三乐"而自豪。孟子曰："君子有三乐，而王天下不与存焉。父母俱存，兄弟无故，一乐也；仰不愧于天，俯不怍于人，二乐也；得天下英才而教育之，三乐也。"（《孟子·尽心上》）"仰不愧于天，俯不怍于人"就是坦坦荡荡，光明磊落。"反身而诚，乐莫大焉"（《孟子·尽心上》），说的是诚实地度过自己的一生，有着至上无比的快乐。这种快乐甚至比贵为帝王还要高兴。

---

① 向宗鲁：《说苑校正》，431 页，北京，中华书局，1987。
② 为身：保身。

和孟子有同样感受的还有鲁国的柳下惠。据《新序·节士》记载：从前，鲁国有个宝贝岑鼎。这只岑鼎形体巨大，气势宏伟雄壮，鼎身上还由能工巧匠铸上了精致美丽的花纹，让人看了有种震慑心魄的感觉，不由得赞叹不已。鲁国君臣非常看重和珍爱岑鼎，把它看作镇国之宝。鲁国的邻国齐国幅员广阔，人口众多，国力很是强盛。为了争夺霸权，齐国向鲁国发起了声势浩大的进攻。鲁国较弱，勉强抵挡了一阵就全线溃败了。鲁国国君只得派出使者，去向齐国求和，齐国答应了，但是有个条件，要求鲁国献上岑鼎以表诚意。鲁国的国君很是着急，不献吧，齐国不愿讲和；献吧，又实在舍不得这个宝贝，不知如何是好。正在左右为难之际，鲁国有个大臣出了个主意："大王，齐人从未见过岑鼎，我们何不另献一只鼎去，他们可能也不会看得出来。这样既能签订和约，又能保住宝贝，难道不是个两全之策吗？"鲁国国君大喜，拍手称是。于是，鲁国悄悄地换了一只鼎，假说是岑鼎，献给了齐国国君。齐国国君得了鼎，左看右看，总觉得这只鼎虽也称得上是巧夺天工，但似乎还是不如传说中那样好，再加上鲁国答应得这样爽快，自己又没亲眼见过岑鼎，这只鼎会不会是假的呢？又能用什么方法来验证它的真伪呢？要是到手的是一只假鼎，不仅自己受了愚弄，齐国的国威也会大大受损。他思前想后没有法子，只得召集左右一块儿商量。一位聪明又熟悉鲁国的大臣出点子说："臣听说鲁国有个叫柳下惠的人，非常诚实，是鲁国最讲信用的人，毕生没有说过半句谎话。我们让鲁国把柳下惠找来，如果他也说这只鼎是真的，那我们就可以放心地接受鼎了。"齐王同意了这个建议，派人把这个意思传达给了鲁国国君。鲁国国君没有别的路可走，只得把柳下惠请来，对他把情况讲明，然后央求他说："就请先生破一回例，说一次假话，以保全国宝。"柳下惠沉思了半晌，严肃地回答道："您把岑鼎当作鲁国的国宝，而我则把诚信看作我的珍宝，它是我立身处世的根本，是我用一辈子的努力保持的东西。现在大王想要微臣破坏自己做人的根本，来换取您的宝物，恕臣不可能办到。"鲁国国君听了这一番义正词严的话，知道再说下去也没有用了，就将真的岑鼎献给了齐国，签订了停战和约。柳下惠坚守诚信，用实际行动告诉我们：诚实信用是无价的，任何宝贝都不能与之相比。无论何种情况下，我们都不能放弃做人的根本。

对于怎样做到信，孔子说："谨而信。"（《论语·学而》）"讷于言而敏于行。"（《论语·里仁》）言语小心谨慎，才可能做到言行一致。"子曰：'言从而行之，则言不可饰也；行从而言之，则行不可饰也。故君子寡言而行，以成其信。'"（《礼记·缁衣》）另外，忠信之质又必须靠勤奋好学来完善，否则不明其理，不免反受其蔽。"十室之邑，必有忠信如丘者焉，不如丘之好学也。"（《论语·公冶长》）"好信不好学，其蔽也贼。"（《论语·阳货》）具体到"学"上也有诚信，那就是孔子所主张的"知之为知之，不知为不知，是知也"（《论语·为政》）。

《列子·汤问》记载了发生在孔子身上的这样一个故事。"孔子东游，见两小儿辩日，问其故。一儿曰：'我以日始出时去人近，而日中时远也。一儿以日初出远，而日中时近也。'一儿曰：'日初出大如车盖，及日中则如盘盂，此不为远者小而近者大乎？'一儿曰：'日初出沧沧凉凉，及其日中如探汤，此不为近者热而远者凉乎？'孔子不能决也。两小儿笑曰：'孰为汝多知乎？'"① 故事发生在孔子去齐国的路上，孔子和弟子看见两个小孩在路上争辩，一个孩子说："我们在争论太阳什么时候离我们最近。我说早上近，他说中午近，您说说是谁对呢？"孔子认真地想了一会儿说："这个问题我过去没有考虑过，不敢随便乱讲，还是先请你们把各自的理由讲一讲吧。"一个孩子抢着说："您看，早上的太阳又大又圆，可到了中午，太阳就变小了。谁都知道近的东西大，远的东西小。"另一个孩子接着说："他说得不对，早上的太阳凉飕飕的，一点也不热，可中午的太阳却像开水一样烫人，这不就说明中午的太阳近吗？"说完，两个孩子一齐看着孔子，说："您来评评谁对吧。"这下可把孔子难住了，他反复想了半天，还是觉得两个孩子各自都有道理，实在分不清谁对谁错。于是他老老实实地承认："这个问题我回答不了，以后我向更有学问的人请教一下，再来回答你们吧。"两个孩子听后哈哈大笑："人家都说孔夫子是个知识渊博的圣人，原来您也有回答不了的问题呀！"说完就转身跑走了。弟子子路很不服气地说："您真应该随便讲点什么，把他们镇住。"孔子说："不，如果不是老老实实承认自己不懂，怎么能听到这番有趣的道理。在学习上，我们知道的就说知道，不知道的就说不知道。只有抱着这种诚实的态度，才能学到真正的知识。"

墨子曾学儒者之业，受孔子之术，墨子倡言"已诺必诚，不爱其躯"（《史记·游侠列传》）。《墨子·兼爱下》说："言必信，行必果，使言行之合犹合符节也，无言而不行也。"后世墨家将此奉为务必遵守的处世准则。墨家为诚信赴汤蹈火、死不旋踵的精神可嘉，但墨家"言必信，行必果"的信条却是儒家所难以接受的。如上所言，孔子虽主张"忠信"，但他并不赞成毫无原则地遵守信用，认为"君子贞而不谅②"（《论语·卫灵公》）。"言必信，行必果，硁③硁然小人哉！"（《论语·子路》）在孔子看来，不知务求大义、分辨是非而一味自守其信，是愚蠢的行为，只有合乎道义的诺言才有遵守、实现的价值，即所谓"信近于义，言可复也"（《论语·学而》）。"言必信，行必果"中有两个"必"字，这是孔子最讨厌的，所谓"子绝四——毋意、毋必、毋固、毋我"（《论语·子罕》）。孔子儒家学说最重"中庸"，认为"过犹不及"。孟子倡导"惟义所在"，以义来衡量一切德目。义者，宜也，也是要求恰当适中。儒家对传统德目都有其新的诠释，都要求以礼来衡量其是否适中。所谓的"信""直"等德目，如果过度就会变质，不再值得提倡。譬如《淮南子·氾论训》就举例说："直躬，其父攘羊而子证之。尾生，

---

① 杨伯峻：《烈子集释》，168～169 页，北京，中华书局，1979。
② 朱熹解释说："贞，正而固也；谅，则不择是非而必于信。"
③ 硁（kēng）：浅薄固执。

与妇人期而死之。直而证父，信而溺死，虽有直、信，孰能贵之！"孔子对上文提到的"尾生之信"和"直躬证父"的故事，都有直接的评述。

"尾生之信"的故事出自《庄子·盗跖》。春秋时，鲁国有个年轻人名叫尾生，与圣人孔子是同乡。尾生为人正直，乐于助人，和朋友交往很守信用，受到四乡八邻的普遍赞誉。有一次，他的一位亲戚家里醋用完了，来向尾生借，恰好尾生家也没有醋，但他并不回绝，便说："你稍等一下，我里屋还有，这就进去拿来。"尾生悄悄从后门出去，立即向邻居借了一坛醋，并说这是自己的，就送给了那位亲戚。孔子知道这件事后，批评尾生为人不诚实，弄虚作假。尾生却不以为然，他认为帮助别人是应该的，虽然说了谎，但出发点是对的，谎言不也有美丽的吗？后来，尾生迁居梁地①，在那里认识了一位年轻漂亮的姑娘。两人一见钟情，君子淑女，私订终身。但姑娘的父母嫌弃尾生家境贫寒，坚决反对这门亲事。为了追求爱情和幸福，姑娘决定背着父母私奔，随尾生回到曲阜老家去。那一天，两人约定在韩城外的一座木桥下会面，双双远走高飞。黄昏时分，尾生提前来到桥下等候。不料，突然乌云密布，狂风怒吼，雷鸣电闪，滂沱大雨倾盆而下。不久山洪暴发，滚滚江水裹挟泥沙席卷而来，没过了尾生的膝盖。"城外木桥下，不见不散！"尾生想起了与姑娘约定时信誓旦旦的情景，可他此时四顾茫茫水世界，却不见姑娘踪影。但他寸步不离，死死抱着桥柱，最后被淹死。为爱情守约而死，活脱脱一幕惊心动魄的殉情悲剧，可惜在孔子看来这既不合礼又不合义，死得毫无价值。

《吕氏春秋·当务》记载了"子为父隐"的故事。约与孔子同时，楚国有一个号称是诚实正直的人，他父亲偷了邻居一头羊，这位正直的人便大义灭亲亲自向官府举报。官府将其父拘捕，判了死罪。这位正直的人又自请代父受刑。临行刑之时，这位正直的人又向官府自我辩解称："我大义灭亲，举报父亲偷羊，是典型的诚实正直；父亲有死罪，我作为儿子的甘心替父受刑，应该是大孝。如果官府连我这样诚实正直且大孝之子都要杀掉，那么这个国家还有什么不该杀的人吗？"楚国国王认为言之有理，于是免去了其死刑。孔子听说后大呼怪哉！这是明显的欺世盗名，这样的人怎么称得上是诚实正直呢！

如何才是符合"义"的"信"呢？子路是儒家所称赞的榜样。《左传·哀公十四年》记载："小邾射以句绎来奔，曰：'使季路要我，吾无盟矣。'使子路，子路辞。季康子使冉有谓之曰：'千乘之国，不信其盟，而信子之言，子何辱焉？'对曰：'鲁有事于小邾，不敢问故，死其城下可也。彼不臣，而济其言，是义之也。由弗能。'"小邾国一个叫射的大夫，带领句绎②的人来投奔鲁国，按照当时的惯例，鲁国要接收这个地方，必须派人与射盟誓。然而射却说："派子路和我约定，

---

① 今陕西韩城南。
② 今山东邹城南。

就不用盟誓了。"于是鲁国执政季康子派子路去，子路却推辞了。季康子不理解，就派冉有劝他说："不相信千乘战车国家的盟誓，反而相信您的话，如此荣耀，有什么可拒绝的呢?"子路回答说："鲁国如果和小邾国发生战事，作为臣子，我万死不辞。现在射是背叛了他的国家来投奔鲁国，我如果和他盟约的话，就是肯定了他的这种不义的行为，我不能那么办。"与上述柳下惠为坚守个人信用的拒绝相比，子路的拒绝的出发点明显不同。

其实孔子自身也有过违背誓约的行为。《史记·孔子世家》载:孔子师徒周游列国，"过蒲，会公叔氏以蒲畔，蒲人止孔子。弟子有公良孺者，以私车五乘从孔子。其为人长贤，有勇力，谓曰:'吾昔从夫子遇难于匡，今又遇难于此，命也已。吾与夫子再罹难，宁斗而死。'斗甚疾。蒲人惧，谓孔子曰:'苟毋适卫，吾出子。'与之盟，出孔子东门。孔子遂适卫。子贡曰:'盟可负耶?'孔子曰:'要①盟也，神不听。'"孔子师徒途经蒲邑，遇到卫国大夫公叔氏占据蒲邑反叛，蒲邑人扣留孔子。有个叫公良孺的弟子，带着五辆私车随从孔子。他为人长大贤能，又有勇气力量，对孔子说:"我昔日跟着您在匡遭遇危难，如今又在这里遭遇危难，这是命啊。我与您再次蒙难，宁可搏斗而死。"搏斗非常激烈。蒲邑人恐惧，对孔子说:"如果你不去卫都，我们放了你。"孔子和他们立了盟誓，蒲邑人将孔子放出东门。孔子接着前往卫都。子贡说:"盟誓难道可以背弃吗?"孔子说:"这是要挟订立的盟誓，神是不会理睬的。"这也完全符合现代法治契约精神，违背双方主观意愿的协议是非法、无效的协议。

儒家贤者将"仁、义、礼、智、信"五者定为"五常"，亦即人类社会必须遵守的五种常规，"信"排在最后，意味着是必须死守的底线，失掉了诚信，可以视之为非人。既然为人，当以"仁人"为最高目标，"信"之上"智、礼、义、仁"等更高的道德要求。

第二节　与朋友交，言而有信

孟子说:"居下位而不获于上，民不可得而治也。获于上有道，不信于友，弗获于上矣。信于友有道，事亲弗悦，弗信于友矣。悦亲有道，反身不诚，不悦于亲矣。诚身有道，不明乎善，不诚其身矣。是故诚者，天之道也;思诚者，人之道也。至诚而不动者，未之有也;不诚，未有能动者也。"(《孟子·离娄上》)"信"在处理各种社会关系中处于至关重要的地位，而"诚"则是处理所有社会关系的基础。古代贤者将主要社会关系分为五类，又称"五伦"，即"父子有亲，君臣有义，夫妇有别，长幼有叙，朋友有信"(《孟子·滕文公上》)。五伦基本上涵盖了古代社会所有的人伦关系，其中"父子""君臣""长幼""夫妇"都有纵向的

---

① 要(yāo):有所倚仗而强求。

上下位次关系，只有"朋友"是横向的并列关系，"朋友有信"排在最后，也就是说"信"是所有人事关系的基础，以上所谓"父子有亲、君臣有义、夫妇有别、长幼有叙"也必须建立在相互诚信的基础上。

"父子有亲"需要"信"。"曾子之妻之市，其子随之而泣。其母曰：'女还，顾反为女杀彘。'妻适市来，曾子欲捕彘杀之。'妻止之曰：'特与婴儿戏耳。'曾子曰：'婴儿非与戏也。婴儿非有知也，待父母而学者也，听父母之教。今子欺之，是教子欺也。母欺子，子而不信其母，非以成教也。'遂烹彘也。"（《韩非子·外储说左上》）曾子的妻子上集市去，小儿子跟在后面哭泣。孩子母亲说："你回去，等我回来给你杀猪吃。"她去集市回来，曾子要抓猪来杀。妻子阻止说："不过是和小孩开玩笑罢了。"曾子说："小孩可不是开玩笑的对象。小孩没有分辨能力，要靠父母做出样子才会跟着学，完全听从父母的教诲。现在你欺骗了他，也就是教孩子学会骗人。做母亲的欺骗孩子，孩子就不相信母亲了，这不是进行教育的方法。"于是就把猪杀掉煮了。《韩诗外传》卷九也载有类似的故事。"孟子少时，东家杀豚①，孟子问其母曰：'东家杀豚，何为？'母曰：'欲啖②汝。'其母自悔而言曰：'吾怀妊是子，席不正不坐，割不正不食，胎教之也。今适有知而欺之，是教之不信也。'乃买东家豚肉以食之。明不欺也。"

儒家"信"的德行主要还是要解决朋友之间的关系。孔子自述其志向即"老者安之，朋友信之，少者怀之"（《论语·公冶长》）。《韩诗外传》卷六中说："遇长老，则修弟子之义；遇等夷，则修朋友之义；遇少而贱者，则修告道宽裕之义。故无不爱也，无不敬也，无与人争也，旷然而天地苞万物也。"修朋友之义就是讲"信"。子夏也说："贤贤易色；事父母，能竭其力；事君，能致其身；与朋友交，言而有信。虽曰未学，吾必谓之学矣。"（《论语·学而》）曾参则说："吾日三省吾身——为人谋而不忠乎？与朋友交而不信乎？传不习乎？"（《论语·学而》）

朋友之间讲"信"的例子有"季札卦剑"。延陵季子将要到西边去访问晋国，佩戴宝剑拜访了徐国国君。徐国国君观赏季子的宝剑，嘴上没有说什么，但脸色透露出想要宝剑的意思。延陵季子因为有出使上国的任务，就没有把宝剑献给徐国国君，但是他心里已经答应给他了。季子出使在晋国，总想念着回来，可是徐君却已经死在楚国。于是，季子解下宝剑送给继位的徐国国君。随从人员阻止他说："这是吴国的宝物，不是用来做赠礼的。"延陵季子说："我不是赠给他的。前些日子我经过这里，徐国国君观赏我的宝剑，嘴上没有说什么，但是他的脸色透露出想要这把宝剑的意思。我因为有出使上国的任务，就没有献给他。虽是这样，在我心里已经答应给他了。如今他死了，就不再把宝剑进献给他，这是欺骗我自

---

① 豚（tún）：小猪。
② 啖（dàn）：吃。

己的良心。因为爱惜宝剑而违背自己的良心，正直的人是不会这样做的。"于是他解下宝剑送给了继位的徐国国君。继位的徐国国君说："先君没有留下遗命，我不敢接受宝剑。"于是，季子把宝剑挂在了徐国国君坟墓边的树上就离开了。孔子称赞延陵季子为"至德"之人。

还有就是管鲍之交的故事。春秋时期齐国称霸，与齐国的大政治家管仲分不开，齐桓公称霸主要靠了他的帮助。但把管仲推荐给齐桓公的是鲍叔牙。管仲和鲍叔牙是好朋友。孔子评价管仲说："管仲相桓公，霸诸侯，一匡天下，民到于今受其赐。微管仲，吾其被发左衽矣。岂若匹夫匹妇之为谅也，自经于沟渎，而莫之知也？"（《论语·宪问篇》）没有鲍叔牙对管仲的"信"就没有后来的管仲，没有管仲的"大信"也就没有齐桓公的霸业。

第三节　民无信不立

孔子认为，"忠信"在仕进、治国上有着不可忽视的作用。"信则人任焉"，要参政，首先要得到统治者的信任，而身为人臣，最重要的也是忠信二字。"子言之：'事君先资其言，拜自献其身，以成其信。是故君有责于臣，臣有死于其言。'"（《礼记·表记》）子夏说："君子信而后劳其民；未信，则以为厉己也。信而后谏；未信，则以为谤己也。"（《论语·子张》）孔子说："君子义以为质，礼以行之，孙以出之，信以成之。君子哉！"（《论语·卫灵公》）"见利思义，见危授命，久要不忘平生之言，亦可以为成人矣。"（《论语·宪问》）所以，只有"主忠信"，才"可以托六尺之孤，可以寄百里之命"（《论语·泰伯》），可以成为一个有崇高品德的君子。

作为执政者，则更要讲究信实无欺。儒家一向把"修身"作为齐家、治国、平天下的要旨，孔子说："道千乘之国，敬事而信，节用而爱人，使民以时。"（《论语·学而》）统治一个国家首先要做到认真谨慎，信诚可靠，才能得到老百姓的忠诚，才可以谈到"平天下"。"上好信，则民莫敢不用情。"（《论语·子路》）故君民者，"子以爱之，则民亲之；信以结之，则民不倍；恭以莅之，则民有孙心"（《礼记·缁衣》）。"发号出令而民说，谓之和；上下相亲，谓之仁；民不求其所欲而得之，谓之信；除去天地之害，谓之义。义与信，和与仁，霸王之器也。有治民之意而无其器，则不成。"（《礼记·经解》）

孔子认为，人民的信任是立国之本，人民一旦对国家失去信心，这个国家也就无所作为了。"子贡问政。子曰：'足食，足兵，民信之矣。'子贡曰：'必不得已而去，于斯三者何先？'曰：'去兵'。子贡曰：'必不得已而去，于斯二者何先？'曰：'去食。自古皆有死，民无信不立。'"（《论语·颜渊》）孔子一贯主张为政以德，薄敛厚施，以取信于民。对庶民也应该"道之以德，齐之以礼"，使之"有耻且格"（《论语·为政》），自觉自愿地服从统治，从而达到巩固国家政权的目的。"其礼可守，其言可复，其迹可履，如饥而食，如渴而饮。民之信之，如寒暑之必验。故视远若迩，非道迩也，见明德也，是故兵革不动而威，用利不施而亲，万民怀其惠。此之谓明主之守，折冲千里之外者也。"（《孔子家语·王言解》）

公元前 501 年，鲁定公任命孔子为中都宰，时年 51 岁的孔子，从此开始了为政生涯。孔子上任一年，行教化，劝农耕，百姓安居乐业，路不拾遗，夜不闭户。《孔子家语·相鲁》记载："孔子初仕，为中都宰。制为养生送死之节：长幼异食，强弱异任，男女别途，路无拾遗，器不雕伪；为四寸之棺，五寸之椁，因丘陵为坟，不封不树。行之一年，而四方之诸侯则焉。"一年期间，孔子由中都宰为司空，再由司空为司寇。孔子执政期间很看重市场管理、产品质量，反对假冒伪劣，不许以次充好，以假乱真。这里有一个典型的事例，沈犹氏贩羊弄假，"朝饮其羊，以诈市人"（《孔子家语·相鲁》）。他贱价将瘦羊买回家去，用盐水拌草料饲喂。羊吃了食盐口渴，大量饮水。沈犹氏将这肚子鼓胀的羊赶上市，外行人认为是膘肥体壮，争相购买，沈犹氏则高价出售。然而，买主回家，不出三五天，羊必死。沈犹氏的这一招，坑害了许多人。孔子在子路和子贡的协助下，妥善解决了沈犹氏坑骗百姓的事，恢复了市场秩序。《孔子家语·相鲁》载："及孔子之为政也，则沈犹氏不敢朝饮其羊；公慎氏出其妻；慎溃氏越境而徙。三月，则鬻牛马者不储价，卖羔豚者不加饰。"

因讲"信"而成就霸业的当数齐桓公。齐鲁柯之盟是齐国称霸过程中极具戏剧性的一幕。齐鲁交战，鲁国战败，鲁国以献出遂邑为代价求和，齐桓公同意在柯这个地方与鲁国盟会。在举行歃血仪式时，鲁将曹沫突然拔出短剑劫持齐桓公，要求齐国归还前此所侵鲁国的城邑，否则不能订立盟约。被人胁迫且已经成为人质的齐桓公无奈只好同意。曹沫于是放下剑，让两国国君歃血盟誓。然后，曹沫又与齐桓公盟誓，齐桓公指天发誓，将原来夺取鲁国的土地还给鲁国。事毕，齐人想劫持鲁庄公，以报曹沫劫持齐桓公之仇。但管仲以为"弃信于诸侯，失天下之援，不可"（《史记·齐太公世家》）。于是齐国将汶阳之田还给了鲁国。这次特殊的人质事件使齐国在诸侯中获得了守信的美誉，成为齐国称霸的重要起点。后人认为"天下诸侯翕然而归之，为鄄之会，幽之盟，诸侯莫不至焉；为阳谷之会，贯泽之盟，远国皆来。南伐强楚，以致菁茅之贡；北伐山戎，为燕开路。三存亡国，一继绝世，尊事周室，九合诸侯，一匡天下，功次三王，为五伯长，本信起乎柯之盟也"[①]。

思考题：

1. 你如何评价"尾生之信"？

---

① 石光瑛：《新序校释》，497～502 页，北京，中华书局，2001。

2. 如何理解法治社会与"子为父隐"？

3. 柳下惠的守信与子路的守信，你更喜欢哪一种？

延伸阅读书目：

1. 杨伯峻：《论语译注》，北京：中华书局，2009。

2. 杨伯峻：《孟子译注》，北京：中华书局，2008。

3. 杨朝明、宋立林：《中华传统八德诠解丛书》，北京：中国方正出版社，2017。

4. 唐贤秋：《道德的基石：先秦儒家诚信思想论》，北京：中国社会科学出版社，2004。

第十五章　鲁文化的中庸精神

　　中庸是鲁文化乃至中华文化中道德哲学的最高境界："极高明而道中庸。"无过无不及、强调中庸同时也是一种最精到实用的方法论。两千多年来，《中庸》"在中国思想史上一直是创造性心灵的灵感的源泉"①。孔子把"中庸"作为一种最重要的德行，他说："中庸之为德，其至矣乎，民鲜久矣。"（《论语·雍也》）"执其两端，而用其中于民"②，是实现"求同存异、和而不同、和谐相处"目标的最好方式，故而也可以称为"中庸之道"。中庸精神可以中和矛盾，消弭纷争；可以交融会通，兼容并包；可以温良谦和，把握分寸；可以顺从节律，繁育万物。鲁文化中的中庸精神，对于妥善处理人的身与心、人与人、人与社会、人与自然等关系的和谐发展都起到了重要作用。

第一节　执中用中渊薮——尧、舜、禹的中道思想

　　中庸思想的渊源在遥远的上古时代。崇尚中庸是中华优秀传统文化的历史记忆和独特标识。人在天地间如何达到适宜的生存、生活状态？经过古人长期"仰天俯地"的观察，意识到天、地、人的一体中人对天地具有自然的能动作用，进而认识之，调节之，利用之，维护之，努力达到的最佳境界就是中庸。远古农业的发展使人们在长期的农耕生产、生活过程中形成了不违农时的"时中"观和"节中"观，其本意即是农作物必须按一定的时间即正中进行播种和收割，不能太早，也不能太晚。《尚书·尧典》记载，尧命羲和"历象日月星辰，敬授人时"。违背了中，过或不及，影响收成，可能造成衣食无着，从而危害到国家的安定。"华夏——汉人崇尚中庸，少走极端，是安居一处，企求稳定平和的农业型自然经济造成的人群心态趋势。"③ 故此，"使民以时""不夺民时，不蔑民功"（《国语·周语中》）"度于天地而顺于时动，和于民神而仪于物则"（《国语·周语下》）成为生存之道的根本要求。

---

　　① ［美］杜维明：《中庸：论儒学的宗教性》，1页，段德智译，北京，生活·读书·新知三联书店，2013。
　　② 王国轩：《大学·中庸》，57页，北京，中华书局，2006。
　　③ 冯天瑜、何晓明、周积明：《中华文化史》，174页，上海，上海人民出版社，1990。

上古执政者一直有这种"执中"的理念。"执中"，即掌握住中正之道这一根本的原则，体现了在政治领域对"中"概念的重视。《周易》记载"中正以观天下""以中正也""得中道也""中行，无咎""得尚于中行""文明以健，中正而应"等，其主要含义是中正之道。《尚书·大禹谟》讲"允执厥中"，孟子说"汤执中，立贤无方"（《孟子·离娄下》）。《论语·尧曰》记载了尧传舜、舜传禹"允执其中"的故事："尧曰：'咨！尔舜！天之历数在尔躬，允执其中。四海困穷，天禄永终。'舜亦以命禹。"《尚书》中载："人心惟危，道心惟微；惟精惟一，允执厥中。"（《尚书·大禹谟》）这十六个字源于尧、舜、禹禅让的故事。尧把"允执厥中"四个字的心法传给舜时，叮嘱舜要用"中道"治国。尧所托付的不仅仅是一个帝位，还关乎中华文明的火种，中华文脉的传承，天下苍生的福祉。当舜选择治水有功的禹接班时，又加上了"人心惟危，道心惟微，惟精惟一"这十二个字，告诉禹为什么要用中道治理国家，如何做才能做到"允执厥中"，并谆谆嘱咐切莫相忘，代代相传。三代禅让，尧于舜，舜于禹，都谆谆告诫一定要"允执其中"，如不真诚地实践这个"中"道，四海之内的百姓就会穷困，管理者的禄位就会永绝。可见奉行中道，是圣王授受的经国大道。

商朝的时候，商人常常迁徙，直到盘庚迁殷之后，商民族才定居了下来。盘庚迁殷的时候，众人不愿意迁徙，盘庚对他们进行训诫说道："汝分猷念以相从，各设中于乃心。"（《尚书·盘庚中》）要求臣民把心思摆在中正的位置，理性地面对迁都的问题。可见"中"已然被作为一种对民众的道德要求和规范，用于治国理政。

第二节　孔子的中庸至德、中道而行思想

鲁文化孕育了中庸思想，孔子把中庸明确作为一种重要德行。在孔子之前，"周礼尽在鲁矣"（《左传·昭公二年》）。孔子在鲁文化氛围的熏陶下，"祖述尧舜，宪章文武，上律天时，下袭水土"（《中庸》），对中庸思想进行了深入的思考和研究。孔子称赞鲁国的柳下惠"言中伦，行中虑"（《论语·微子》）。他说"中庸之为德也，其至矣乎"（《论语·雍也》），认为中庸是最高端、最根本、最重要的德行，这种论断是对《尚书》的"中"德的新发展。《论语·尧曰》篇记述的"允执其中"，是对《尚书·大禹谟》的呼应、继承和发展。孔子强调中道而行，认为中庸的标准体现为公允地坚守中正的原则。"中道而行"以"无过无不及"为特征。"过"与"不及"，都失之偏颇。《论语·先进》中记载："子贡问：'师与商也孰贤？'子曰：'师也过，商也不及。'曰：'然则师愈与？'子曰：'过犹不及。'"孔子认为：子张做事容易过头，子夏做事又跟不上节奏，"过"与"不及"这两个极端，其后果是一样的。"过"与"不及"是事物发展两个极端的存在，"过犹不及"就是把握一个"度"的问题，也就是为人处世恰如其分，恰到好处，孔子称之为"中行"。孔

子说:"不得中行而与之,必也狂狷乎! 狂者进取,狷者有所不为也。"(《论语·子路》)中行,即依中庸而行,狂即狂妄,狷即拘谨。狂者流于冒进,敢作敢为;狷者流于退缩,不敢作为。这两种对立的品质都有所偏,也就是"过"与"不及",只有中行之道才是最高道德原则。孔子提倡"允执其中""叩其两端"的思想方法,主张在思想上、言行上不能偏于极端,而要执其两端而用其中,做到恰到好处。孔子虽主张从政以仁,也绝不反对实行刑罚,而是实行"宽猛相济"的政策。他说:"政宽则民慢,慢则纠于猛,猛则民残,民残则施之以宽,宽以济猛,猛以济宽,宽猛相济,政是以和。"(《孔子家语·正论解》)治国安邦需要把握分寸,统治者的行为要适中,这样才能长治久安。

孔子继承发展了《周易》的"中行"精神。孔子把"中行"与"过犹不及"联系在一起:中行就是既不能过,也不能不及。在"中行"基础上的"中正"观念的提出,又进一步发展了"不偏不倚"的思想。《孔子家语·三恕》记载了"孔子观欹器"的故事。

> 孔子观于鲁桓公之庙,有欹器焉。夫子问于守庙者曰:"此谓何器?"对曰:"此盖为宥坐之器。"
>
> 孔子曰:"吾闻宥坐之器,虚则欹,中则正,满则覆。明君以为至诚,故常置之于坐侧。"顾谓弟子曰:"试注水焉。"乃注之。水中则正,满则覆。夫子喟然叹曰:"呜呼! 夫物恶有满而不覆哉!"
>
> 子路进曰:"敢问持满有道乎?"
>
> 子曰:"聪明睿智,守之以愚;功被天下,守之以让;勇力振世,守之以怯;富有四海,守之以谦。此所谓损之又损之之道也。"

译作白话文如下。

> 孔子到鲁桓公庙去参观,在那里看到一件易于倾倒的器物。于是他问守庙的人:"这是什么器物啊?"守庙人回答说:"这是放在座位右边以示警诫的欹器。"
>
> 孔子说:"我听说欹器的突出特点是没有水时就倾斜,水到中间时就端正,水满时就倒下。贤明的国君把它作为最高警戒之物,所以常常把它放在座位旁边。"说罢他回头对弟子说:"灌进水试试。"弟子把水灌进欹器。水不多不少正到中间时欹器就端正,水满时就倒下。孔子感叹道:"唉! 哪有东西盈满了不倒下的呢!"
>
> 子路走上前去问道:"请问保守既有的成业有什么方法吗?"
>
> 孔子说:"聪明睿智的人,用愚朴来保守成业;功盖天下的人,用谦让来保守成业;勇力震世的人,用怯懦来保守成业;富有四海的人,用谦卑来保守成业。这就是谦损再谦损的方法。"

孔子观欹器图

《周易·乾》说："天行健，君子以自强不息。"① "天"周而复始、不知疲倦地运行，激励人们也要效法"天"性，永不懈怠，积极进取。相对于争强好胜的气力之强，孔子更主张追求德行气质的"君子之强"，争取自立自主、持久坚韧，随和而不随波逐流，中立而不攀炎附势，不改变自己的操守与志向。《中庸》第十章记载了"子路问强"的故事。

> 子路问强。
> 子曰："南方之强与？北方之强与？抑而强与？宽柔以教，不报无道，南方之强也，君子居之；衽金革，死而不厌，北方之强也，而强者居之。故君子和而不流，强哉矫！中立而不倚，强哉矫！国有道，不变塞焉，强哉矫！国无道，至死不变，强哉矫！"

译作白话文如下。

> 子路问什么是强。
> 孔子说："你问的是南方的强，还是北方的强？抑或是你所认为的强呢？用宽厚柔和的精神去教育别人，被别人蛮横失礼地对待，也不报复，这是南

---

① （清）李道平：《周易集解纂疏》，38 页，北京，中华书局，1994。

方的强。品德高尚的人，具有这种强；枕着兵器铠甲睡觉，即便是死也在所不惜，这是北方的强。勇武好斗的人，具有这种强。所以，品德高尚的人和顺而不随波逐流，这才是真正的强啊！保持中立，不偏不倚，这才是真正的强啊！国家政治清明，能不改变自己的志向，这才是真正的强啊！国家政治黑暗，却也能坚持操守，至死不变，这才是真正的强啊！"

"君子之强"坚守礼门义路，固执于中正、正义，即"强而义"。当人心与道心、人情与人义、天理和人欲发生矛盾时，就要执中而行，不偏不倚。《尚书·皋陶谟》中皋陶提出的"九德"："宽而栗，柔而立，愿而恭，乱而敬，扰而毅，直而温，简而廉，刚而塞，强而义"，都不是单一、纯粹之德，而是用"而"字相连的"合德"，前者为本然之德，后面则是对前面的节制与调和。既然人的本性之德存在偏失或不足，就需要通过后天的修养来弥补。"强而义"就是如此，"强"是强壮、有力，但强者容易自恃勇力而凌人，因而需要以"义"加以节制。这样，就会"以礼制中"，找到一个理想的平衡点，在强大有力的同时做事合宜，符合道义。这便是完美的强德。"强而义"是中国历来追求"强"、评判"强"的价值标准。①

孔子把中庸看作塑造理想人格的过程。孔子主张君子在文与质、矜与争、群与党、惠与费、劳与怨、欲与贪、泰与骄、威与温等诸矛盾中，能够执其两端而用其中，保持适中的最佳状态。他说："质胜文则野，文胜质则史。文质彬彬，然后君子。"（《论语·雍也》）君子既不粗野也不轻浮，而是合文与质于一体。"君子矜而不争，群而不党。"（《论语·卫灵公》）君子既要合群，又不要结党营私。"君子惠而不费，劳而不怨，欲而不贪，泰而不骄，威而不猛。"（《论语·尧曰》）君子既要给人们一点小恩小惠，又不过于浪费；既要让百姓服役，又不让他们怨恨；既要有一点欲望，又不要贪得无厌；既要泰然安适，又不要骄傲；既要有威严，但又不凶猛。所以，孔子强调防止主观固执。《论语》记载："子绝四——毋意、毋必、毋固、毋我。"（《论语·子罕》）孔子本人"温而厉，威而不猛，恭而安"（《论语·述而》），是践行中庸美德的典范。

孔子提出基于中庸的权变思想。事物是不停地变化和发展的，倘若不能知情而变，则"中"也就渐变为"不中"了。他说："可与共学，未可与适道；可与适道，未可与立；可与立，未可与权。"（《论语·子罕》）孔子把"权"看作需要很高修养才能达到的境界，也就是持守中道要因时因地制宜，随时间条件变化而变化，使中行在通权达变中得以贯彻。孔子的权变思想表现在他的言语行动、社会生活等各方面。孔子说"天下有道则见，无道则隐"（《论语·泰伯》），即根据政治形势的变化来决定自己是出世还是入世。他还把权变思想应用于教育，就是因

---

① 陈霞：《中国之强 君子之强》，载《光明日报》，2017-12-08。

材施教的思想。"子路问：'闻斯行诸？'子曰：'有父兄在，如之何其闻斯行之？'冉有问：'闻斯行诸？'子曰：'闻斯行之。'公西华曰：'由也问闻斯行诸，子曰，'有父兄在'；求也问闻斯行诸，子曰，'闻斯行之'。赤也惑，敢问。'子曰：'求也退，故进之；由也兼人，故退之。'"（《论语·先进》）冉求胆小退缩，孔子针对他的情况鼓励他勇于前进；子路好勇过人，孔子则告诫他不要冒进。在《论语》中，面对同样的问题，针对学生各种不同情况和性格，孔子做出不同的解答，这种事例很多。同样是问孝，孔子答孟懿子以"无违"，答孟武伯以"父母唯其疾之忧"，答子游时则说："今之孝者，是谓能养。至于犬马，皆能有养。不敬，何以别乎？"答子夏时说："色难。"（《论语·为政》）这是根据不同的对象进行不同指导的灵活多变的教学方法。孟子把孔子权变的中庸思想称为"时"，"孔子，圣之时者也"（《孟子·万章下》）。可见，只有善于权变才能真正达到中道。

第三节　子思与《中庸》一书中的哲学

孔伋，字子思，孔子之孙，战国时期著名的思想家，儒家"思孟学派"的主要代表人物，被尊称为"述圣"。《史记·孔子世家》记载："孔子生鲤，字伯鱼。伯鱼生伋，字子思。"《中庸》作为《礼记》中的一篇，南宋时朱熹把它编入《四书》，认为："此篇乃孔门传授心法，子思恐其久而差也，故笔之于书，以授孟子。"①《孔丛子·记问》记载了"子思问志"的故事。

> 夫子闲居，喟然而叹。
> 子思再拜，请曰："意子孙不修，将忝祖乎？美尧舜之道，恨不及乎？"
> 夫子曰："尔孺子，安知吾志？"
> 子思对曰："伋于进膳，闻夫子之教，'其父析薪，其子弗克负荷，是谓不肖。'伋每思之，所以大恐而不懈也。"
> 夫子忻然笑曰："然乎？吾无忧矣。世不废业，其克昌乎！"②

译作白话文如下。

> 孔子闲居在家，突生感慨叹息。
> 子思拜了两拜，恭敬地问道："祖父大人的感慨叹息，是因为子孙无所修为，愧对祖先呢？还是因为您仰慕尧舜之道，却遗憾自己没能遇上那个时代呢？"

---

① （宋）朱熹：《四书章句集注》，17 页，北京，中华书局，1983。
② 王钧林，周海生：《孔丛子》，64 页，北京，中华书局，2009。

孔子说："你这个小孩子，何以晓得我的心思？"

子思回答说："我在侍候您吃饭的时候，听过您教诲，'父亲砍柴，儿子却不能把柴背回家里，这就是不肖之子。'我一想到您这句话的含义，就深感恐惧，不敢有一丝一毫的懈怠之心。"

孔子高兴地笑了，说道："果真是这样吗？那我就没有什么可担忧的了。如果我家子孙世世代代都不废弃祖业，将来一定会兴旺发达的！"

司马迁《史记·孔子世家》记载："尝困于宋，子思作《中庸》。"《孔丛子·居卫》记载了"子思作《中庸》"的故事。

子思年十六，适宋，宋大夫乐朔与之言学焉。

朔曰："《尚书·虞夏》数四篇，善也；下此以讫于《秦》《费》，效尧、舜之言耳，殊不如也。"

子思答曰："事变有极，正自当耳。假令周公、尧、舜更时易处，其书同矣。"

乐朔曰："凡书之作，欲以喻民也，简易为上。而乃故作难知之辞，不亦繁乎？"

子思曰："书之意，兼复深奥，训诂成义，古人所以为典雅也。昔鲁委巷，亦有似君之言者，伋答之曰：'道为知者传，苟非其人，道不贵矣。'今君何似之甚也？"

乐朔不悦而退曰："孺子辱吾！"

其徒曰："此虽以宋为旧，然世有仇焉，请攻之。"

遂围子思。宋君闻之，驾而救子思。

子思既免，曰："文王厄于羑里，作《周易》；祖君屈于陈、蔡，作《春秋》；吾困于宋，可无作乎？"

于是，撰《中庸》之书四十九篇。

译作白话文如下。

子思十六岁时到了宋国，宋国大夫乐朔与他讨论学问。

乐朔说："《尚书》中的《虞书》《夏书》等几篇文章，都是很好的；而这些篇章以下直到《秦誓》《费誓》等篇，都不过是模仿《尧典》《舜典》罢了。根本比不上《虞书》《夏书》。"

子思说："从唐、虞到周，时势发生了巨大的变化，古籍的记载也自然会出现相应的变化。假如让周公和尧、舜互换时代的话，那么，《尧典》《舜典》也就和《周书》一样了。"

乐朔说:"写书都是为了教导百姓的,越简明、易懂才越好。而《周书》却故意使用那些难懂的词语,不是太烦琐了吗?"

子思说:"《尚书》中蕴含了深奥的哲理,只有通过古文的字义诠释才能明白其中的道理。正是因为深奥,古人才认为它异常典雅。以前鲁国的僻陋小巷里也有类似看法的人,我对他们说:'只有真正精通的人才能传授给他先王之道。如果传非其人,那么先王之道也就没有什么价值了。'你的看法怎么和鲁国陋巷之人这么相似呢?"

乐朔很不高兴地离开了。他对别人说:"子思这小子羞辱我!"

乐朔的弟子说:"子思的祖先虽然是宋国人,但孔家和宋国其实是有世仇的,我们去教训教训他。"

于是他们把子思围困起来。宋国国君听到这个消息,亲自赶过来营救子思。

子思脱险之后,说:"当年文王被囚禁在羑里的时候,写了《周易》;祖父孔子被围困在陈、蔡之间时,作了《春秋》;我今天被困在宋国,怎么可以没有著作传世呢?"

于是,子思撰写了《中庸》一书,共计四十九篇。

《中庸》继承、延伸和丰富了孔子的中庸思想,在中庸的性质、特点、功用以及中庸是"至德"的成因等方面,做了分析说明。《中庸》在论述中庸之为"至德"的时候,把其伦理思想集中表现在开宗明义的三个命题上,即"天命之谓性,率性之谓道,修道之谓教"。《中庸》开篇指出:

> 天命之谓性,率性之谓道,修道之谓教。道也者,不可须臾离也,可离非道也。是故君子戒慎乎其所不睹,恐惧乎其所不闻。莫见乎隐,莫显乎微,故君子慎其独也。喜怒哀乐之未发,谓之中;发而皆中节,谓之和。中也者,天下之大本也;和也者,天下之达道也。致中和,天地位焉,万物育焉。

《中庸》认为:人性本源于天。率性而行就是道;若不能率性而行,则通过教化来使其修道。率性而行而与天道相合,但是有时仅仅率性还不够,还需要做一番"修道"的努力才能合乎天道。"天命之谓性"的命题,精辟地揭示了人性存在的内在依据。《中庸》说:"道不远人。人之为道而远人,不可以为道。"因此,具有"中庸之德"的君子,应从现实的人伦关系出发,从眼前当下做起,从夫妇、家族开始,然后逐步扩展开去。"君子之道,譬如行远,必自迩;譬如登高,必自卑。"在一般人的平常的生活中,一样可以构筑起中庸的精神世界。

《中庸》的基本特征是"致中和"。《中庸》指出:"喜怒哀乐之未发,谓之中;发而皆中节,谓之和。中也者,天下之大本也;和也者,天下之达道也。致中和,天地位焉，万物育焉。"把"中"定义为"喜怒哀乐之未发"。喜怒哀乐是人感情上的四种表现，这四种表现都偏于某一方面，不是"中"。但是，当它们还没有表现出来的时候，无所偏倚，就叫作"中"。"中"是天下之大本。郑玄注曰："中为大本者，以其含喜怒哀乐，礼之所由生，政教由此出也。"人的情感状况与控制过程中，"未发"之情是自然状态的"性"，所以不偏不倚，无过而无不及，所以称之为"中"；已发之情要合乎"度"，才符合"中和"之道。一旦达到"中和"的境界，就会产生"天地位焉，万物育焉"的效果。《中庸》认为"中庸之德"是不容易形成，甚至是不容易做到的，"天下国家可均也，爵禄可辞也，白刃可蹈也，中庸不可能也""虽圣人亦有所不知焉""圣人亦有所不能焉"。

达到中庸的境界，首先要做到"诚"。"诚"是连接天人之际的道德范畴。《中庸》指出："诚者，天之道也；诚之者，人之道也。诚者不勉而中，不思而得，从容中道，圣人也。诚之者，择善而固执之者也。""诚"是天道之本然，也就是天道本来的状态；而"诚之"则是人道之当然，也就是人道应当效法天道的本来状态。"诚"是人的道德品质和道德境界，是沟通天人，连接物我的桥梁。"诚之者"，就是诚于自己，诚于自己的人性，也就是努力求诚，以合于天道，这是一个"择善而固执"的持久过程。《中庸》强调人都可以体认和把握中庸之道。"诚"是对善的执着，人的道德修养只能通过人自身的修养来达到。《中庸》认为，通过坚持不懈的努力，就是生来愚笨柔弱之人也能够做到"虽愚必明""虽柔必强"：博学之，审问之，慎思之，明辨之，笃行之。要广博地学习，详尽地询问，细心地思考，清楚地辨别，踏实地实行。要有坚强的意志，锲而不舍的精神，突出人为修养的主动性，把知识学问与道德修养统一在人生的全过程。

《中庸》强调"慎独"在道德修养中的领先地位。《中庸》说："道也者，不可须臾离也，可离非道也。是故君子戒慎乎其所不睹，恐惧乎其所不闻。莫见乎隐，莫显乎微，故君子慎其独也。"人的道德情感和信念应随时随地深藏于心，不能片刻离开。所以，尤其是在闲居独处而无他人察觉时，更应该时刻警惕谨慎，使自己的一言一行符合道德的规范。再隐蔽的东西没有不被发现的，再细微的事物没有不暴露出来的，所以君子要"慎其独"。"慎独"作为一种修养方法，又要借助于理性进行自我反省。"慎独"要依靠内心信念来支配自己的行动，注重严格自律，强调道德行为的自觉性。

《中庸》提出"尊德性而道问学"。《中庸》说："或生而知之，或学而知之，或困而知之，及其知之，一也。或安而行之，或利而行之，或勉强而行之，及其成功，一也。"《中庸》从知、行两方面，把人分为上、中、下三等，生知安行属于圣人；学知利行属于贤人；困知勉行属于一般人。《中庸》认为人性来源于天命，因而其本质是相同的。但是由于禀赋不同，修养方法各有差异。只有终其一生自强不息，才可以成为道德高尚的人。

第四节　清除以往对中庸的误读，彰显中庸精神的现代价值

中庸精神对中国社会的和谐发展，产生了巨大的影响，起到了重要的作用。执中道，行中庸，致中和，成为传统文化的核心理念之一，深刻地影响着个体和社会。深刻理解和把握中庸精神的合理内容及实质，汲取其思想精华，对于推动新时代社会主义核心价值观和人类命运共同体建设具有重要的意义。

综观《中庸》，可以发现"诚"的思想贯穿始终，"诚"是《中庸》的核心范畴。中庸之道是道德修养和处世的基本原则和方法。《中庸》的上篇为子思原作，完整阐述了中庸作为人间"至德"的思想价值；下篇虽然是由子思门人接续完成，但立意高远，编创巧妙，整体上逻辑严谨，其对"中和""中庸""至诚""时中""道不远人""诚则明，明则诚""赞天地之化育""尊德性而道问学，极高明而道中庸"等观念的诠释阐述，是对子思、孟子一派思想的完善与提高，是儒家伦理思想哲学化的过程，也是历代先贤养性修德、自律成人强大的内生动力。此后经过宋代理学家的进一步发挥，中庸精神成为中国人精神世界的重要基因。中庸本质上就是一个度，其价值观念主张人们处世治事一定要合理、适当，把握好行为的度，取不偏不倚之道，无过无不及，通过"用中"达到"中和"的效果和目的，即恰到好处的最佳状态，这显然是科学的方法论。长期以来，尤其是在二元对立思维盛行的年代，《中庸》思想一直被诬为"和稀泥""折中主义"。其实这是对中庸思想极大的误读。孔子中庸思想中虽然有调和矛盾的一面，但绝不是无原则地和稀泥和折中主义，而是在事物发展的不平衡中尽力追求平衡，以促成社会的和谐。一方面，《中庸》的作者着力诠释"诚""至诚""中和""中庸"等道德观念，对今天的人们加强道德修养、做君子而不做小人有着重要的启发、借鉴作用；另一方面，历史的发展已经证明，"中和""中庸"等理念用于治国理政，与马克思主义哲学关于矛盾统一性的原理也是相契合的，这对当前"中国式发展道路"的选择和长期保持国家的安定局面也具有重要的理论与现实意义。①

近世以来人们对中庸的阐释和认识出现了一系列的误解和误读，有意无意地曲解了中庸之德：有的认为中庸就是做事圆滑、和稀泥，谁也不得罪，当个和事佬，以致在世俗生活中，人们很少把中庸视为美德；有的视中庸为伪君子的饰物，行恶者的盾牌，息事者的借口；有的视中庸为无是非观的乡愿哲学，甚至成了恶行的遮羞布。所以，弘扬中庸精神必须为"中庸之德"正名，从而纠正被扭曲的"中庸之德"，树立中庸的正面形象，更好地发挥"中庸之德"的社会道德教化作用，促进人人和睦相处，构建和谐社会。中庸精神在我们的生活学习中也蕴含着潜在的、基础性的平衡器作用，其主旨在于通过修养人性，消除极端情绪和极端

---

① 傅永聚：《〈大学〉〈中庸〉校释译论》，123 页，济南，山东人民出版社，2018。

行为，自觉地进行自我修养、自我监督、自我教育、自我完善，把自己培养成为具有理想人格，达到至善、至仁、至诚、至道、至德、至圣、合外内之道的理想人物，创造"致中和，天地位焉，万物育焉"的太平和合境界。我们可从以下几方面践行中庸精神。

第一，注重修身慎独，谋求人际关系的和谐。《中庸》说："故君子不可以不修身；思修身，不可以不事亲；思事亲，不可以不知人；思知人，不可以不知天。"修身是儒家"内圣"的根本，知人是"外王"的基础，进而达到内圣外王的境界。要达到人际关系的和谐，即在处理自身与他人、与社会的关系上，首先要搞好自身的道德修养，养仁爱之心，行忠恕之道。《中庸》第十三章中说："忠恕违道不远，施诸己而不愿，亦勿施于人。"它所倡导的对人如己、推己及人，以求人与人的理解、尊重、信任，也是我们今天处理人际关系的伦理精神与原则。要时刻反躬自省，"吾日三省吾身"，自重、自省、自警、自励，洁身自好，存正祛邪，注重修身养德，增强防腐拒变的"免疫力"。好学才能上进，好学才有本领。要勤于学、敏于思，坚持博学之、审问之、慎思之、明辨之、笃行之，以学益智，以学修身，以学增才。要努力学习各方面知识，努力在实践中增加才干，加快知识更新，优化知识结构，拓宽眼界和视野，着力避免陷入少知而迷、不知而盲、无知而乱的困境，着力克服本领不足、本领恐慌、本领落后的问题。

第二，坚持诚实守信，促进社会信用体系建设。《中庸》指出："诚者，天之道；诚之者，人之道。"诚实守信简称诚信，是一种道德规范和行为原则，是社会交往与经济活动中必须遵守的基本精神。在当代社会生活中，讲诚信成为我们信仰的一部分，守信用是我们生活与工作的准则。诚实精神通过各种各样的社会活动与经济交易活动具体落实与表现。诚实精神反映诚信基础素质，通过具体的信用交易及记录表达。守诺践约是市场经济运行的基础。社会信用体系建设就是要把诚信精神原则与社会方方面面的生活与实务工作结合，使诚信精神生活化、工作化，使信用规则可操作、可实施。社会信用体系建设需要诚信精神作为共识基础，信用规则明确并可据此实现对个人信用行为的记录，信用建设才真正落到实处并发挥作用。诚信是人类文明与进步及发达程度的标志，已成为全世界共同的追求与国际准则。

第三，坚持中国特色社会主义道路，实现"中国梦"，体现中华文化自信。对一个国家来说，符合自己国情的发展道路的选择至关重要。十九大报告要求：我们既不走封闭僵化的老路，也不走改旗易帜的邪路。二十大报告再次强调："中国式现代化，是中国共产党领导的社会主义现代化，既有各国现代化的共同特征，更有基于自己国情的现代化。"2013 年 12 月 26 日，习近平在纪念毛泽东同志诞辰120 周年座谈会上说："站在 960 万平方公里的广袤土地上，吸吮着中华民族漫长奋斗积累的文化养分，拥有 13 亿中国人民聚合的磅礴之力，我们走自己的路，具有无比广阔的舞台，具有无比深厚的历史底蕴，具有无比强大的前进定力。中国人民应该有这个信心，每一个中国人都应该有这个信心。"

第四，倡导"万物并育"，建设人类命运共同体。《中庸》提出"万物并育而不相害，道并行而不相悖"。《周易·系辞下》认为"天下一致而百虑，同归而殊途"。我们面对国际霸权主义和恐怖主义，要大力弘扬中庸之道的理性，克服国际活动中的各种偏激行为。习近平"人类命运共同体"思想自提出以后，伴随着"一带一路"倡议等全球合作理念与实践而不断丰富，逐渐为国际社会所认同，成为推动全球治理体系变革、构建新型国际关系和国际新秩序的共同价值规范。人类命运共同体思想为全球生态和谐、国际和平事业、变革全球治理体系、构建全球公平正义的新秩序贡献了中国智慧和中国方案。

思考题：

1. 背诵《中庸》开篇第一章："天命之谓性，率性之谓道，修道之谓教。道也者，不可须臾离也，可离非道也。是故君子戒慎乎其所不睹，恐惧乎其所不闻。莫见乎隐，莫显乎微，故君子慎其独也。喜怒哀乐之未发，谓之中；发而皆中节，谓之和；中也者，天下之大本也；和也者，天下之达道也。致中和，天地位焉，万物育焉。"与同学们交流学习该章的心得体会。

2. 复述《中庸》"子路问强"的故事，结合《周易·乾》"天行健，君子以自强不息"，谈谈你对自强不息的认识。

3. 以"诚信的力量"为题，撰写一篇 2000 字以内的论文。

延伸阅读书目：

1. 朱熹：《四书集注》，北京：中华书局，1957。
2. 康有为：《中庸注》，楼宇烈整理，北京：中华书局，1987。
3. 傅永聚：《〈大学〉〈中庸〉校释译论》，济南：山东人民出版社，2018。

第十六章　鲁文化的尚义精神

　　"义"是齐鲁文化中一个非常重要的概念。虽然它早在鲁国与儒家出现之前就产生了，但其内涵的丰富却是得益于孔子、孟子的大力扩充，才成为鲁文化中最具代表性的精神价值之一。

第一节　孔子的义

一、"义"概念的起源与发展

　　"义"是中华民族的一种含义极广的道德范畴。从文字学上看，东汉学者许慎在《说文解字》中解释道："义，己之威仪也。"也就是说，"义"等同于"仪"，有威仪的意思。从文字起源上来看，甲骨文、金文中就有"义"字，虽然对甲骨文、金文中"义"字含义的解释目前还存在分歧，但一般认为，"义"字在甲骨文、金文中已经有"仪仗""礼仪""美善"等含义。

　　早在儒学产生之前，在中国最早的传世文献、被儒家奉为经典的《尚书》和《诗经》中就有了比较完整的"义"概念。据学者考证，《尚书》中的"义"包含着"法则""规范""合宜、正当性之寻求"与"正当、善好"等意义。这三方面意义既相区别又有渗透，逐渐凝聚出具有中华特色的"义"系统，为后来的儒家"义"思想的展开奠定了基础。"义"概念也在其逐渐形成的过程中，与天命、礼、德之间产生了复杂的关系。

　　春秋时期，"义"开始成为居于核心地位的思想观念之一，被强调为社会行为的软性规范，在诸多社会领域有着丰富的价值表现。春秋社会的行为文明、物质文明和道德文明皆试图以"义"为本去加以说明。春秋时期著名政治家管子甚至将"义"作为国之四维之一，《管子·牧民》说："国有四维……何谓四维？一曰礼，二曰义，三曰廉，四曰耻。""四维不张，国乃灭亡。"

二、孔子的"义以为质"

　　"义"虽然不是儒家创始人孔子的发明，但在儒家思想中却占据着十分重要的位置，是儒家的核心思想观念之一。因此，《汉书·艺文志》就以"游文于六经之中，留意于仁义之际"来界定儒家。

与"仁""礼"一样，"义"也是孔子使用最多的概念之一。在《论语》中，孔子与学生们多次谈论"义"。杨伯峻先生在《论语译注》中统计，《论语》中"义"字共出现 24 次，其基本意义都可阐释为合宜、合理、正义，并大都与个人修养和道德规范相联系，强调个体行为要以"义"为根据，要在实践中践行"义"。

孔子"义"思想的内涵十分丰富。孔子在对历史事件和历史人物进行评价时，经常用"义"与"不义"作为标准，"义"超越了礼、德、仁、信、忠等这些我们今天熟知的概念，成为孔子评价事件、臧否人物最常用和最重要的词汇。比如信，孔子认为"人而不信，不知其可也"（《论语·为政》），似乎在这里的信具有伦理判断最根本的指向，但"信近于义"（《论语·学而》），是"近于"，而不是等于，可见"义"的伦理判断性更高一层。在《论语》中我们可以发现，孔子语境中的"义"涉及宗教、政治、礼乐、军事、社会、利益和个体修养等诸多方面，呈现出惊人的包容性。社会生活中，孔子把"义"视为个体处理一切社会问题、判断是非曲直的最高准则，强调行为动机和结果应合于义的要求。在孔子看来，如果没有义的节制，就连勇、直、忠信、操守等也会失去道德价值，其他的就更自不待言。

《孔丛子·记义》借宰我的话强调孔子一生"贵义尚德"的思想。孔子的"贵义"思想主要表现在以下三个方面。

第一，政治生活方面。孔子主张"礼以行义。"他说："礼以行义，义以生利，利以平民，政之大节也。"（《左传·成公二年》）在孔子看来，礼是用来推行道义的，道义可以产生利益，利益可以用来安定百姓，这是为政的关键法则。孔子曾经高度评价子产为政"有君子之道四焉：其行己也恭，其事上也敬，其养民也惠，其使民也义"（《论语·公冶长》）。义者宜也，公平公允，不偏不倚，轻重适宜。推行政治的最高境界就是"务民之义"（《论语·雍也》）；而执政者的率身示范、身体力行是关键："上好义，则民莫敢不服"（《论语·子路》）。而带来的政绩就是人口增加，国力强盛："四方之民襁负其子而至矣"（《论语·子路》）。

第二，经济利益方面。孔子强调"见利思义""见得思义""义然后取"，他认为，通过正当途径获取利益就是"义"，否则就是"不义"。在孔子眼里，做人一方面应该见义勇为，"见义不为，无勇也"（《论语·为政》）；另一方面，远离不义之财，"不义而富且贵，于我如浮云"（《论语·述而》）。

第三，人身修养方面。针对当时道德沦丧的社会风气，孔子曾经发出"德之不修，学之不讲，闻义不能徙，不善不能改，是吾忧也"（《论语·述而》）的感慨。他指出人只要坚持跟着义的原则走，就能提高道德修养水平："徙义，崇德也。"（《论语·颜渊》）孔子特别把"义"作为区分君子和小人的道德界限之一。他认为，"君子之于天下也，无适也，无莫也，义之与比"（《论语·里仁》）。就是说，"君子对于天下的人，无所谓敌对，无所谓亲慕，只与仁义相亲比。"[1] 君子应"义以为质"。因此，他提倡"思义""好义""行义"，朋友交往中反对那种"言不及义"，总喜欢耍一点小聪明的人。他谆谆教育弟子："君子义以为上。君子有勇而无义，为乱；小人有勇而无义，为盗。"（《论语·阳货》）君子一生处世的使命就是"行其义也""不仕无义"（《论语·微子》），"行义以达其道"（《论语·季氏》）。日常生活中，"君子义以为质"（《论语·卫灵公》），"君子喻于义，小人喻于利"（《论语·里仁》）。君子修齐治平通达的核心要素就是品质正直并且主持正义："夫达也者，质直而好义。"（《论语·颜渊》）

孔子"义"的思想深深影响了孔门弟子。冉求就用实际行动很好地诠释了这种精神。

冉求，字子有，春秋时期鲁国陶[2]人。他是孔子最得意的十大门徒之一，多才多艺，以政事见称，尤其擅长理财，位列孔门政事科之首，多次受到老师孔子的赞许。他曾长期担任季氏宰臣，并因帮助季氏进行田赋改革，聚敛财富，受到过孔子十分严厉的批评。但公元前484年，齐国出兵侵略鲁国，在国家处于生死存亡的危难关头，他却能做到恪守国家民族大义，力排众议，率军抵抗入侵的齐军，并身先士卒，亲率步兵执长矛冲入敌阵，以突击战术取得胜利，受到老师孔子"合乎国家大义"的赞许。

据《左传·哀公十一年》记载，公元前484年春天，齐国的国书、高无邳带兵在大清河西边的清地[3]集结，准备入侵鲁国。执政鲁国的季孙氏得到消息后非常紧张，对他的总管冉求说："齐国军队驻扎在清地，一定是准备侵入我们鲁国。这怎么办呢？"冉求说："这没有什么。水来土掩，兵来将挡。您与孟孙氏、叔孙氏三位执政，一位留守国都，两位跟随国君到齐鲁边境抵御齐军就行了。"季孙氏回答说："不行啊。孟孙氏、叔孙氏肯定不会同意出兵。"冉求又建议："那就把敌人放进来，在鲁国境内的都城近郊围歼敌军。"季孙氏将计划告诉了叔孙氏、孟孙氏，这两人都不同意出兵迎战。冉求说："这样还不同意，那么就不能让国君出都城亲征了。只好由您独自带领军队，背依都城与敌军作战了。如果还有人不服从调遣，不参加战斗，那就根本不能算是鲁国人了。鲁国的卿大夫各家的战车总数比来袭齐军的战车要多得多，即使您一家的战车也多于齐军，您根本没有必要担心。而且孟孙氏、叔孙氏两位不想出兵作战是很自然的，因为鲁国的政权实际掌握在您季孙氏的手里，国家政权承担在您的肩上，如果齐国军队入侵鲁国而鲁国不敢迎战，这是您作为执政者的巨大耻辱。如果真是那样，您与鲁国就完全没有脸面与诸侯并列了。"

---

① 高尚举：《论语误解勘正》，89页，北京，社会科学文献出版社，2016。
② 今山东菏泽定陶区。
③ 今山东东阿境内，一说在今山东长清区东。

季孙氏接受了冉求的建议，让冉求跟着他上朝，在朝堂旁边待命。叔孙氏的当家人叔孙武叔召唤冉求到身边，问冉求关于作战的意见。冉求回答说："君子有着深远的考虑，小人没有智慧，能知道什么？"孟孙氏的当家人孟懿子非让冉求说，冉求回答说："我是充分考虑到对方才能的高低才决定是否与其说话，反复衡量对方能力的大小才决定是否与之共同谋划的。"叔孙武叔说："冉求这是讽刺我没有勇气迎战，成不了大丈夫啊。"于是就回去召集、检阅部队，准备参战。

于是，鲁国组成了左、右两军准备迎战。孟孺子率领右军，颜羽负责为他驾御战车，邴泄作为车右负责护卫。冉求率领左军，管周父负责为他驾御战车，樊迟作为车右负责护卫。季孙对冉求说："樊迟年纪太轻了，当车右不太合适吧。"冉求说："樊迟虽然年轻，但他能够服从命令，而且勇敢。"

冉求让老弱病残守御王宫，自己率领季孙氏家七千披甲的战士出都城迎战，带着三百个武城人作为自己的亲兵，驻扎在都城的南城门外边，静候齐军到来。过了五天，本就无心参战的孟孙氏、叔孙氏的家兵组成的右军才跟上来。

鲁军和齐军在鲁国郊外交战。齐军选择稷曲这个地方为主攻点攻击鲁军，鲁军不敢跨过壕沟迎战。樊迟对冉求说："士兵不是不敢跨过壕沟迎战，而是不相信您，请您把号令申明三次，然后带头冲过壕沟迎战。"冉求按照樊迟的话申明号令三次，并身先士卒冲过壕沟，鲁国众军也跟着他冲过壕沟，攻入齐军之中。

鲁国右军毫无斗志，刚一接战就掉头奔逃。齐军在陈瓘、陈庄率领下一路追赶，一直渡过泗水，鲁国右军大败，伤亡惨重。鲁国国君鲁哀公的叔父公为和他宠爱的小童汪锜同乘一辆战车奋勇拼杀，力战殉国，勇士林不狃等也被杀。战后，未战即溃的右军统帅孟孺子泄也感觉脸上无光，对别人说："这次失败全怪我的车右邴泄！我心里虽然不想拼命作战，但也没想未战即逃走。但我的车右邴泄却刚一接战就说'赶紧打马逃走！'才导致了惨败。"

与毫无斗志的右军形成鲜明对比的是，鲁国左军在冉求的率领下，斗志昂扬，奋勇争先。冉求采用突击战术，让步兵执长矛直入敌阵，中心开花，士兵以一当十，英勇杀敌，齐国军队人人胆寒，四散奔逃，齐国人无法整顿军队。激战到晚上，齐国人逃跑了。冉求再三请求乘胜追击齐军，但季孙氏坚决拒绝了。

冉求的老师孔子当时还在卫国，听到弟子挺身而出保家卫国的壮举后，高兴地称赞说："能够拿起干戈保卫国家，这是合于国家大义的举动。"

第二节　孟子的"义者人路"

一、儒家以外各家的"义"

"义"在战国时期得到了诸子百家的群体性重视，对"义"亲亲尊尊的精神内核进行了改造和发展，"义"由此成为百家争鸣的主要对象。从《墨子》《孟子》

《老子》《管子》《庄子》《荀子》《吕氏春秋》《韩非子》《战国策》《晏子春秋》《吴越春秋》11部战国诸子文献中，分别检索仁、义、道、德、礼、信、忠、法等观念词语，"义"出现的次数，仅次于"道"而名列第二。战国诸子普遍认同"义"的崇高地位。如《墨子·贵义》的"万事莫贵于义"，《吕氏春秋·论威》的"义也者，万事之纪也"。"义"一方面经常被视为国家的政治准则，如《墨子·天志上》的"义者，政也"，《庄子·在宥》的"远而不可不居者，义也"，《韩非子·解老》的"遇诸侯有礼义，则役希起"等；另一方面也被视为个体行为的价值准则，如《墨子·贵义》的"手足口鼻耳从事于义，必为圣人"，《吕氏春秋·高义》的"君子之自行也，动必缘义，行必诚义"，《韩非子·显学》的"今有人于此，义不入危城，不处军旅，不以天下大利易其胫一毛"等。

在"义"的含义上，诸子多以"宜"释"义"，所谓"义者，谓各处其宜也"（《管子·心术上》），"义者，天地万物宜也"（《尸子·处道》），"义者宜此者也"（《吕氏春秋·孝行》），"义者，谓其宜也，宜而为之"（《韩非子·解老》）。"义"就是公正合宜的道理。同时，认可"义"在处理社会等级秩序、人际关系方面的作用与意义，所谓"君臣父子人间之事谓之义"（《管子·心术上》），"义者，君臣上下之事，父子贵贱之差也，知交朋友之接也，亲疏内外之分也"（《韩非子·解老》），"所谓义者，为人臣忠，为人子孝，少长有礼，男女有别"（《商君书·画策》）。

"公"是"义"的传统内涵之一，重在强调人的社会行为目的要出于公平、公正，反对损公肥私或因私废公的行为，这也得到了战国诸子的广泛认同。《墨子·天志下》："义者，正也。"《墨子·尚贤上》："举公义，辟私怨。"《慎子·威德》："法制礼籍，所以立公义也。"《吕氏春秋·去私》："忍所私以行大义，钜子可谓公矣。"

二、孟子对"义"的阐发

战国时期儒家的代表人物孟子极大地发展了孔子"义"的思想，不仅对其内容做了进一步阐释，而且将"义"上升到是人区别于动物的标志、是人格修养的出发点、是社会秩序的根本和国家生死存亡之道的高度："人之有道也，饱食、暖衣、逸居而无教，则近于禽兽。圣人有忧之，使契为司徒，教以人伦——父子有亲，君臣有义，夫妇有别，长幼有叙，朋友有信。"（《孟子·滕文公上》）

孟子认为，义既是人与动物区别的标志，更是"王天下"者必备的人心的出发点。著名的"孟子三辩"是以"人禽之辨"开始的。他认为，人与动物的根本区别是人有"善端"，而"义"就是人区别于动物的四个"善端"之一，所谓"无恻隐之心，非人也；无羞恶之心，非人也；无辞让之心，非人也；无是非之心，非人也。恻隐之心，仁之端也；羞恶之心，义之端也；辞让之心，礼之端也；是非之心，智之端也。人之有是四端也，犹其有四体也"（《孟子·公孙丑上》）。在《孟子·告子上》中他更进一步明确羞恶之心就是义，所谓"羞恶之心，义也"，而且它是人与生俱来的，是每个人内心所固有的。不仅如此，在孟子眼里，"义"还是人生的价值向导，是每个人应该走的正路，也就是他所说的"仁，人心也；义，人路也"（《孟子·告子上》）。具体到人的具体行为上，义就是不贪利、不媚俗、不畏强权。

在人格修养上，义则可以使人达到人格修养的最高境界，养成"浩然之气"。这种浩然之气，"其为气也，至大至刚，以直养而无害，则塞于天地之间。其为气也，配义与道；无是，馁也。是集义所生者，非义袭而取之也。行有不慊于心，则馁矣"（《孟子·公孙丑上》）。就是说，这种最宏大、最刚强的浩然之气，用正义去培养它而不去伤害它，就可以使它充满天地之间，无所不在；浩然之气必须与义和道相配合辅助，缺少了义与道，那么浩然之气就会疲软衰竭了。这浩然之气是由正义在内心长期积累而形成的，不是通过偶然的正义行为所能获取的。如果自己的所作所为有不能心安理得的地方，这浩然之气就会疲软衰竭。因此，当生命与义发生冲突、不能两全时，就要"舍生取义"，即所谓"生，亦我所欲也，义，亦我所欲也；二者不可得兼，舍生而取义者也"（《孟子·告子上》）。

在国家治理上，孟子认为以义立国是争取民心，长治久安的关键。《孟子》开篇就记载了孟子见梁惠王纵论义与利的关系的生动故事。孟子见梁惠王。王曰："叟！不远千里而来，亦将有以利吾国乎？"孟子对曰："王！何必曰利？亦有仁义而已矣。王曰，'何以利吾国'？大夫曰，'何以利吾家'？士庶人曰，'何以利吾身'？上下交征利而国危矣。万乘之国，弑其君者，必千乘之家；千乘之国，弑其君者，必百乘之家。万取千焉，千取百焉，不为不多矣。苟为后义而先利，不夺不餍。未有仁而遗其亲者也，未有义而后其君者也。王亦曰仁义而已矣，何必曰利？"孟子拜见梁惠王。梁惠王说："老先生！您不远千里而来，一定是有什么对我的国家有利的高见吧？"孟子回答说："大王！何必说利呢？只要说仁义就行了。如果大王说：'怎样对我的国家有利？'大夫说：'怎样对我的封地有利？'一般士人和老百姓说：'怎样对我自己有利？'结果是上上下下互相争夺利益，那么国家就危险了！在一个拥有一万辆兵车的国家里，杀害他的国君的人，一定是拥有一千辆兵车的大夫；在一个拥有一千辆兵车的国家里，杀害他国君的人，一定是拥有一百辆兵车的大夫。这些大夫在一万辆兵车的国家中就拥有一千辆，在一千辆的国家中就拥有一百辆，他们拥有的不算多。可是，如果把义放在后边，把利摆在前边，他们不夺得国君的地位是永远不会满足的。反过来说，从来没有讲仁的人却抛弃父母的，从来也没有讲义的人却不顾君王的。所以，大王只说仁义就行了，何必说利呢？"

《孟子·告子下》记载了孟子对义与利的解读。宋轻要到楚国去，孟子在石丘遇见了他，孟子问道："先生要到哪里去？"宋轻答道："我听说秦、楚两国要打仗，我要去见楚王，说服他罢兵。如果楚王不听，我就去见秦王，说服他罢兵。两个国王中，我总会有所遇合的。"孟子说："我也不想问得太仔细，只想知道您的主旨。您打算如何说服他们呢？"宋轻答道："我打算告诉他们，打仗是不利的。"孟子说："先生的志向是很好的，但先生的说法恐怕行不通。先生用利来说服秦王和楚王，秦王和楚王是因为好利而召回三军将士，那么三军将士也是因为好利而乐于被召回。做臣下的怀抱着好利之心来服侍君上，做儿子的怀抱着好利之心来服侍父亲，做弟弟的怀抱着好利之心来服侍兄长，君臣、父子、兄弟之间完全没有了仁义，而只是怀抱着好利之心来互相对待，如此而国家不亡，是没有的事情。如果先生用仁义来说服秦王和楚王，秦王和楚王是因为喜好仁义而召回三军将士，那么三军将士也是因为喜好仁义而乐于被召回。做臣下的怀抱着仁义之心来服侍君上，做儿子的怀抱着仁义之心来服侍父亲，做弟弟的怀抱着仁义之心来服侍哥哥，君臣、父子、兄弟之间没有利害计较，怀抱着仁义之心来互相对待，如此而不能王天下，也是没有的事情。为什么一定要讲利呢？"义利之辨，不是空谈义利，而是孟子苦苦寻求的王天下的道路。在孟子看来，一事当前，总是以利为先，是不可能实现王天下的目标的。唯有把义摆在首先必须考虑的位置，才是实现王天下的必由之路。孟子说："义，人之正路也。"（《孟子·离娄上》）一个人要走正路，一言一行必须符合义德准则。遗憾的是历来有人有意识或下意识地误读、误解儒家，认为孟子的"何必曰利？亦有仁义而已矣"，是虚幻清高，即轻视人的切身利益，不食人间烟火。其实孟子如同孔子一样，都并非一味强调义而不注重利。儒家反对的只是追逐一己私利，高扬的是始终关心人民生活、生存的根本利益，维护国家的根本利益。孟子讲的"义"，指的就是利益原则，在这个原则面前，任何个人的利害得失，都应该服从。甚至连一个人最宝贵的生命，都要符合义的原则。好生而恶死，关乎人最根本的利害，但在"义"的面前，这种计较依然显得苍白而微不足道。孟子曰："鱼，我所欲也；熊掌，亦我所欲也；二者不可得兼，舍鱼而取熊掌者也。生，亦我所欲也。义，亦我所欲也。二者不可得兼，舍生而取义者也。生亦我所欲，所欲有甚于生者，故不为苟得也；死亦我所恶，所恶有甚于死者，故患有所不辟也。如使人之所欲莫甚于生，则凡可以得生者，何不用也？使人之所恶莫甚于死者，则凡可以辟患者，何不为也？由是则生，而有不用也。由是则可以辟患，而有不为也。是故所欲有甚于生者，所恶有甚于死者。非独贤者有是心也，人皆有之，贤者能勿丧耳。一箪食，一豆羹，得之则生，弗得则死。呼尔而与之，行道之人弗受；蹴尔而与之，乞人不屑也。万钟则不辨礼义而受之，万钟于我何加焉？为宫室之美，妻妾之奉，所识穷乏者得我与？乡为身死而不受，今为宫室之美为之；乡为身死而不受，今为妻妾之奉为之；乡为身死而不受，今为所识穷乏者得我而为之。是亦不可以已乎？此之谓失其本心。"（《孟子·告子上》）舍生取义，就成为中华民族不屈的精神。

面对战国时期，诸侯间"争地以战，杀人盈野；争城以战，杀人盈城"（《孟子·离娄上》），老百姓啼饥号寒、转死沟壑的悲惨生活，孟子高扬"民为贵，社稷次之，君为轻"的民本大旗，"义"就是让老百姓能够活下去。他像当年的孔子一样，不辞辛劳地穿行诸国，游说诸侯，向他们推行仁政，希望从制民之产开始，切实做到不违农时，让老百姓能都生存下去，再推行教化，提升全社会的道德水平。"不违农时，谷不可胜食也；数罟不入洿池，鱼鳖不可胜食也；斧斤以时入山林，材木不可胜用也。谷与鱼鳖不可胜食，材木不可胜用，是使民养生丧死无憾也。养生丧死无憾，王道之始也。五亩之宅，树之以桑，五十者可以衣帛矣；鸡豚狗彘之畜，无失其时，七十者可以食肉矣；百亩之田，勿夺其时，数口之家可以无饥矣；谨庠序之教，申之以孝悌之义，颁白者不负戴于道路矣。七十者衣帛食肉，黎民不饥不寒，然而不王者，未之有也。"（《孟子·梁惠王上》）孟子教导统治者认识民的力量："天时不如地利，地利不如人和""得道者多助，失道者寡助"（《孟子·公孙丑下》）。

齐宣王问曰："汤放桀，武王伐纣，有诸？"孟子对曰："于传有之。"曰："臣弑其君可乎？"曰："贼仁者谓之贼，贼义者谓之残。残贼之人，谓之一夫。闻诛一夫纣矣，未闻弑君也。"（《孟子·梁惠王下》）统治者要做到与民同乐，如果老百姓的仇恨到了情愿与国君同归于尽的时候，统治者就不能再享受独乐："古之人与民偕乐，故能乐也。《汤誓》曰：'时日害丧？予及女偕亡。'民欲与之偕亡，虽有台池鸟兽，岂能独乐哉？"（《孟子·梁惠王上》）一些国君颇感委屈，梁惠王就认为："我对于国家，很尽心竭力的吧！河内遇到饥荒，就把那里的老百姓迁移到河东去，把粮食运到河东。当河东发生灾荒的时候亦然。看看邻国的君主主办政事，没有像我这样尽心尽力的。邻国的百姓并不见减少，我的百姓不见增多，这是为什么呢？"孟子开导他说："你现在的治理水平，是无视老百姓的死活。猪、狗吃的是人吃的食物而不知道设法制止，路上出现饿死的人而不知道赈济饥民，百姓死了，就说：'杀死人的不是我，是因为年岁不好。'""庖有肥肉，厩有肥马，民有饥色，野有饿莩，此率兽而食人也。兽相食，且人恶之；为民父母，行政，不免于率兽而食人，恶在其为民父母也？仲尼曰：'始作俑者，其无后乎！'为其象人而用之也。如之何其使斯民饥而死也？"（《孟子·梁惠王上》）同样困惑的还有邹穆公。当时，邹国与紧邻的鲁国发生了激烈的战争。邹穆公对孟子说："我的官吏死了三十三个，老百姓却没有一个为他们而死的。要把老百姓都杀掉吧，杀不了那么多；不杀他们吧，又实在恨他们眼睁睁看着他们的长官被杀而不去救他们。到底怎么办才好呢？"孟子解释说："凶年饥岁，君之民老弱转乎沟壑，壮者散而之四方者，几千人矣；而君之仓廪实，府库充，有司莫以告，是上慢而残下也。曾子曰：'戒之戒之！出乎尔者，反乎尔者也。'夫民今而后得反之也。君无尤焉！君行仁政，斯民亲其上，死其长矣。"（《孟子·梁惠王下》）

孔孟之道在中国传统社会中流传了两千多年，极大地影响和塑造了人们的心理模式，产生了广泛深刻的社会影响。其核心就是发轫于鲁国文化的仁义精神：孔子曰仁，奠定了仁爱和生生不息的活力；孟子曰义，体现了社会、民族的公平大义。孔孟之道，仁义而已。无论对一个人，一个家庭来说，还是对一个民族，一个国家来说，仁义都是一种重要的价值和精神。

第三节 荀子的义

先秦儒家思想的集大成者荀子也认为"义"是人区别于动物的关键因素。《荀子·王制》说："水火有气而无生，草木有生而无知，禽兽有知而无义，人有气、有生、有知，亦且有义，故最为天下贵也。"

具体就"义"的内涵而言，荀子不同于孟子从"人性善"出发强调的与生俱来的先天善端性，而是突出了"义"的条理性、限制性和行为性等后天社会性的本质特点。他说："义者循理。"（《荀子·议兵》）他反对破坏既定秩序的行为。"少事长，贱事贵，不肖事贤，是天下之通义也"（《荀子·仲尼》），这样维护特定秩序和社会条理就成为"义"的本质内涵。所以荀子强调，"夫义者，所以限禁人之为恶与奸者也……夫义者，内节于人而外节于万物者也，上安于主而下调于民者也。内外上下节者，义之情也"（《荀子·强国》）。义，就是用来限制和禁止人们违反善和合理秩序行为的规矩，进而通过限制和禁止的方式，来达到每个人的内心欲求与满足之间、社会上下贵贱等级人伦之间的适应、调和。而"义"的规范性和标准性、节制性和约束性，只能通过一系列的行为操作表现出来，因此，"义"也就具有了行为性。所以他说："义，理也，故行。"（《荀子·大略》）"唯义之为行。"（《荀子·不苟》）在现实生活中就必须"遇君则修臣下之义，遇乡则修长幼义，遇长则修子弟之义，遇友则修礼节辞让之义，遇贱而少者则修告导宽容之义"（《荀子·非十二子》）。

与孔子相对抽象的"义"和孟子建立在人们固有的"羞恶之心"基础上的"义"相比，在荀子的思想中，"义"的内涵则发生了巨大的变化。在他看来，"义"的规范性和原则性是通过"礼"表现出来的，"礼"是行"义"的正确方法，是实现"义"的必由之径，即所谓"君子处仁以义然后仁也，行义以礼然后义也"（《荀子·大略》）。也就是说，在"义"的实现过程中，只有以"礼"为方式去做，才可谓"义"，这样，"义"与"礼"就相互结合起来，而规范性、条理性和行为性正是作为规范体系总和的"礼"的本质特性，如果再加上仪式性，那么"义"就是"礼"。

从宏阔的历史视野看，从孔子、孟子到荀子以及战国诸子，对"义"的改造和阐发有一个逐步发展的过程，他们的共同努力使得"义"的内涵更加丰富。可以说，早在春秋战国时期，基于鲁国文化土壤之上诞生的我们现代所讲的"义"的几个层面的含义：国家民族大义，社会公义，公平正义，个人情谊等在理论层面与实践层面都已得到了比较完善的体现。二十大报告指出：公正司法是维护社会公平正义的最后一道防线。努力让广大人民群众感觉到、享受到社会的公平正义，是我们赢得人民群众真心拥护的坚实保障。

思考题：

1. 孔子的"义"与孟子的"义"的内涵是什么？

2. 在面临民族大义与社会公义时我们应该怎么做？

3. 你怎样看待义与利的关系？

延伸阅读书目：

1. 黎翔凤：《管子校注》，梁运华整理，北京：中华书局，2004。

2. 杨伯峻：《论语译注》，北京：中华书局，2009。

3. 杨伯峻：《孟子译注》，北京：中华书局，2008。

4. 郭克煜等：《鲁国史》，北京：人民出版社，1994。

5. 杨义堂：《鲁国春秋》，济南：齐鲁书社，2019。

第十七章 鲁文化的德治精神

中国古代以道德教化为施政准则的政治学说源远流长。《尚书》中"德"字的含义及其发展变化十分复杂:"德"字从行从直,其最初之义是"直行、上升",出土文献中写作"惪",由此引出"好的政治行为""恩惠、恩泽""功、绩"以及"善、孝、忠、俭等伦理之道"等多层意义。西周初年,统治者用有德和失德来诠释自己获得"天命"和殷人失去"天命"的原因。"神的世界与祖的世界之分立,及将'德'这一观念作为这两个不同的世界之间的桥梁,乃是西周时代的新发展。"[①] 鲁文化的德治思想集中体现为:执政者自己有道德;推行的政事符合道德。治理国家政事过程中执政者需要内心的德性与实践的德行。这一思想通过儒家的努力,逐渐被统治者及文人学者所接受,并最终将其完善为一种极具民族特性的"德治"精神,对中国社会政治的发展产生了重要的影响。[②]

第一节 鲁文化德治精神之滥觞

鲁文化中的德治历史文化源流可远溯至"六经",尤其是《尚书》所记述的尧、舜、禹、汤、文、武、周公等所代表的"圣王"时代。《汉书·艺文志》称儒家是"游文于六经之中,留意于仁义之际,祖述尧、舜,宪章文、武,宗师仲尼",就十分明显地说明了这点。《礼记·中庸》言"仲尼祖述尧、舜,宪章文、武",《孟子·滕文公上》载"孟子道性善,言必称尧、舜",此之谓也。孔子以尧、舜为远祖,儒学以"尧舜之道"为源头,此乃显尧、舜、禹对儒家德治思想传统形成的奠基性意义。孔子论次《尚书》以《尧典》为开篇绝非随意为之,而实是有其深意可言。尧的德治思想主要体现为,秉承天道,以德治国,施行了一种从"克明峻德"到"黎民于变时雍"的德治治理模式。《论语》中孔子盛赞尧曰:"唯天为大,唯尧则之。"(《论语·泰伯》)"唯天为大,唯尧则之"是说尧有"则天"之德,其德行足以配天。在孔子看来,尧就是德行足以配天的圣王典范。

---

① 张光直:《中国青铜时代》,309 页,北京,生活·读书·新知三联书店,1983。
② 马士远:《〈尚书〉中的"德"及其"德治"命题摭谈》,载《道德与文明》,2008(5)。

"以德配天"后来也正是儒家德治思想的一个重要方面。为什么说尧的德行足以配天呢?《尚书·尧典》中说尧"克明峻德,以亲九族。九族既睦,平章百姓。百姓昭明,协和万邦。黎民于变时雍"。这里,从"克明峻德"到"黎民于变时雍"呈现出了一种德化的政治秩序,从为政者彰明自身之美德开始,到百姓大众亦能够交相和睦友好起来,这是后来儒家"修己以治人"(修齐治平)的德治构想的最早文化源头。可以说,于此儒家德治思想"修己以安人""内圣外王"的核心精神已经初见端倪了。《论语》载:"尧曰:'咨!尔舜!天之历数在尔躬,允执其中。四海困穷,天禄永终。'舜亦以命禹。"(《论语·尧曰》)可见,尧、舜、禹的"禅让",不仅是政治权力的交接,其间亦有重德重民的德治理念的传承。

作为尧的继任者,舜从尧那里继承了重德重民的德治思想。依《论语》《孟子》所记,孔、孟都十分推崇舜的圣王理想人格,孟子尤其如此。从孔、孟对舜的称颂来看,舜对儒家德治思想的奠基性贡献在于,真正为儒家德治蓝图提供了一个人格化的范本。其具体表现就是,舜本身能够做到反躬自省、以身作则,先做到了以德修己立身,进而能够以德服天下,实现"无为而治",而这也正体现了儒家德治思想的理想化追求。孔子赞曰:"无为而治者,其舜也与?夫何为哉?恭己正南面而已矣。"(《论语·卫灵公》)其实说的就是这个道理。"恭己"说的就是舜能够做到以身作则,率先垂范,这体现了儒家德治思想中以德修己的自觉要求。孟子也说:"舜之居深山之中,与木石居,与鹿豕游,其所以异于深山之野人者几希。及其闻一善言,见一善行,若决江河,沛然莫之能御也。"(《孟子·尽心上》)孟子这里也是称赞舜的修己、恭己的道德自觉能力。凭借这种以德修己的自觉,进而能够以德服天下,以孝名天下,"大孝终身慕父母,五十而慕者,予于大舜见之矣"(《孟子·万章上》)。舜的这种躬行践履,为儒家德治思想提供的人格化范本,是后来儒家德治思想发展的重要历史文化资源。《史记·五帝本纪》载:"天下明德皆自虞帝始"德自舜明,此之谓也。到了禹,儒家德治思想的精神脉络就更是清晰可见了。在与舜讨论政事时,禹提出了"德惟善政,政在养民"与"正德利用厚生"的重要德政观点。禹说:"德惟善政,政在养民。水、火、金、木、土、谷,惟修;正德、利用、厚生、惟和。"(《尚书·大禹谟》)他认为,"德政"才是好的政治,而好的政治就是要造福于民。这里,"德惟善政"是对政治的一种道德化理解,这是中国古代"德治"思想的根本基调;而"政在养民"的思想则凸显出了中国古代德治思想中的民本关怀。就后者而言,除了"养民"说外,禹还有"安民""惠民"的重民主张。顺着皋陶提出的"知人"与"安民"的治理主张,禹进一步发挥说:"知人则哲,能官人;安民则惠,黎民怀之。能哲而惠,何忧乎驩兜?何迁乎有苗?何畏乎巧言令色孔壬?"(《尚书·皋陶谟》)禹认为,实现德政的关键在于,君主一方面要知人善任,选贤与能,重视官员的选拔;另一方面还要安养百姓,施惠于民,关心民生疾苦。当然,禹的德治思想除了有"养民安民""利用厚生"的"安人安百姓"的一面,也有"正德"的"修己"的一面。正德者，正身之德也，即为政者要自正其德，正己而后可以治民；利民者，利民之用也，即为政者要节用为民，将钱财用于为民兴利除弊；厚生者，厚民之生也，即为政者要轻徭薄赋，使百姓丰衣足食。禹"正德利用厚生"的经典论述，与尧从"克明峻德"到"黎民于变时雍"的德治蓝图一样，都是后来以"修己安人""内圣外王"为精神内核的儒家德治思想的重要文化渊源。作为儒家德治思想的最早源头，尧、舜、禹的德治思想是儒家德治思想的滥觞。

第二节　周公的德治精神

西周初年以周公为主要代表的政治精英对"敬德保民"的思想进一步发扬，终于结出了鲁文化中孔孟儒学德治仁政的精神硕果。

周公是周文化的主要传承者，其长子伯禽治鲁后则形成鲁文化。周文化和鲁文化可谓一脉相承。周、鲁文化对儒家文化的形成和发展有重要的孕育之功，仁、礼、德、义、信等重要理念正是儒家许多思想得以形成发展的基础和渊源，鲁文化肥沃的土壤养育了一代又一代圣贤先哲。

周公，姓姬，名旦，是周文王姬昌的儿子，周武王姬发的弟弟。周公是西周初期杰出的政治家、思想家，被后世尊为"元圣"。《尚书大传》说："周公摄政，一年救乱，二年伐殷，三年践奄，四年建侯卫，五年营成周，六年制礼作乐，七年致政成王。"这概括了周公的主要历史功绩。周公为了大周基业，呕心沥血，求贤若渴，给后世留下了"一沐三捉发，一饭三吐哺"（《史记·鲁周公世家》）的典故。《韩诗外传》卷三记载的"周公诫伯禽书"的故事如下。

> 吾闻德行宽裕，守之以恭者，荣；土地广大，守之以俭者，安；禄位尊盛，守之以卑者，贵；人众兵强，守之以畏者，胜；聪明睿智，守之以愚者，善；博闻强记，守之以浅者，智。夫此六者，皆谦德也。
>
> 夫贵为天子，富有四海，由此德也。不谦而失天下亡其身者，桀纣是也，可不慎欤？
>
> ……
>
> 诫之哉！其无以鲁国骄士也。

译作白话文如下。

> 我听说用恭谨保持道德品行、宽大宽容的人，就可以荣华富贵；封地辽阔，并凭借行为约束而简朴来保有它的人，他的封地必定安定；官职位高势盛，并用谦卑来保有它的人，地位显要；人口众多、军队强大，并用戒惧来统御它的人，必定会胜利；虽聪明睿智，却貌似愚拙，固守原则，就是明哲；

见闻广博，记忆力强，并用浅陋浅显来保有它的人，必定智慧。这六点，都是谦虚谨慎的美德。

即使尊贵如天子，富裕得拥有天下，便是因为奉行尊崇这些品德。不谦虚谨慎从而失去天下，进而导致自己身亡的人，桀、纣就是这样。能不慎重吗？

……

引以为戒吧！你不要以拥有鲁国骄慢人才。

殷商京畿之地平定了，但殷遗族势力仍存，东方的奄地就是殷商势力的重镇。奄，在今山东曲阜周围，即后来鲁国立国的地方，商王南庚、阳甲曾以此为都城，商王盘庚迁都至殷后，奄便成了殷商的一个重要方国，所以，奄往往又被称为"商奄"。周公平定三监①后，接着挥师东进，进入奄地。周公适应周初的具体形势，对殷商礼乐进行损益，而成周代礼乐。"殷因于夏礼，所损益，可知也；周因于殷礼，所损益，可知也。"（《论语·为政》）因此，虽说周公制礼作乐，但不能据此认为礼乐为周公一人所独创，周代一时所固有。周代的礼乐制度，具体可以分为"吉、凶、军、宾、嘉"五礼。周公制礼的标志性成果是《周礼》《仪礼》。礼强调的是"别"，即所谓"尊尊"，强调差别，巩固统治；乐的作用是"和"，即所谓"亲亲"，消弭隔阂，增加团结。周公"兴正礼乐，度制于是改，而民和睦，颂声兴"（《史记·周本纪》）。周公所制作的礼乐体现了仁政德治的思想，如"明德慎罚""敬天保民""勤政尚贤"等，成为儒家思想的直接来源。孔子对周公推崇备至，尝言："甚矣吾衰也，久矣吾不复梦见周公！"（《论语·述而》）他以恢复周公之治为毕生志愿。

西周初年，对天下分封而建。《史记·鲁周公世家》说："周公不就封，留佐武王……而使其子伯禽代就封于鲁。"伯禽就鲁时，周公对其反复叮咛训诫，并送其《金人铭》②。《说苑·敬慎》记载了"金人铭"的故事。

孔子之周，观于太庙。
右阶之前，有金人焉。
三缄其口，而铭其背曰：
"古之慎言人也。
戒之哉！戒之哉！

---

① 三监：即管叔、蔡叔和霍叔。周武王为防止商朝旧势力造反，将商朝的大多数贵族分散到山东山西一带居住，安排自己的亲族负责监视。其中，安排他的三个同胞兄弟（管叔、蔡叔和霍叔）共同负责监督纣王之子武庚，史称"三监"。

② 《金人铭》：题目为编者所为。

无多言，多言多败；

无多事，多事多患。

安乐必戒，无行所悔。

勿谓何伤，其祸将长；

勿谓何害，其祸将大；

勿谓何残，其祸将然。

勿谓莫闻，天妖伺人。

荧荧不灭，炎炎奈何；

涓涓不壅，将成江河；

绵绵不绝，将成网罗；

青青不伐，将寻斧柯。

诚不能慎之，祸之根也。

曰是何伤，祸之门也。

强梁者不得其死，好胜者必遇其敌。

盗怨主人，民害其贵。

君子知天下之不可盖也，

故后之、下之，使人慕之。

执雌持下，莫能与之争者。

人皆趋彼，我独守此；

众人惑惑，我独不徙；

内藏我知，不与人论技。

我虽尊高，人莫我害。

夫江河长百谷者，以其卑下也。

天道无亲，常与善人。

戒之哉！戒之哉！"

孔子顾谓弟子曰："记之！此言虽鄙，而中事情。诗曰：'战战兢兢，如临深渊，如履薄冰。'行身如此，岂以口遇祸哉！"

译作白话文如下。

孔子到东周，在周太庙参观。

在右阶的前方，有一尊铜铸人像。

封口三重，其脊背上有铭文，铭文说道：

这是古代慎重发表言论的人。

警惕啊！警惕啊！

不要多讲话，多讲话多失败；

不要多生事，多生事多祸患。

安乐之中，一定要防备灾祸所带来的悔恨。

不要说哪里会有什么损伤，它的祸害会不断地滋长；

不要说哪里会有什么危害，它的危害将会越来越大；

不要说哪里会有什么残害，它的祸患已经慢慢形成。

不要说没有人会听到，上天会在暗中窥视人间。

小小的火苗不及时扑灭，形成熊熊大火将怎么办？

细小的溪流不堵塞，最终将汇成江河；

微小的丝线如能连续密织，将来可能成为一张大网；

青嫩的苗不及时拔掉，将来只有用斧头来清除。

如果言行不谨慎，就成为祸患的根源。

乱讲话会带来怎样的伤害呢？那简直就像走进灾祸的门口。

强梁的人不得善终，好胜的人最终将碰到敌手。

歹人无不嫉妒拥有财富的主人，百姓有怨恨往往归咎于权贵。

贤明的君子知道一手难以遮天，所以礼贤下士，屈己尊人。

知道天下的人都不喜欢别人超过自己，所以待人和气恭敬，

以减少自己德行的缺失，最终得到人们的爱戴和仰慕。

常常保持柔弱、平等待人，就没有人能争夺你了。

他人争名逐利，我独守此道；

人们迷惑不解，我却坚信不疑；

智慧和技能深藏内心不显露炫耀，我虽处在尊贵高位，人们也都不会伤害我了。

江河能以宽大的胸怀容纳百川，是因为它处在低下的地位。

高高在上的天空幽深渺茫，人的思想无法穷尽它的边际。

天道悠远，无亲无私，人们的所有无不来自它的恩赐。

警惕啊！警惕啊！

孔子回头对弟子说："记住！这些话虽然听起来粗糙，却符合实际情理。《诗》说：'战战兢兢，如临深渊，如履薄冰。'如此这般立身行事，岂能因为口舌而遭遇祸害呢！"

伯禽就鲁伊始，便对少昊之墟、商奄故地"变其俗，革其礼"，传播宗周文化，极力推行周朝礼乐。《左传》有"周礼尽在鲁矣"之言。后来周室衰微，学在四夷，鲁国成为东方乃至全国的文化中心。此外，周公、伯禽作为鲁国始祖，其

后裔在鲁国繁衍生息。《东野志》记载了"望父台"①的故事：

> 康熙二十三年（1684 年）十一月十八日，恭遇皇上东巡，驾幸阙里，亲祭先师孔子。
>
> 臣云鹏亲率子孙于东郭外恭迎。圣驾次早行释菜礼毕。恭遇皇上出北郭谒圣林。
>
> 臣云鹏时年七十有五，率长子沛然、次子澄然、长孙枝盛等在北郭外望父台之东。恭捧吁恩《奏疏》《东野志》书，俯伏道左叩迎圣驾。
>
> 唱职名："恭进奏疏、志书。"
>
> 皇上命侍卫马斯哈接领进呈。皇上展疏览毕，召问："周公姬姓，尔疏何称东野？"
>
> 臣跪对曰："东野，鲁下邑名。昔伯禽之季子名鱼，赐东野田一成以自养。因以东野为氏，此东野更姓来历。"
>
> 上曰："周公庙宇何在？"
>
> 臣对曰："周公庙在曲阜城东二里，即鲁太庙故址。这路西台基即伯禽望父台。"
>
> 上问："何谓望父台？"
>
> 臣对曰："昔周公留相王室，伯禽封鲁。思其父而不得见，筑高台以望之，因名望父台。"

周公作为军事家，帮助武王伐纣，是周王朝的开国元勋；作为政治家，辅翼成王，平定叛乱，分封建制，是周朝八百年基业的奠基者；作为思想家，开礼乐文明之先河，是儒学的元始。

第三节　孔子的德治精神

一般认为，"第一个提出比较系统的道德学说的是春秋时期的孔子。"② 春秋时期，违德失礼的现象日趋严重，孔子面对现实提出的各种难题，继承西周以来的"敬德保民"思想，系统阐发了"为政以德"的德治精神。"孔子固然是春秋时代鲁国（即今山东）曲阜人，事实上孔子不仅在地理上是鲁人，更在族裔上是殷

---

① 望父台：故事名为编者所加。本文节选自《东野志·眷问始末》。伯禽望父台坐落在曲阜城北门外，在今曲阜孔林前神道路"万古长春"石坊西南角，是曲阜鲁国故城中的重点文物保护区之一。传说伯禽把父亲的教诲铭记心中，把鲁国治理得很有起色。国家治理得越好，他就越思念父亲，于是在城中用土筑了一个高台，按时登上去西望镐京，借以寄托对父亲的思念之情。这个土台，就是一直保留下来的"伯禽望父台"，简称"望父台"。

② 张岱年：《中国伦理思想研究》，3 页，南京，江苏教育出版社，2009。

人，但是孔子思想的意义正在于超越地域和族裔，致力于提出一种普遍的道德认识和人生真理。"① 此后，德治精神成为儒家普遍提倡的施政准则乃至中国政治思想的关键核心内容之一。

孔子是德治精神的集大成者。他"祖述尧、舜，宪章文、武"，继承"五经"中的政治理论观念，并关注社会现实，积极与社会现实相结合，以解决社会现实问题为旨归，提出了自己的德政思想。"鲁国对于孔子思想的形成固然起了主要的作用，但这种作用主要不是鲁国的政治结构和经济制度，在政治、经济、宗法的结构上鲁国与其他列国相似相近，鲁国的礼乐文化传统才是孔子儒学产生发展的重要条件。儒学在先秦的主要发展区域是齐鲁，但儒学本质上并不是山东地方的学问。"② 孔子将自己的主张付诸治理邦国的实践中。他曾升任中都宰，"行之一年，而四方之诸侯则焉"；继而为大司寇，并"摄行相事"，曾参加夹谷之会，实施堕三都、强公室的措施，使鲁国的外交内政皆取得一定成就，达到"男尚忠信，女尚贞顺"，"政化大行"的境地。《孔子家语》记载了孔子"化行中都"③ 的故事。

> 孔子初仕为中都宰。制为养生送死之节：长幼异食、强弱异任、男女别涂、路无拾遗、器不雕伪。为四寸之棺，五寸之椁，因丘陵为坟，不封、不树。行之一年，而四方之诸侯则焉。
>
> 定公谓孔子曰："学子此法，以治鲁国何如？"
>
> 孔子对曰："虽天下可乎，何但鲁国而已哉！"
>
> 于是二年，定公以为司空。乃别五土之性，而物各得其所生之宜，咸得厥所。
>
> 先时，季氏葬昭公于墓道之南，孔子沟而合诸墓焉。谓季桓子曰："贬君以彰己罪，非礼也。今合之，所以掩夫子之不臣。"
>
> 由司空为鲁大司寇。设法而不用，无奸民。

译作白话文如下。

> 孔子刚从政的时候，担任中都邑的邑宰。他制定了使老百姓生有保障、死得安葬的制度：提倡按照年纪的长幼吃不同的食物，根据能力的大小承担不同的任务，男女走路各行其道，在道路上遗失的东西没人拾取据为己有，器物不求浮华雕饰。死人装殓，棺木厚四寸，椁木厚五寸，依傍丘陵修墓，不必筑大坟头，不必种许多树，免得占用更多土地。这样的制度施行一年之

---

① 陈来：《儒学的普遍性与地域性》，载《天津社会科学》，2005（3）。
② 陈来：《儒学的普遍性与地域性》，载《天津社会科学》，2005（3）。
③ 化行中都：故事名为编者所加，出自《孔子家语·相鲁》。

后，四方各诸侯国都纷纷效法。

鲁定公对孔子说："学习您的施政方法来治理鲁国，您看怎么样？"

孔子回答说："即使是天下也足以治理好，岂止是治理好鲁国呢！"

这样实施了两年，鲁定公任命孔子做了司空。孔子根据土地的性质，把它们分为山林、川泽、丘陵、高地、沼泽五类，各种作物都种植在适宜的环境里，都得到了很好的生长。

早先，季平子把鲁昭公葬在鲁国先公陵寝的墓道南面（使昭公不能和先君葬在一起，以泄私愤）。孔子做司空后，派人挖沟把昭公的陵墓与先王的陵墓圈连到一起。孔子对季平子的儿子季桓子说："令尊以此羞辱国君却彰显了自己的罪过，这是破坏礼制的行为。现在把陵墓合到一起，可以掩消令尊不守臣道的罪名。"

此后，孔子又由司空升为鲁国的大司寇，他虽然设立了法令，但由于社会秩序良好，也没派上用场，社会上没出现犯法的奸民。

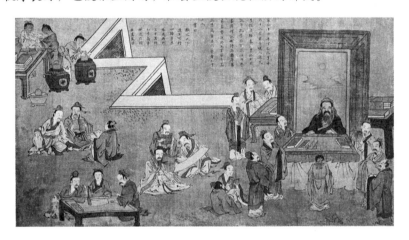

圣迹图·杏坛礼乐

儒家在政治事务的处理中一贯主张德治，但也不忽视法治，而是强调在国家治理中要德法并重，宽猛兼济。"为政以德，譬如北辰，居其所而众星共之""道之以德，齐之以礼，有耻且格"（《论语·为政》）；还有子贡问政、齐景公问政、季康子问政、叶公问政、"苛政猛于虎"的故事，都反映了孔子的德政思想。

孔子德治精神的核心可以概括为仁与礼。

仁，是孔子德治精神的核心原则，也是他所追求的政治理想。《论语》里多次提到仁，最为经典的阐述是"仁者爱人"（《论语·颜渊》）。孔子明确把人作为爱的对象，在处理复杂的社会关系时，要做到爱人，与人为善。"弟子入则孝，出则悌，谨而信，泛爱众，而亲仁。"（《论语·学而》）可以看出，"仁者爱人"的基础是家庭血缘关系，因为血缘亲情是一种最为本源、最为真挚的情感，在这一道德情感的基础上，首先要孝敬父母，然后敬爱兄长，"其为人也孝弟，而好犯上者，鲜矣；不好犯上，而好作乱者，未之有也。君子务本，本立而道生。孝弟也者，其为仁之本与！"（《论语·学而》）孝悌是仁的根本与基础。中国古代的国家伦理秩序建立在血缘亲情之上，"仁者爱人"是君臣伦理秩序的基础。"仁者爱人"首先爱自己的亲人，然后推己及人，达到爱众人的效果。孔子的仁并非局限于"亲亲"，而是"泛爱众，而亲仁"，将亲亲之爱推广到众人之爱。后来，孟子将这种"爱"进一步发展，"亲亲而仁民，仁民而爱物"（《孟子·尽心上》）。由人及物，由内而外，以至于关爱自然万物。对于孔子来说，仁是做人的最高原则和追求目标，更是执政者处理臣民关系，维护社会和谐与稳定的根本原则。

礼是治理和安定国家、维护社会秩序、保障人民利益所必需的一种秩序，是国家生活的规范，也是人们日常生活中应当遵守的行为规范。"礼，经国家，定社稷，序人民，利后嗣者也。"（《左传·隐公十一年》）"道之以政，齐之以刑，民免而无耻；道之以德，齐之以礼，有耻且格。"（《论语·为政》）用道德引导，用礼制整顿，民众才会归服，这里是将礼作为一种社会道德约束机制，用以教化民众。一方面，礼是外在的行为规范；另一方面，礼是内在的道德修养。两者相互促进、相互提升，礼的作用才得以实现。

礼与仁是不能分离的，脱离了仁，礼只是一种没有精神内核的外在形式。"人而不仁，如礼何？"（《论语·八佾》）"克己复礼为仁。"（《论语·颜渊》）"克己"强调的是道德自律，"复礼"强调的是行为举止归复于礼，只有这样才能达到仁。具体而言，就是"非礼勿视，非礼勿听，非礼勿言，非礼勿动。"（《论语·颜渊》）只有在礼中融入仁，才能将礼从外在的行为规范内化为人心的道德约束，形成个体的道德自觉。

第四节　孟子的德治精神

孟子受教于孔子之孙子思门人，深得孔子学说真传，一生以"息邪说，距诐行，放淫辞，以承三圣"（《孟子·滕文公下》）为己任，被后世赞誉为"孔子以后一人，功不在禹下"，成为儒门"亚圣"。为了挽救战国时期混乱的社会秩序，孟子招收弟子、游说诸侯，极力宣扬孔子学说，并对引起思想混乱的学说进行猛烈抨击，以扶正儒道。孟子构建起完整的"心学"体系，提出"尽心""性善""养志"等形上概念，深化了儒学理论，发出"不以仁政，不能平治天下"（《孟子·离娄上》）的时代强音，成为战国时期儒家的一代宗师。

孟子一生追求"圣道"，推行"仁政"，晚年退居邹国，专心教授弟子，"与万章之徒序《诗》《书》，述仲尼之意，作《孟子》七篇"（《史记·孟子荀卿列传》）。"性善"是孟子学说的核心，孟子认为"人皆有不忍人之心"（《孟子·公孙丑上》），这是人与动物的区别。"人皆有之"的善性是先天固有的，它表现为仁、义、礼、智四端，"恻隐之心，仁之端也；羞恶之心，义之端也；辞让之心，礼之端也；是非之心，智之端也"（《孟子·公孙丑上》）。端就是发端、萌芽，仁、义、礼、智四端只是道德的萌芽，一个人只有经过后天的扩充、修养，才能发展成为有道德的君子。孟子的其他学说都以此为基础。"尧舜之道，不以仁政，不能平治天下。"（《孟子·离娄上》）孟子崇尚先王，崇尚仁政，其精髓在于关注百姓的生存权利，要求统治者要"不嗜杀""使民以时""制民之产""省刑罚""薄税敛""使民养生丧死无憾也"，然后"谨庠序之教，申之以孝悌之义"，让百姓懂得"父子有亲，君臣有义，夫妇有别，长幼有叙，朋友有信"（《孟子·滕文公上》）。孟子提出"保民而王，莫之能御也"（《孟子·梁惠王上》）"民为贵，社稷次之，君为轻"（《孟子·尽心下》）"得天下有道：得其民，斯得天下矣；得其民有道：得其心，斯得民矣；得其心有道：所欲与之聚之，所恶勿施尔也"（《孟子·离娄上》）。民心的向背决定着政权的存亡。孟子把那些残害百姓的统治者，视为"独夫民贼"，予以猛烈抨击。孟子强调人特别是士人的人格尊严。他说："我善养吾浩然之气。"（《孟子·公孙丑上》）鼓励人们要做"富贵不能淫，贫贱不能移，威武不能屈"（《孟子·公孙丑上》）的大丈夫，要有为了天下正义"舍我其谁"的责任意识，和"舍生取义"的牺牲精神。孟子说："亲亲而仁民，仁民而爱物。"（《孟子·尽心上》）孟子将血缘亲情推及开来，将人类群体和自然界都纳入"仁爱"范畴，成为早期儒家"仁爱"思想的重要组成部分。《孟子》中有一篇"孺子入井"[①] 的故事。

> 孟子曰："人皆有不忍人之心。先王有不忍人之心，斯有不忍人之政矣。以不忍人之心，行不忍人之政，治天下可运之掌上。所以谓人皆有不忍人之心者：
>
> 今人乍见孺子将入于井，皆有怵惕恻隐之心——非所以内交于孺子之父母也，非所以要誉于乡党朋友也，非恶其声而然也。
>
> 由是观之，无恻隐之心，非人也；无羞恶之心，非人也；无辞让之心，非人也；无是非之心，非人也。恻隐之心，仁之端也；羞恶之心，义之端也；辞让之心，礼之端也；是非之心，智之端也。人之有是四端也，犹其有四体也。有是四端而自谓不能者，自贼者也；谓其君不能者，贼其君者也。凡有四端于我者，知皆扩而充之矣，若火之始然，泉之始达。苟能充之，足以保四海；苟不充之，不足以事父母。"

译作白话文如下。

> 孟子说："每人都有怜恤别人的心情。先王因为有怜恤别人的心情，才有

---

① 孺子入井：故事名为编者所加，故事见《孟子·公孙丑上》。

了怜恤别人的政治。就是凭着怜恤别人的心情，去实施怜恤别人的政治，治理天下就像转运小物件于手掌之上一样容易。之所以说每人都有怜恤别人的心情，其道理就譬如：

现在有人突然地看到一个小孩子要掉到井里去了，任何人都会有惊骇同情的心情。这种心情的产生，不是为了要来和这小孩的父母攀结交情，不是为了要在乡里朋友中间博取荣誉，也不是讨厌那小孩的哭声才去救人。

由此看来，一个人倘若没有同情之心，简直不算是个人；如果没有羞耻之心，简直不算是个人；如果没有谦让之心，简直不算是个人；如果没有是非之心，简直不算是个人。同情之心是仁的发端，羞耻之心是义的发端，谦让之心是礼的发端，是非之心是智的发端。人有这"四端"，正好比他有手足四肢一样，是先天具备的。有这四种发端却自己认为不行的人，是自暴自弃的人；认为他的君主不行的人，便是抛弃他君主的人。所有具有这四种发端的人，倘若晓得把它们扩充起来，便会像刚刚烧燃的火，像刚刚流出的泉水。假若能够扩大补充它，便足以安定天下，假若不扩大补充它，便连赡养自己的父母都难以做到。"

孟子将仁的精神充分阐发，使之进一步得到发展，要求实行"仁政"。孟子"仁政"思想的本质在于爱民，提出了"民贵君轻"的命题。他说："民为贵，社稷次之，君为轻。"（《孟子·尽心下》）把中国古代传统的民本思想发展到了一个新的高度。孟子"仁政"学说及伦理学说的理论之基是性善论。性善论的提出，是孟子在儒家思想发展史上的重大贡献。孟子时代，关于人性的观点有多种不同的认识，如"性无善，无不善""性可以为善，可以为不善""有性善，有性不善"（《孟子·告子上》）等。在对这些人性论进行思考和批判之上，孟子阐发了他的性善论。孟子提出"性善"，其根本是为了拯救乱世，为了教化君臣、民众。孟子提倡的内求诸己、扩充善端的修养方法，为世人提供了一种积极有效的修心养性之法。

经过孔子、曾子、子思、孟子、荀子等大儒的阐发与深化，建构了以"德主刑辅""仁政""民本""用贤"等为核心的较为完整的儒家德治思想体系，在中国历史上具有重要的开创意义，对中国政治的未来走向和思想发展影响深远。十八届四中全会提出的"坚持依法治国与以德治国相结合"的社会治理方针，正是在重视中国德治历史传统视域下的庄严抉择。

第五节　治者无德，何以德治——孔门弟子"德行科"的启迪

孔子把三千弟子中最著名的人物分为四科：德行、言语、政事、文学，而德行科居于首位，颇有今日"以德为先"的意蕴。德行科贤人共有四位：颜渊、闵

子骞、冉伯牛和仲弓，他们都是鲁国人。

颜渊是孔子最欣赏的弟子，最得意的接班人，四科中德行科第一人。颜子生前对孔子仁德体系的传承和完善，对儒家学派的形成和团结起到了重要的作用。他身后被封为"复圣"，成为历代知识分子修身、齐家、治国、平天下的楷模。颜渊德行冠孔门。孔子思想的核心是仁、礼，颜渊对老师博大精深的道德学问非常崇敬："曾喟然叹曰：'仰之弥高，钻之弥坚。瞻之在前，忽焉在后。夫子循循然善诱人，博我以文，约我以礼，欲罢不能。既竭吾才，如有所立卓尔。虽欲从之，末由也已。'"（《论语·子罕》）大意是说颜渊曾感叹："老师的道，越抬头看，越觉得它高明；越用力钻研，越觉得它深奥。看着它似乎在前面，等我们向前面寻找时，它又忽然出现在后面。老师的道虽然这样高深和不易捉摸，可是老师善于有步骤地诱导我们，用各种文献知识来丰富我们，提高我们，又用一定的礼来约束我们，使我们想停止学习都不可能。我已经用尽我的才力，似乎已能够独立工作，要想再向前迈一步，又不知怎样着手了。"颜渊一生与老师高度一致，且身体力行，坚守终身。孔子曾对颜渊说："用之则行，舍之则藏，惟我与尔有是夫"。（《论语·述而》）他是孔门弟子中唯一能够做到"三月不违仁"者。颜渊的能力本可以出去做官的，但他却终生追随老师，为仁义王道理想社会的实现风尘仆仆，奔波不悔。当年少正卯与孔子争夺弟子，"孔子之门三盈三虚"，唯有颜渊未离孔门半步，颜渊独知孔子圣，其君子品格真的是"岁寒然后知松柏之后凋也"（《论语·子罕》）。鲁西南一带至今广为流传着"天赐颜子一锭金"的故事，难怪孔子发自内心地赞许："贤哉回也！"

闵子骞是孝行典范。据《说苑·佚文辑补》记载：闵子骞幼年丧母，继母刻意虐待他。数九严寒，继母给闵子骞穿芦花做的棉衣，使他一直冻得打哆嗦，继母却向他父亲说闵子骞诬陷她。父亲鞭笞闵子骞时发现了假棉衣。父亲盛怒之下，欲休掉继母。为了不使异母弟弟失去母爱，闵子骞以"母在一子单，母去四子寒"这样的话恳请父亲，使父亲最终没有休妻。闵子骞的孝行不仅受到家庭、邻里的交口称赞，而且得到了孔子的褒扬："孝哉闵子骞！人不间于其父母昆弟之言。"（《论语·先进》）这一故事被载入《二十四孝》中，流传后世。

冉伯牛为人"危言正行"，待人接物，行善得体，有圣人之才。晚年却不幸患上恶疾，以至于孔子去探望他时，自牖执其手，曰："亡之，命矣夫！斯人也而有斯疾也！斯人也而有斯疾也！"（《论语·雍也》）

仲弓①有治理国家的才能，孔子高度评价："雍也可使南面。"（《论语·雍也》）认为他是为政德治的楷模。仲弓为人度量宽宏，执政中坚持的"居敬而行简，以临其民，不亦可乎？居简而行简，无乃大简乎"的风格，得到孔子的肯定："雍之言然。"（《论语·雍也》）仲弓的弟子、战国时期的大儒荀子推其为"圣人""大儒"。

---

① 仲弓：即冉雍。

除去以上四位大德，孔子其他弟子中如冉求、子路、宰我、曾参、澹台灭明、宓子贱、原宪、公冶长、南宫括、曾点、颜路、商瞿、樊迟、有子、公西华等，都是鲁国人，在鲁文化区域内，都有不同的德行德治精神广为传颂。

治者无德，何以德治？实行德治的基础，首先在于培养有道德的人。从这一意义上来说，儒家德治精神真正具有超越时空的永恒价值，在现代社会治理中也起着与法治相辅相成的作用，这对提高全社会的文明程度起着不可或缺的作用。二十大报告指出："实施公民道德建设工程，弘扬中华传统美德"，每一个人都有义不容辞的义务。

思考题：

1. 请用口头语言向自己的老师、同学或亲朋好友复述穿插在本章中的"周公诫伯禽书""金人铭""望父台""化行中都""孺子入井"五则小故事，并完成下列任务。

（1）把大家听完上述故事后的反响写成日记体的记录。

（2）课余时间到山东博物馆、孔子博物馆、济宁博物馆、邹城博物馆、汶上博物馆、曲阜周公庙、孔庙、孟庙等地实地现场体验、考察学习，并写一篇怀古游记。

2. 组织集体学习中央广播电视总台《平"语"近人——习近平总书记用典》第三集《国无德不兴》的解说词，从崇德——国无德不兴、人无德不立，明德——明大德、守公德、严私德，修德——勤学、明辨、笃实三个维度，讨论"习近平总书记关于'德'的论述是对我国传统道德思想的继承和发展"。

3. 以"我心中的道德模范"为题撰写一篇 2000 字以内的小论文。

延伸阅读书目：

1. 朱熹：《四书集注》，北京：中华书局，1957。

2. 傅永聚、齐金江、修建军：《中华伦理范畴丛书》（第一函），北京：中国社会科学出版社，2006。

3. 郭克煜等：《鲁国史》，北京：人民出版社，1994。

第十八章　鲁文化的和合精神

　　和合精神是中华民族古往今来孜孜以求的身心、人际、社会、文明、自然中多元素和谐的核心理念。中国优秀传统文化提倡"贵和"理念，有效地化解和处理了多种矛盾和冲突，保持了统一体的稳定和健康。"和"指和谐和平、太平祥和，"合"指结合合作、会通融合。"和合"是实现"和谐"的初衷和途径，"和谐"是"和合"的理想和目标。2018年6月9日，习近平在上海合作组织青岛峰会欢迎宴会上发表祝酒词，他说："山东是孔子的故乡和儒家文化发祥地。儒家思想是中华文明的重要组成部分。儒家倡导'大道之行，天下为公'，主张'协和万邦，和衷共济，四海一家'。这种'和合'理念同'上海精神'有很多相通之处。'上海精神'坚持互信、互利、平等、协商、尊重多样文明、谋求共同发展，强调求同存异、合作共赢，在国际上获得广泛认同和支持。""和而不同""求同存异"的处世方法，"中和""泰和"的生活理念，"和平、和谐、合作"的理想，"一带一路"和"人类命运共同体"的蓝图，体现了中华人文精神，是中国人民生活方式、思想观念、情感样式、风俗习惯的集中表达。

第一节　和合思想的起源

　　"和""合"二字最初见于甲骨文和金文。"和"字的初义是饮食意义上或者乐理意义上的调和，"得时之中和"，包含多要素成分构成的调和、和谐、协调、相应、恰到好处等含义。《说文解字》说："和，相应也。""龢"与"和"相通，龢为协调、和谐之意。"龢，调也，从龠禾声，读与和同。"段玉裁注："经传多假和为龢。""禾"为谷物的象形。"禾，嘉谷也。二月始生，八月而熟，得时之中和，故谓之禾。禾，木也。木王而生，金王而死。""龠"是一种用竹管编成的乐器。"龠，乐之竹管，三孔，以和众声也。从品、仑。仑，理也。""龢"与"和"指龠发出的声音是和谐的、相应的。合，《说文解字》说："合，合口也。""合口"是口的上唇与下唇、上齿与下齿的合拢。"和"与"合"都具有两个或两个以上不同要素融合、结合的意思。在这个意义上，"和"与"合"的含义相通。《礼记·郊特牲》："阴阳和而万物得。"孔颖达疏："和，犹合也。"殷周时期，"和"与"合"是单一概念。《易经》中多用"和"字，如："鸣鹤在阴，其子和之。""震巽同声者相应，故其子和之"，此"和"字指声音相应。"和兑，吉"，此"和"作和谐、和善。① "龢"与"和"互通，即音乐的调和与音律的和谐。"盉"，《说文解字》中说："盉，调味也。从皿禾声。"段注："调声曰龢，调味曰盉。今则和行而龢、盉皆废矣。"这说明"和"的原初意义也与饮食有关，即饮食系列中的众多的味道与原料的调和。无论是乐理意义上的调和还是饮食意义上的调和，有一个非常关键的要素就是，这种和谐所包容的对象不是单一的，而是多方面的。历代思想家对"和"的意义的阐发，就是基于对"和"这种原初意义的借鉴。②

"和而不同"理念中，"和"是关键词。司马迁说黄帝时"万国和"，尧时"百姓昭明，合和万国"（《史记·五帝本纪》）。"和"字作为关键词在存世文献中多有记载，如"百姓昭明，协和万邦"（《尚书·尧典》）、"八音克谐，无相夺伦，神人以和"（《尚书·舜典》）、"庶政惟和，万国咸宁"（《周礼》）。其中的"和"指神和人的关系和谐，或各邦国关系和谐，或政事和谐。《诗经》中也有"既和且平，依我磬声"（《诗经·商颂·那》）、"兄弟既具，和乐且孺"（《诗经·小雅·常棣》）等诗句，包含了"和"的观念在内。③ 《国语·郑语》记载了西周末期（公元前800年左右）史伯谈论"和实生物，同则不继"的故事。

公曰："周其弊乎？"

对曰："殆于必弊者也。

《泰誓》曰：'民之所欲，天必从之。'今王弃高明昭显，而好谗慝暗昧；恶角犀丰盈，而近顽童穷固。去和而取同。

夫和实生物，同则不继。以他平他谓之和，故能丰长而物归之；若以同裨同，尽乃弃矣。

故先王以土与金、木、水、火杂，以成百物。是以和五味以调口，刚四肢以卫体，和六律以聪耳，正七体以役心，平八索以成人，建九纪以立纯德，合十数以训百体。出千品，具万方，计亿事，材兆物，收经入，行姟极。故王者居九畡之田，收经入以食兆民，周训而能用之，和乐如一。夫如是，和之至也。

于是乎先王聘后于异姓，求财于有方，择臣取谏工而讲以多物，务和同也。声一无听，色一无文，味一无果，物一不讲。

王将弃是类也而与剸同。天夺之明，欲无弊，得乎？"

译作白话文如下。

---

① 张立文：《和合学》，375～376页，北京，中国人民大学出版社，2006。
② 修建军：《中华伦理范畴·和》，1～2页，北京，中国社会科学出版社，2006。
③ 张岂之：《中华优秀传统文化核心理念读本》，247～248页，北京，学习出版社，2012。

郑桓公问史伯说："周朝将要衰败了吗？"

史伯回答说："差不多就要衰败了。

《尚书·泰誓》上说：'百姓所向往的，上天一定会听从的。'现在周幽王抛弃了光明正大有德行的人，却喜欢那些挑拨是非、奸邪阴险的人；讨厌贤明正直的人，却亲近愚顽鄙陋的人。排斥与自己意见不一致的正确主张，却采纳趋炎附势与自己相同的错误说法。

其实和谐才能生成万物，完全一律相同就不能发展。把不同的东西加以协调平衡叫作和谐，所以能丰富发展而使万物归于统一；如果把相同的东西简单相加，用尽了之后就完了。

所以先王把土和金、木、水、火相配合，而生成万物。因此调配五种滋味以适合人的口味，强健四肢来保卫身体，调和六种音律以使动听悦耳，端正七窍来为心服务，协调身体的八个部分使人完整，九脏都具备以树立纯正的德行，合成十种等级来理顺百官。于是产生了千种品类，具备了上万种方法，计算成亿的事物，经营万亿的财物，取得万兆的收入，采取无数的行动。所以君王拥有九州辽阔的土地，取得收入来供养万民，用忠信来教化和驱使他们，使他们协和安乐犹如一家。倘若能做到这样的话，就是和谐的极致了。

于是先王从异姓的家族中聘娶王后，向四方各地求取财货，选择敢于直谏的人来做官吏，处理众多的事情，努力做到和谐统一。只是一种声音就没有听头，只是一种颜色就没有文采，只是一种味道就不成其为美味，只是一种事物就无法进行衡量比较。

周幽王却要抛弃这种和谐的法则，而专门喜欢专一。上天夺取了他的明察能力，要想使国家不衰败，可能吗？"

公元前522年，晏子与齐国国君齐景公讨论过"和与同异"的问题。《左传·昭公二十年》记载了这个故事。

十二月，齐侯田于沛。招虞人以弓，不进。公使执之。辞曰："昔我先君之田也，旃以招大夫，弓以招士，皮冠以招虞人。臣不见皮冠，故不敢进。"乃舍之。

仲尼曰："守道不如守官。"君子韪之。

齐侯至自田，晏子侍于遄台，子犹驰而造焉。

公曰："惟据与我和夫！"

晏子对曰："据以同也，焉得为和？"

公曰："和与同异乎？"

对曰："异！

和如羹焉，水、火、醯、醢、盐、梅，以烹鱼肉，燀之以薪，宰夫和之，齐之以味，济其不及，以泄其过。君子食之，以平其心。

君臣亦然。君所谓可而有否焉，臣献其否以成其可。君所谓否而有可焉，臣献其可以去其否。是以政平而不干，民无争心。

故《诗》曰：'亦有和羹，既戒既平。鬷嘏无言，时靡有争。'

先王之济五味、和五声也，以平其心，成其政也。

声亦如味，一气，二体，三类，四物，五声，六律，七音，八风，九歌，以相成也。

清浊、小大、短长、疾徐、哀乐、刚柔、迟速、高下、出入、周疏，以相济也。

君子听之，以平其心。心平德和，故《诗》曰：'德音不瑕。'

今据不然。君所谓可，据亦曰可；君所谓否，据以曰否。

若以水济水，谁能食之？若琴瑟之专壹，谁能听之？

同之不可也如是。"

译作白话文如下。

十二月，齐景公在沛地打猎，用弓召唤虞人，虞人没有应召。齐景公派人逮捕了他。

虞人辩解说："从前我们先君打猎的时候，用红旗召唤大夫，用弓召唤士，用皮冠召唤虞人。这一次下臣没有见到皮冠，所以不敢前进。"于是鲁昭公就释放了他。

孔子说："坚守着道义不如坚守着官位。"君子肯定了这话。

齐景公从打猎的地方回来，晏子在遄台随侍，梁丘据驱车来到了。

齐景公说："只有梁丘据跟我和谐啊！"

晏子回答说："梁丘据也只不过是和你相同而已，哪里说得上和谐？"

齐景公说："和谐跟相同不一样吗？"

晏子回答说："不一样！

和谐就好像做羹汤：用水、火、醋、酱、盐、梅，来烹调鱼和肉，用柴火烧煮，厨工加以调和，使味道适中，味道太淡就增加调料，味道太浓就加水冲淡。君子使用羹汤，内心平静。

君臣之间也是这样。国君所认为行而其中有不行的，臣下指出它的不行的部分而使行得更加完备；国君所认为不行而其中有行的，臣下指出它的行的部分而去掉它的不行的内容，因此政事平和而不违背礼仪，百姓没有争夺之心。

所以《诗》说：'有着调和的羹汤，已经告诫厨工把味道调得匀净。神灵来享而无所指责，上下也都没有争兢。'

先王调匀五味、谐和五声，是用来平静他的内心，完成政事的。

声音也像味道一样，是由一气、二体、三类、四物、五声、六律、七音、八风、九歌互相组成的；是由清浊、大小、短长、缓急、哀乐、刚柔、快慢、高低、出入、疏密互相调剂的。

君子听了，内心平静。内心平静，德行就和协。所以《诗》说'德音没有缺失'。

现在据不是这样。国君认为行的，据也认为行；国君认为不行的，据也认为不行。

如同用清水去调剂清水，哪有口味去吃它呢？如同琴瑟老弹一个声音，哪有趣味去听它呢？

'不应该只是一味相同'的道理就像这样。"

史伯在与郑国的国君郑桓公探讨周朝政治的弊端及如何长治久安时，首次提出"和"与"同"，并阐发了两者的关系；晏子则是透过齐国的国君齐景公"在沛地打猎，用弓召唤虞人，虞人没有应召"这样一件小事，进一步对齐景公解释："和"就像八音的和谐，一定要有高低、长短、疾徐等各种不同的声调，才能组成一首完整和谐的乐曲。晏子层层深入，以事比事，借事说理。史伯提出的"和实生物，同则不继"和晏子阐述的"和与同异"，两者存在逻辑上的螺旋上升和递进延伸的关系。史伯所论"夫和实生物，同则不继。以他平他谓之和，故能丰长而物归之；若以同裨同，尽乃弃矣"，强调矛盾的对立统一及其转化；晏子所讲"宰夫和之，齐之以味，济其不及，以泄其过。君子食之，以平其心"，侧重人为因素在矛盾转化中的作用，实质上这是重视人如何把握矛盾运动的规律，进而因其势而利导之，顺势而为，指导人们的实践，做到尽可能少犯错误。

第二节　和合思想的成熟——孔、孟、墨论和合

孔子丰富发展了他以前的"和"与"同"的观念，形成了臻于完善的和合思想体系。孔子说："君子和而不同，小人同而不和。"（《论语·子路》）意思是说，君子用自己的中正的意见来纠正别人的偏颇意见，使一切都做到恰到好处，却不肯盲从附和。小人只是盲从附和，却不肯表示自己的中正意见。孔子提出"君子和而不同"，就是说，君子以"和"为准则，听取各种不同的声音，独立思考，加以判断。"和"不是"争"，而是在相互影响中使事物得到发展。"争"是"和而不同"阶段性发展的具体表现，包含有"相助相长"的内容。孔子的弟子有子提出著名的论断："礼之用，和为贵。"有子曰："礼之用，和为贵。先王之道，斯为美；小大由之。有所不行，知和而和，不以礼节之，亦不可行也。"（《论语·学而》）意思是说，礼的作用，以遇事都做得恰当为可贵。过去圣明君王治理国家，

可宝贵的地方就在这里。他们小事大事都遵循这一原则。但是，如有行不通的地方，便为恰当而求恰当，不用一定的规矩制度来加以节制，也是不可行的。孔子在其教学相长的实践中贯穿着"和"的理念。"子与人歌而善，必使反之，而后和之。"（《论语·述而》）意思是说，孔子同别人一起学习歌唱，如果别人唱得好听，一定请他再唱一遍然后自己又和他。《论语·季氏》记载了孔子与冉有、子路论述"和无寡，安无倾"的故事。

> 季氏将伐颛臾。冉有、季路见于孔子曰："季氏将有事于颛臾。"
>
> 孔子曰："求！无乃尔是过与？夫颛臾，昔者先王以为东蒙主，且在邦域之中矣，是社稷之臣也。何以伐为？"
>
> 冉有曰："夫子欲之，吾二臣者皆不欲也。"
>
> 孔子曰："求！周任有言曰：'陈力就列，不能者止。'危而不持，颠而不扶，则将焉用彼相矣？且尔言过矣。虎兕出于柙，龟玉毁于椟中，是谁之过与？"
>
> 冉有曰："今夫颛臾，固而近于费。今不取，后世必为子孙忧。"
>
> 孔子曰："求！君子疾夫舍曰'欲之'而必为之辞。丘也闻有国有家者，不患寡而患不均，不患贫而患不安。盖均无贫，和无寡，安无倾。夫如是，故远人不服，则修文德以来之。既来之，则安之。今由与求也，相夫子，远人不服，而不能来也，邦分崩离析，而不能守也，而谋动干戈于邦内。吾恐季孙之忧，不在颛臾，而在萧墙之内也。"

译作白话文如下。

> 季氏准备讨伐颛臾。冉有、子路两人拜谒孔子说："季氏准备对颛臾使用武力。"
>
> 孔子说："冉求！这难道不是你的过错吗？颛臾这块地方，上代的君王曾经授权他们主持东蒙山的祭祀，而且它的地界早就在我们最初被封时的疆域之中，这是和鲁国同安危、共存亡的藩属，为什么要去攻打它呢？"
>
> 冉有说："是季孙让这么干的，我们两人都是不同意的。"
>
> 孔子说："冉求！周任有句名言：'能贡献自己的力量，就任职；如果不行，就该辞职。'譬如盲人遇到危险不去扶持，将要摔倒了却不去搀扶，那又要助手干什么呢？你的话错了。老虎和犀牛从槛里逃了出来，龟壳和美玉在匣子里毁坏了，这是谁的责任呢？"
>
> 冉有说："颛臾城墙牢固，离季孙的采邑费地很近。现今不把它占取，日子久了，一定会给后代子孙留下祸害。"
>
> 孔子说："冉求！君子就讨厌那种'不说自己贪得无厌，却一定另找个借

口’的态度。我听说无论是诸侯或者大夫，不必着急财富不多，只需着急财富分配不均；不必着急人民太少，只需着急境内不安。如果财富平均，便无所谓贫穷；境内和平团结，便不会担心人少；境内平安，便不会倾危。做到这样，远方的人倘若还不归服，便再修仁义礼乐的政教来招徕他们。他们来了，就得使他们安心。如今仲由和冉求两人辅助季孙，远方之人不归服，却不能招致；国家支离破碎，却不能保全；反而想在国境以内使用武力。我恐怕季孙的心思不在颛臾，却在鲁君啊。”

《论语·子张》记载了子贡称赞孔子治理国家“动之斯和”的故事。

> 陈子禽谓子贡曰：“子为恭也，仲尼岂贤于子乎？”
> 子贡曰：“君子一言以为知，一言以为不知，言不可不慎也。夫子之不可及也，犹天之不可阶而升也。
> 夫子之得邦家者，所谓立之斯立，道之斯行，绥之斯来，动之斯和。其生也荣，其死也哀。如之何其可及也？”

译作白话文如下。

> 陈子禽问子贡道：“您对仲尼是客气呢，还是恭敬谦虚呢？难道他真比你还高明吗？”
> 子贡说：“有修养的君子凭一句话就表现出他的有知，也由一句话表现他的无知，所以说话不可不谨慎。他老人家的遥不可及，犹如青天不能用阶梯爬上去。
> 他老人家如果得国而为诸侯，或者得采邑而为卿大夫，那正如人们所说的一呼吁百姓人人能自立于社会，百姓自会人人能自立于社会；一引导百姓，百姓就会前进；一安抚百姓，百姓就会从远方来投靠；一动员百姓，百姓就会同心协力。他老人家，生得光荣，死得哀痛。怎么样能够赶得上他老人家呢？”

《论语·卫灵公》记载了“灵公问陈”的故事。
> 卫灵公问陈①于孔子。孔子对曰：“俎豆之事，则尝闻之矣；军旅之事，未之学也。”明日遂行。

译作白话文如下。

---

① 陈：同“阵”，军队陈列之法。

卫灵公向孔子请教军队列阵之法。孔子回答说："祭祀礼仪方面的事情，我还听说过；用兵布阵打仗的事，从来没有学过。"第二天，孔子便离开了卫国。

圣迹图·灵公问陈

在《周易》的传文中，也保留了儒家的和合思想材料。《周易·乾卦·彖辞》："彖曰：大哉乾元，万物资始，乃统天。云行雨施，品物流形。大明始终，六位时成，时乘六龙以御天。乾道变化，各正性命，保合大和①，乃利贞。首出庶物，万国咸宁。"意思是说，天道的大化流行，万物各得其正，保持完满的和谐，万物就能顺利发展。王弼注："不和而刚暴。"王夫之在《张子正蒙注》中说："太和，和之至也……未有形器之先，本无不和，既有形器之后，其和不失，故曰太和。"上天本来就是和谐的，在上天分化出天地万物之后，不使和谐丧失，这才叫作"太和"，"太和"包含着以"人与自然的和谐"为主的"普遍和谐"的意义。《周易·乾卦·文言》："夫大人者，与天地合其德，与日月合其明，与四时合其序，与鬼神合其吉凶。先天而天弗违，后天而奉天时。天且弗违，而况于人乎！况于鬼神乎！"意思是说：圣贤君子与天地的德行一致，与日月的光明相同，与四季的顺序合拍，与鬼神一样的给人吉凶。先于上天行动上天不会违背他，后于上天行动则遵守上天的时令。上天都不违背他，何况人呢！何况鬼神呢！《周易·系辞上》："圣人有以见天下之赜，而拟诸其形容，象其物宜，是故谓之象。圣人有以见天下之动，而观其会通，以行其典礼。"意思是说：圣人看到天地万物的丰富繁杂，于是模拟了它们的形态容貌，恰当地象征它们，所以称之为象；圣人看到了天下各种各样的变动，于是考察它们的融会贯通，为它们制定了各种行为规范。

孟子继承和发展了孔子"君子和而不同，小人同而不和"的思想，注重人与自己内心、人与社会、人与自然的和谐与合作，强调个人的道德修养和品格养成，

① 大和：即"太和"。

引导人与社会崇尚"真、善、美"。孟子强调："养心莫善于寡欲。"(《孟子·尽心下》)他还说："我善养吾浩然之气。"(《孟子·公孙丑上》)孟子认为："古之人,得志,泽加于民;不得志,修身见于世。"(《孟子·尽心上》)"穷则独善其身,达则兼善天下。"(《孟子·公孙丑上》)孟子特别强调以身作则和身教重于言教。他认为:"行有不得者皆反求诸己,其身正而天下归之。"(《孟子·离娄上》)孟子从"仁政"出发,提出了"善政不如善教"思想。孟子曰:"善政不如善教之得民也。善政,民畏之;善教,民爱之。善政得民财,善教得民心。"(《孟子·尽心上》)善教的重点,不仅在于"得民心",还在于"明人伦"。孟子指出:"人之有道也,饮食、暖衣、逸居而无教,则近于禽兽。圣人有忧之,使契为司徒,教以人伦——父子有亲,君臣有义,夫妇有别,长幼有叙,朋友有信。"(《孟子·滕文公上》)"善政"乃治标之举,"善教"为治本之策。无论是治理国家还是管理社会,"善教"即通过教育引导,使人转变思想,完善自我,影响行为,是缓解社会矛盾,谋求社会平安,促进社会进步的重要措施。"上好之,下必有甚焉者矣。"(《孟子·滕文公上》)孟子说:"不违农时,谷不可胜食也;数罟不入洿池,鱼鳖不可胜食也;斧斤以时入山林,林木不可胜用也……"(《孟子·梁惠王上》)意思是说,如果不违背农时,那么打下来的粮食就吃不完;如果密孔的网不入池塘去捕鱼,那鱼鳖水产就吃不完;如果砍伐林木有一定的时间,那木材便用不尽。假如只顾对自然索取,一味"数罟入洿池""斧斤入山林",肆意破坏自然资源,其结果就会"出乎尔者,反乎尔者也"(《孟子·梁惠王下》),必然会遭到自然的惩罚。《孟子·公孙丑下》记载了"天时不如地利,地利不如人和"的论述。

> 孟子曰:"天时不如地利,地利不如人和。三里之城,七里之郭,环而攻之而不胜。夫环而攻之,必有得天时者矣;然而不胜者,是天时不如地利也。城非不高也,池非不深也,兵革非不坚利也,米粟非不多也;委而去之,是地利不如人和也。故曰:域民不以封疆之界,固国不以山谿之险,威天下不以兵革之利。得道者多助,失道者寡助。寡助之至,亲戚畔之;多助之至,天下顺之。以天下之所顺,攻亲戚之所畔;故君子有不战,战必胜矣。"

译作白话文如下。

> 孟子说:"天时不如地利,地利不如人和。内城每边只有三里长,外城每边只有七里长,围攻它而不能取胜。既然围攻它,一定有得天时的机会;然而不能取胜,这就是天时不如地利了。城墙不是不够高,护城河不是不够深,甲胄、兵器不是不够坚实、锐利,粮食不是不够多;却弃城而逃,这就是地利不如人和了。所以说:保有人民不靠国家的疆界,保卫国家不靠山川的险阻,威震天下不靠兵器的锐利。占据道义者帮助他的人就多,失去道义者帮

助他的人就少。帮助的人少到极点，连亲戚都背叛他；帮助的人多到极点，全天下的人都会顺从他。凭着全天下的人都顺从的力量，来攻打连亲戚都背叛他的人；所以君子要么不打仗，如果打仗一定会取得胜利。"

《孟子·万章下》记载了孟子"柳下惠，圣之和者也"的论述。

孟子曰："伯夷，圣之清者也；伊尹，圣之任者也；柳下惠，圣之和者也；孔子，圣之时者也。孔子之谓集大成。集大成也者，金声而玉振之也。金声也者，始条理也；玉振之也者，终条理也。始条理者，智之事也；终条理者，圣之事也。智，譬则巧也；圣，譬则力也。由射于百步之外也，其至，尔力也；其中，非尔力也。"

译作白话文如下。

孟子说："伯夷，是圣人中清高的人；伊尹，是圣人中负责任的人；柳下惠，是圣人中随和的人；孔子，是圣人中识时务的人。孔子，可说是集大成的人。集大成，就像奏乐时先以击打镈钟开场，再以敲击特磬收尾一样，完完整整。击打镈钟，是条理的开始；敲击特磬，是条理的终结。条理的开始，是运用智慧的事业；条理的终结，是完成圣德的事业。智慧，好比技巧；圣德，好比力量。就像在百步之外射箭，箭射到靶子，是你的力量在起作用；箭射中靶心，就不是你的力量在起作用了。"

战国时期墨子创立了墨家学说，在当时的百家争鸣时代，有"非儒即墨"之称。墨子提出了"兼爱""非攻""尚贤""尚同""节用"等观点。墨子认为，"夫爱人者，人必从而爱之；利人者，人必从而利之"（《墨子·兼爱上》）。社会之所以失范，在于人与人之间不相爱，"是故诸侯不相爱则必野战，家主不相爱则必相篡，人与人不相爱则必相贼，君臣不相爱则不惠忠，父子不相爱则不慈孝，兄弟不相爱则不和调"（《墨子·兼爱中》）。与此相伴，自私自利亦是乱世之因。违反"兼爱互利"原则的恶果是"强必执弱，富必侮贫，贵必傲贱，诈必欺愚"（《墨子·兼爱中》）。"兼相爱"并不否定自爱，而是把自爱与相爱结合起来。"交相利"也不是鄙视自利，而是力求使自利与互利两不偏废。兼爱互利是为治之道，天下才能实现和谐、富足。《墨子·尚同中》记载了墨子"相和合"的论述。

子墨子曰："方今之时，复古之民始生，未有正长之时，盖其语曰：'天下之人异义'。是以一人一义，十人十义，百人百义，其人数兹众，其所谓义者亦兹众。是以人是其义，而非人之义，故相交非也。内之父子兄弟作怨仇，皆有离散之心，不能相和合。至乎舍余力不以相劳，隐匿良道不以相教，腐臭余财不以相分。天下之乱也，至如禽兽然。无君臣上下长幼之节，父子兄弟之礼，是以天下乱焉。"

译作白话文如下。

　　墨子说："从如今的时代回头考察古代人类刚刚诞生的时候，那时还没有行政长官，他们的说法是：'天下各人所秉持的道理不同。'所以一人有一种道理，十人有十种道理，百人有百种道理。人数越多，所谓的道理也就越多。所以每人都认为自己的道理是对的，而认为别人的道理是错的，因而就相互攻击。在家庭内部父子、兄弟之间生出怨恨，都有离散之心，不能相互和睦相处。以致闲置余力也不愿意帮助别人；隐藏好的道理，不愿意帮教别人；多余的财物腐烂，也不愿意分给别人。因此天下陷入混乱，如禽兽一样。没有君臣、上下、长幼的区别，也没有父子、兄弟之间的礼节，因此天下大乱。"

《墨子·辞过》记载了墨子"阴阳和""天地和"的论述。

　　凡回于天地之间，包于四海之内，天壤之情，阴阳之和，莫不有也，虽至圣不能更也。何以知其然？圣人有传：天地也，则曰上下；四时也，则曰阴阳；人情也，则曰男女；禽兽也，则曰牝牡雄雌也。真天壤之情，虽有先王不能更也……凡此五者，圣人之所俭节也，小人之所淫佚也。俭节则昌，淫佚则亡，此五者不可不节。夫妇节而天地和，风雨节而五谷孰，衣服节而肌肤和。

译作白话文如下。

　　所有活动在天地之间，包容于四海之内的事物，天地之间的情况，阴阳之间的调和，没有一样不是自然就有的，即使是圣人也不能改变。根据什么知道是如此呢？圣人留有遗训说：天地，称为上下；四季，称为阴阳；性别，称为男女；禽兽，就称为牝牡雌雄。这确实是天地间的实际情况，即使古代的先王也不能改变……所有这五个方面（指古代圣王在修建宫室、缝制衣服、烹调饮食、制造舟车、蓄养姬妾五个方面都有节制，讲究实用，不求美观，不尚虚荣，不败坏道德），都是圣人注重节俭的地方，也是小人淫逸放荡的地方。节俭的就能昌盛，淫逸的就会灭亡。在这五方面不可没有节制。夫妻之间有节制，天地阴阳之气就自然和顺；风雨有节候，五谷就自然丰收；穿衣能调节，身体也就舒适了。

《墨子·尚贤下》记载了墨子"天下和，庶民阜"的理想。

> 是故昔者尧有舜，舜有禹，禹有皋陶，汤有小臣，武王有闳夭、泰颠、南宫括、散宜生，而天下和，庶民阜，是以近者安之，远者归之。日月之所照，舟车之所及，雨露之所渐，粒食之所养，得此莫不劝誉。

译作白话文如下。

> 所以从前尧有舜，舜有禹，禹有皋陶，汤有小奴隶伊尹，武王有闳夭、泰颠、南宫括、散宜生，从而天下和乐，百姓富足。所以，附近的人安于其居，远方的人前来归附。凡是日月所照，舟车所至、雨露所滋润、五谷所养育的人们，得到这些贤人，没有不相互劝勉和称赞的。

春秋战国时期鲁文化中的和合概念经过长时间的孕育打磨，逐渐得到各家的认同。儒家和合是人格理想和社会理想的价值目标，为达此目标，而经诸多中介环节，以达天人、主客的和合。[①] 儒、道、墨、法各家对和合做出了自己的理解，这便是先秦各家"同归而殊途，一致而百虑"的"同归"和"一致"之所在。"和合"不仅是天地万物产生的根据和纷纭复杂事物现象后面的存有，而且是社会主体政治、道德、艺术、日用交往活动的准则、原则、原理和主体人的心理感受、情感愉悦、身心协调的尺度。

第三节　和合精神的影响——鲁文化中和合的故事

鲁文化中的和合精神在春秋战国时期得到广泛的传播，产生了积极的影响。周公制定了"制礼作乐，经天纬地"的治国方略，究其核心，乃是基于"和谐共处，合作共赢"的理想选择。"周公相，践阼而治，抗世子法于伯禽，欲令成王知父子、君臣、长幼之道也。成王有过则挞伯禽，所以示成王世子之道也。"（《礼记·文王世子》）伯禽受周公影响很深，这种以礼治民的思想也必然对鲁国的治理产生深刻影响。"周公始封，太公问：'何以治鲁？'周公曰：'尊尊而亲亲。'"（《汉书·地理志》）鲁、齐两国始封之时，就在如何对待当地固有礼俗选择问题上各有不同的选择。"周公谓鲁公曰：'君子不施[②]其亲，不使大臣怨乎不以。故旧无大故，则不弃也。无求备于一人。'"（《论语·微子》）周公教导鲁公伯禽，君子

---

① 张立文：《和合学》，391 页，北京，中国人民大学出版社，2006。
② 施：同"弛"，怠慢。

不怠慢他的亲族，不让大臣抱怨没被信用。对于老臣故旧，只要他没有发生严重过失，就不要轻易地抛弃他。不要对某一人求全责备。"鲁公伯禽之初受封之鲁，三年而后报政周公。周公曰：'何迟也？'伯禽曰：'变其俗，革其礼，丧三年然后除之，故迟。'太公亦封于齐，五月而报政周公。周公曰：'何疾也？'曰：'吾简其君臣礼，从其俗为也。'"（《史记·鲁周公世家》）伯禽"受封之鲁"、三年报政，就为鲁文化铺陈了厚重的礼乐文明、和谐共生的底色。《左传·襄公二十九年》记载了鲁襄公二十九年（公元前544年）"季札聘鲁观周乐"的故事。

> 吴公子札来聘……请观于周乐。
>
> 使工为之歌《周南》《召南》，曰："美哉！始基之矣，犹未也，然勤而不怨矣。"……
>
> 见舞《韶箾》者，曰："德至矣哉！大矣，如天之无不帱也，如地之无不载也！虽甚盛德，其蔑以加于此矣。观止矣！若有他乐，吾不敢请已！"

译作白话文如下。

> 吴国公子季札前来鲁国访问……请求观赏周朝的音乐和舞蹈。
>
> 鲁国人让乐工为他歌唱《周南》和《召南》。季札说："美好啊！教化开始奠基了，但还没有完成，然而百姓尽管很辛劳却并不怨恨了。"……
>
> 看到跳《韶箾》舞的时候，季札说："德行达到顶点了！伟大啊，就像上天无所不覆盖一样，像大地无所不承载一样！即使有再大的德行，恐怕也超不过这个了。观赏至此，达到极致了！如果还有其他乐舞，我也不敢再请求观赏了！"

《左传·昭公二年》记载了韩宣子在鲁昭公二年（公元前540年）发出的"周礼尽在鲁矣"的感慨。

> 二年春，晋侯使韩宣子来聘，且告为政而来见，礼也。
>
> 观书于大史氏，见《易》《象》与《鲁春秋》。
>
> 曰："周礼尽在鲁矣！吾乃今知周公之德，与周之所以王也。"

译作白话文如下。

> 鲁昭公二年春，晋平公派韩宣子来鲁国聘问，并且通告他因执掌国政而来相见，这是合于礼的。
>
> 韩宣子到鲁国太史氏那里参观藏书，见到《易》《象》和《鲁春秋》。

韩宣子说："周礼都在鲁国了，我今天才知道周公的德行，以及周朝为什么能够成就王业的缘故了。"

《礼记·礼运》记载了孔子与其弟子言偃谈"大同"社会的故事，后世命名为《礼记·礼运·大同篇》。

昔者仲尼与于蜡宾，事毕，出游于观之上，喟然而叹。仲尼之叹，盖叹鲁也。

言偃在侧曰："君子何叹？"

孔子曰："大道之行也，与三代之英，丘未之逮也，而有志焉。

大道之行也，天下为公。选贤与能，讲信修睦。故人不独亲其亲，不独子其子，使老有所终，壮有所用，幼有所长，矜寡孤独废疾者，皆有所养。男有分，女有归。货恶其弃于地也，不必藏于己；力恶其不出于身也，不必为己。是故谋闭而不兴，盗窃乱贼而不作。故外户而不闭。是谓大同。"

译作白话文如下。

从前，孔子参与鲁国的年终祭祀，祭祀结束后，他走出来在楼台上游览，不禁感慨长叹。孔子的感叹，大概是感叹鲁国当时的现状。

孔子的弟子言偃在他身边问道："老师为什么叹息？"

孔子说："大道实行的时代，以及夏、商、周三代英明领袖当政的时代，我都没赶上，但我看到了关于他们业绩的一些记载。

大道实行的时代，天下为天下人所共有。选举有德行、有才能的人来治理天下，人们之间讲究信用，和睦相处。所以人们不仅仅敬奉自己的双亲，不仅仅慈爱自己的儿女，而是使所有老年人能够安享天年，使所有壮年人都能发挥作用，使所有年幼的人能得到良好的教育，健康成长，使那些年老无偶、年幼无父、年老无子以及身体残废的人，都能得到供养。男子各尽自己的职分，女子各有自己的夫家。开发财富资源，人们不愿让财物委弃于无用之地，但也不私藏在自己家里。出力劳作，人们不愿让自己身上的力气无处施展，但不一定只是为了自己的利益。因此，阴谋诡计被抑制而无法兴起，劫夺偷盗、杀人越货的坏事不会出现。所以，人们生存于和谐的环境，住宅大门不必关闭也会安然无事。这样的社会，就叫作大同。"

在《礼记·礼运·大同篇》关于"大同社会"的描述中，"大同"社会是以"天下为公"为最高准则，而不同于"天下为家"的社会。在"大同"社会中，社会财富不是私人所藏有的，而是为大家所共同享有的；人人都要为全体利益而劳动；育幼、养老都有很好的安排，能劳动的人从事劳动，而失去劳动条件的人，由集体供养；大家相爱，没有权谋欺诈和盗贼掠夺，和平地生活而没有战争；公共事务由大家来办理，在分工上可以选出人们信赖的人担任必要的工作；在禹、汤、文王、武王、成王、周公时期，并非"大同"，乃是"小康"时代，由"小康"才能进入"大同"。这样的"大同"理想，不但继承了早期儒家思想，而且在不少地方也继承了墨家思想，例如"选贤举能"和"尚贤"原则相似；"老有所终"一段又相似于《墨子·兼爱》中的一节，甚至"大同"这一名称也可能从墨家所说"尚同"沿袭而来。同时，《礼记·礼运篇》有些地方也受了老子思想的影响，如称"大同"世界为"大道之行"，而"大道"则是道家的术语。可以说，"大同"理想主要源于儒家，同时也吸取了墨家和道家的某些思想，而非一家之专利，这正是"和而不同"文化观的体现。正因为有这种精神，中华优秀传统文化能够生生不息，连绵不断。[①] 2014 年 3 月 27 日，习近平在联合国教科文组织总部发表演讲时表示："实现中国梦，是物质文明和精神文明均衡发展、相互促进的结果。没有文明的继承和发展，没有文化的弘扬和繁荣，就没有中国梦的实现。中华民族的先人们早就向往人们的物质生活充实无忧、道德境界充分升华的大同世界。中华文明历来把人的精神生活纳入人生和社会理想之中。所以，实现中国梦，是物质文明和精神文明比翼双飞的发展过程。随着中国经济社会不断发展，中华文明也必将顺应时代发展焕发出更加蓬勃的生命力。"2014 年 3 月 28 日，习近平在德国科尔伯基金会发表演讲时表示："中华民族是爱好和平的民族。一个民族最深沉的精神追求，一定要在其薪火相传的民族精神中来进行基因测序。有着 5000 多年历史的中华文明，始终崇尚和平，和平、和睦、和谐的追求深深植根于中华民族的精神世界之中，深深溶化在中国人民的血脉之中。中国自古就提出了'国虽大，好战必亡'的箴言。'以和为贵'、'和而不同'、'化干戈为玉帛'、'国泰民安'、'睦邻友邦'、'天下太平'、'天下大同'等理念世代相传。中国历史上曾经长期是世界上最强大的国家之一，但没有留下殖民和侵略他国的记录。我们坚持走和平发展道路，是对几千年来中华民族热爱和平的文化传统的继承和发扬。"中国梦是和平梦。"大同"理想一直反对霸道，追求和平主义。中国梦所追求的发展是一种和平发展，而不会走逢强必霸的某些西方列强的老路。中国的和平发展只会为世界带来机遇与发展，而不是威胁与危害。协和万邦一直是中国人的追求，和平主义一直是中国的民族特性。

基于传统文化"万物并育而不相害，道并行而不相悖"的"和合"精神，二十大报告庄严宣告："促进世界和平与发展，推动构建人类命运共同体"，这是中华民族文化对人类文明的当代贡献。

---

① 张岂之：《传统文化独特的自我创新之路》，载《光明日报》，2014-12-22。

思考题：

1. 背诵《礼记·礼运·大同篇》。

2. 复述《国语·郑语》中史伯谈论"和实生物，同则不继"的故事，结合自己的学习生活，谈谈你对于"如何处理好同学关系"的认识。

延伸阅读书目：

1. 朱熹：《四书集注》，北京：中华书局，1957。

2. 张岂之：《中华优秀传统文化核心理念读本》，北京：学习出版社，2012。

3. 张立文：《和合学》，北京：中国人民大学出版社，2006。

4. 傅永聚、齐金江、修建军：《中华伦理范畴丛书》（第一函），北京：中国社会科学出版社，2006。

5. 郭克煜等：《鲁国史》，北京：人民出版社，1994。

后　记

　　齐鲁文化，源于中华民族始祖文化——伏羲女娲，历史悠久，为独立起源且延续不辍的东方文明系统，历经汶泗、大汶口、龙山等不同地区，不同时期的融汇扩展，在春秋战国时期即以完善成熟的孔孟儒学形态而从地域文明走向中原，一跃成为中华文化的主流和核心。

　　齐鲁理工学院设学龙山文化发源地章丘，举世闻名的"打破中华文化西来说"的城子崖遗址传扬着悠久的上古人文传统。连黄河，依泰山，挟地利之便，深得齐鲁两大文明的滋养；冠齐鲁之名，名正言顺，自当率先担负起弘扬齐鲁文化精神的历史使命。早在2012年，学校就高瞻远瞩地提出了培养"齐鲁文化孕育下的理工生"的育人理念，基于对优秀齐鲁文化资源的深入开挖，把专家、学者反复研究凝练而成的齐鲁文化精神，创造性地融入高校育人全过程的实践活动。七年来，这门洋溢着浓浓文化气息的课程有特色、有活力、接地气，素来深受学生们欢迎，在立德树人方面取得了令人瞩目的成就，使齐鲁理工学院的毕业生打上了齐鲁优秀文化的鲜明烙印。《齐鲁文化精神》就是在原来《齐鲁文化十二讲》基础上集思广益、深度拓展形成的标志性教学成果之一。

　　全书由常翠鸣教授最初创意并担任主编；由山东省著名齐鲁文化研究专家傅永聚教授和宣兆琦教授联袂列出提纲、三审其稿；由十几位数十年间一直从事齐文化和鲁文化研究的学者团队集体讨论后分头撰写。具体执笔情况如下。

　　齐文化部分九章。第一章：宣兆琦；第二章：宣兆琦、王雁；第三章：刘洁；第四、第七章：邱文山；第五、第六章：张杰；第八章：姜淑红；第九章：王雁。

　　鲁文化部分九章。第十、第十一章：高尚举；第十二、第十三章：宋立林；第十四章：陈东；第十五、第十七章：齐金江、傅永聚；第十六章：傅永聚、张友臣；第十八章：齐金江。

　　需要特别强调的是：迄今为止，学界尚未见编撰《齐鲁文化精神》教材。创新虽勇，水平有限，所以肯定会存在不可避免的瑕疵。敬请教学一线的老师，各位同学，以及友情关注本书的专家学者们提出批评和建议，在此一并致以真诚的谢意！

《齐鲁文化精神》撰写团队

执笔　傅永聚